权威·前沿·原创

皮书系列为
"十二五""十三五""十四五"时期国家重点出版物出版专项规划项目

BLUE BOOK

智 库 成 果 出 版 与 传 播 平 台

品牌蓝皮书
BLUE BOOK OF BRAND

辽宁品牌发展报告（2023）

ANNUAL REPORT ON THE DEVELOPMENT OF BRAND IN LIAONING (2023)

主　编／张燕楠　李晓南　樊强强

社会科学文献出版社
SOCIAL SCIENCES ACADEMIC PRESS (CHINA)

图书在版编目（CIP）数据

辽宁品牌发展报告.2023/张燕楠，李晓南，樊强强主编.--北京：社会科学文献出版社，2023.6
（品牌蓝皮书）
ISBN 978-7-5228-1663-0

Ⅰ.①辽… Ⅱ.①张… ②李… ③樊… Ⅲ.①品牌战略-区域经济发展-研究报告-辽宁-2023 Ⅳ.
①F127.31

中国国家版本馆 CIP 数据核字（2023）第 060661 号

品牌蓝皮书
辽宁品牌发展报告（2023）

主　　编 / 张燕楠　李晓南　樊强强

出 版 人 / 王利民
组稿编辑 / 邓泳红
责任编辑 / 宋　静
责任印制 / 王京美

出　　版 / 社会科学文献出版社·皮书出版分社（010）59367127
　　　　　 地址：北京市北三环中路甲29号院华龙大厦　邮编：100029
　　　　　 网址：www.ssap.com.cn
发　　行 / 社会科学文献出版社（010）59367028
印　　装 / 天津千鹤文化传播有限公司
规　　格 / 开　本：787mm×1092mm　1/16
　　　　　 印　张：16.75　字　数：252千字
版　　次 / 2023年6月第1版　2023年6月第1次印刷
书　　号 / ISBN 978-7-5228-1663-0
定　　价 / 158.00元

读者服务电话：4008918866

▲ 版权所有 翻印必究

《辽宁品牌发展报告（2023）》
编委会

主　　　　　　编　张燕楠　李晓南　樊强强
副　主　　　　编　严加高　杨　恚　谷会敏
项目总策划和总编校　牟　岱
编　写　组　顾　问　孙洪敏　孙　雷　宋　伟
编　写　组　成　员　（以姓氏笔画为序）
　　　　　　　　　　马　琳　王　洋　王　晗　田　晔
　　　　　　　　　　朱　昆　刘宝凤　刘新姝　闫琳琳
　　　　　　　　　　严加高　李　艺　李艾霖　李晓南
　　　　　　　　　　李晓萌　杨　恚　何　茜　谷会敏
　　　　　　　　　　张可欣　金成博　洪佳滢　姚　瑶
　　　　　　　　　　修　竹　袁子宁　崔萌萌　谢津翰
　　　　　　　　　　薛慧敏

主编简介

张燕楠　文学博士，东北大学艺术学院院长、教授，人文艺术研究中心研究员，艺术批评方向学术带头人，博士生导师，美国富布莱特访问学者、美国北伊利诺伊大学访问学者，辽宁省文艺理论家协会理事。长期从事艺术美学、艺术批评与西方艺术批评理论的教学与研究工作；近年来，在《文艺争鸣》等学术期刊上发表论文20余篇，先后出版《诗与世界：兰色姆"本体论批评"研究》《辽宁品牌发展报告》等专著；先后主持国家社科基金项目"'美国新批评'早期思想的文化政治"、教育部人文社科基金项目"兰色姆本体论'新批评'理论研究"、辽宁省社科基金等省部级项目；获辽宁省教学成果奖、辽宁省哲学社会科学成果奖等多个奖项。

李晓南　辽宁社会科学院社会学研究所副研究员，现为辽宁省社会学会理事，辽宁省工信厅工业文化咨询专家，沈阳市"文化+"新动能研究中心副主任，辽宁省百千万工程"千"层次人选。主要研究方向为文化遗产保护、文化产业等。在核心期刊及重点报刊、内参等发表论文及研究成果10余篇，获副省级以上领导批示及采用9项，主持完成省、市社科基金等各类课题20余项，出版学术专著1部，副主编学术著作3部，获得省、市各级规范性学术奖项20余项。

樊强强 设计制造工学博士，东北大学艺术学院副教授，教育部首批创新创业优秀导师，韩国概念设计学会理事，ICCC 国际学术会议副委员长，韩国国立韩博大学特聘教授，教育部·日本电通中国广告人才培养基金项目研究员。主要研究方向为设计价值评价、非物质文化遗产数字化传承与保护、服务设计等。发表 CSSCI、EI、SCOPUS、中文核心论文等 20 余篇，获得 Technology, Market, and Complexity（JOItmC）和 Knowledge Cities World Summit（KCWS）优秀论文奖。主持国家外专项目、教育部中央高校基本科研业务费项目、省市各类课题 10 余项，出版学术专著 1 部；获辽宁省教学成果奖 2 项。

摘　要

《辽宁品牌发展报告（2023）》是关于辽宁品牌发展的年度性研究报告，是辽宁品牌建设与发展研究的重要智库成果。全书分为总报告、行业篇、专题篇、区域品牌篇、企业品牌篇五个部分，由辽宁社会科学院品牌发展课题组与东北大学艺术学院的有关专家、教授历经1年共同研创而成。全书着力对辽宁品牌发展现状和建设成绩进行了深入研究，在反映、展示辽宁行业品牌、区域品牌、企业品牌发展进程的基础上，对辽宁品牌建设中存在的难点和突出问题进行了分析并提出破解举措。

本书认为，近年来，辽宁省品牌发展能力逐步增强，品牌建设成效显著，已经形成了政府培育、企业争创、社会促进、舆论宣传、价值评价和法律保护"六位一体"的品牌建设工作格局。2021年以来，辽宁省开展了一系列质量品牌提升行动、精品品牌培育工程和评选活动。农业新产业新业态不断壮大，特色品牌、精品品牌不断涌现。工业品牌扶持力度持续加大，品牌集聚效应和龙头示范效应依然明显。文化旅游品牌更加丰富，地域特色浓烈。健康医疗品牌发展速度较快，辐射范围渐广。传统区域品牌优势依然显著，新兴区域品牌影响力逐渐增强。"辽字号"企业和产品品牌声誉越发响亮，形象越发靓丽。

本书发现，辽宁省品牌发展中存在的主要问题是政府层面品牌战略规划实施有待加强，企业层面品牌建设整体能力有待加强；受疫情等因素影响，各地各类品牌推广和商贸文旅节庆活动减少，品牌宣传效果不显著；企业普遍缺乏成形的品牌管理体系，对品牌战略、品牌文化和品牌传播方面投入不

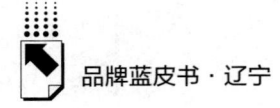

足，品牌建设的深度、广度、高度均有所欠缺。

本书提出，2023年，辽宁应积极落实党的二十大精神和《质量强国建设纲要》以及《辽宁全面振兴新突破三年行动方案（2023—2025年）》等文件和有关政策要求，奋勇争先、拼抢争实，进一步优化品牌培育的政策环境，对接企业需求，聚焦品牌创建、品牌价值提升、品牌管理系统化等方面提供专项培训辅导，大力实施品牌战略，深入开展品牌价值评价服务和区域品牌培育提升等工作，加快发挥标准化和认证手段的作用，促进品牌升级，创新开展品牌人才培训，着力破解阻碍品牌建设发展的痛点、难点、堵点，有力支持辽宁全面振兴取得新突破。

关键词： 品牌发展　品牌建设　品牌培育　品牌价值

目 录

Ⅰ 总报告

B.1 推动品牌强省建设　助力辽宁全面振兴
　　　——辽宁品牌建设发展的现状、问题与建议············李晓南 / 001

Ⅱ 行业篇

B.2 辽宁农业品牌发展报告·······························马　琳 / 015
B.3 辽宁石化行业品牌发展报告·······················崔萌萌 / 024
B.4 辽宁钢铁行业品牌发展报告·······················何　茜 / 037
B.5 辽宁装备制造业品牌发展报告············闫琳琳　薛慧敏 / 050
B.6 辽宁文化品牌发展报告·····························朱　昆 / 062
B.7 辽宁旅游品牌发展报告····················谷会敏　张可欣 / 075
B.8 辽宁健康产业品牌发展报告··············严加高　修　竹 / 093

Ⅲ 专题篇

B.9 辽宁医院品牌发展报告·····························李晓萌 / 101

B.10　辽宁医用食品品牌发展报告 ……… 杨　恚　李艾霖　金成博 / 112
B.11　辽宁省非物质文化遗产品牌发展报告 ……………… 刘宝凤 / 129
B.12　辽宁老字号品牌发展报告 …………………………… 王　晗 / 142

Ⅳ　区域品牌篇

B.13　盘锦河蟹品牌发展报告 ……………………………… 谢津翰 / 158
B.14　沈抚示范区数字经济品牌发展报告 ………………… 洪佳滢 / 170
B.15　营口汽保品牌发展报告 ……………………………… 李　艺 / 182
B.16　丹东纺织业品牌发展报告 …………………………… 袁子宁 / 192

Ⅴ　企业品牌篇

B.17　辽河油田品牌发展报告 ……………………………… 田　晔 / 204
B.18　沈阳鼓风机集团品牌发展报告 ……………………… 刘新姝 / 216
B.19　新松机器人品牌发展报告 …………………………… 王　洋 / 227
B.20　阳光小玛特品牌发展报告 …………………………… 姚　瑶 / 239

附表1　2021年辽宁农产品区域公用品牌（59个）………………… / 248
附表2　2021年辽宁农产品品牌（61个）…………………………… / 250

皮书数据库阅读使用指南

总 报 告

B.1
推动品牌强省建设　助力辽宁全面振兴
——辽宁品牌建设发展的现状、问题与建议

李晓南*

摘　要： 品牌是质量的象征、企业信誉的名片，也是国家实力的综合体现。近年来，辽宁省品牌发展能力逐步增强，品牌建设成效显著，已经形成了政府培育、企业争创、社会促进、舆论宣传、价值评价和法律保护"六位一体"的品牌建设工作格局。但同时，也要看到品牌建设工作仍存在一些问题，如品牌战略规划实施有待加强，政府与企业品牌建设投入力度有待增强，品牌保护难度大等。应从进一步完善品牌培育政策环境、大力推进品牌战略、深入开展品牌价值评价、加强区域品牌培育工作、创新开展品牌人才培训等途径入手，推动全省品牌建设，助力辽宁全面振兴。

关键词： 品牌强省　品牌建设　品牌战略　辽宁

---

* 李晓南，辽宁社会科学院社会学研究所副研究员，研究方向为文化社会学、品牌建设等。

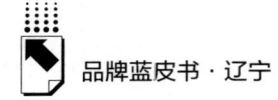

品牌兴则经济兴。品牌被视为企业的无形资产，是质量的象征，是企业信誉的名片，也是国家综合实力的集中体现。党的十八大以来，我国品牌发展能力显著增强，品牌建设事业取得长足发展。2014年5月，习近平总书记在河南考察时提出"三个转变"重要指示，即"推动中国制造向中国创造转变、中国速度向中国质量转变、中国产品向中国品牌转变"，将我国品牌建设提升到新的战略高度。自2017年起，我国将每年5月10日设立为"中国品牌日"。党的十九大报告、二十大报告中均提出了加快建设制造强国、质量强国的战略要求。2023年2月，中共中央、国务院印发了《质量强国建设纲要》，以加强质量和品牌等经济发展核心优势作为推动高质量发展的重要举措，提出到2025年，中国品牌影响力稳步提升，形成一大批质量过硬、优势明显的中国品牌，人民群众质量获得感、满意度明显增强；到2035年，质量强国建设基础更加牢固，先进质量文化蔚然成风，质量和品牌综合实力达到更高水平。品牌建设已经是实现质量强国战略、落实高质量发展的重要抓手与支撑。

近年来，辽宁省已经形成了政府培育、企业争创、社会促进、舆论宣传、价值评价和法律保护"六位一体"的品牌建设工作格局，开展了一系列质量和品牌提升行动、精品品牌培育工程和评选活动，"辽字号"企业和产品品牌越发响亮、形象越发靓丽。

一 品牌建设情况综述

（一）农业品牌

辽宁省围绕粮油、蔬菜、水果、畜牧等六大产业布局，积极推进农业品牌建设，通过深入拓展农业产业链，壮大新产业新业态，培育新产品新品牌，增加了农民收入，提升了辽宁省农业品牌的知名度、美誉度和影响力，推动了现代农业发展。大连海参、大连大樱桃、盘锦大米、东港草莓等11个品牌入选中国农产品区域公用品牌目录。辽宁省北镇市北镇葡萄中国特色农产品优势区、辽宁省鞍山市鞍山南果梨中国特色农产品优势区等7个品牌产区入选中国特色农产品优势区。辽宁拥有农产品地理标志100个、绿色食品标志产品1083个、有机农产品88个。2022年7月，辽宁省农业农村厅委托辽宁省农学会开展2021年辽宁农产品品牌评选活动，共评选出东港梭子蟹等辽宁农产品区域公用品牌59个、五四农场大米等农产品品牌61个。2022年6月，农业农村部办公厅印发《农业品牌精品培育计划（2022—2025年）》，经过专家推荐评选，最终75个品牌被纳入精品培育计划，辽宁省的盘锦大米、东港草莓、大连樱桃名列其中。

在农产品供给稳定发展的基础上，辽宁省采用多种形式大力推介本省特色农产品品牌。一是充分利用传统媒体宣传推广。持续在央视投放绿色农产品广告，重点宣传盘锦大米、大连海参、东港草莓等5个区域公用品牌，带动了当地经济发展和农民增收。2021年在辽宁卫视开辟黄金纬度栏目50期，宣传推广农产品区域公用品牌15个、地理标志农产品35个。二是积极组织展会，创造推介平台。2021年，依托举办第十二届辽宁国际农业博览会和第四届中国农民丰收节（辽宁主会场）等活动，全省共举办推介会37场，推介品牌农产品83个，现场签约额达324.9亿元。三是充分发挥电商平台资源和渠道优势。会同沈阳农业大学、辽宁卫视、新浪辽宁、国际在线等单位或媒体举办10场推介会，宣传推广农产品区域公用品牌27个、优质特色农产品品牌83个。

为了进一步推进辽宁农业品牌建设，提升"辽字号"品牌农产品的知名度、美誉度和影响力，助力乡村产业振兴，辽宁省农业农村厅将2022年确定为辽宁农业品牌建设年，全力开展品牌强农行动。建立系统的品牌农产品评价体系，制定辽宁省农业品牌目录制度，严格执行准入和退出机制，实施动态管理，确保品牌建设质量。通过建立辽宁农业品牌评价体系，组建辽宁农业品牌专家委员会，开展2022年农业品牌精品培育工作以及2022年辽宁农业品牌评选活动，全力推进"辽米、辽菜、辽果、辽畜、辽鲜、辽花、辽药"等"辽字号"品牌创建，集中资源打造辽宁品牌优势，全面提升农产品竞争力。经过多年培育和发展，目前，辽宁省知名农产品品牌价值得到明显提升，其中，盘锦大米品牌价值达到525.7亿元，盘锦河蟹品牌价值达到295.5亿元，东港草莓品牌价值达到77.5亿元，绥中白梨品牌价值达到51.6亿元，新民小梁山西瓜品牌价值达到40亿元，凌源花卉品牌价值达到34.5亿元。①

（二）工业品牌

2021年，辽宁省聚焦全省重点产业和重点产品及制造业产业集聚区等重点区域，为272个组织开展了品牌价值评价工作。进入最终环节的参评企业品牌共195个，分布在能源化工、机械设备制造、食品加工制造、建筑建材、纺织服装鞋帽、农业、医药健康、轻工、汽车及配件、酒水饮料、冶金有色、其他制造等行业，企业品牌价值平均值为11.40亿元，自2016年以来参评企业品牌价值增长4倍以上。从工业企业品牌评价来看，能源化工行业最高品牌价值的是长春化工（盘锦）有限公司；机械设备制造行业最高品牌价值的是大连华锐重工集团股份有限公司；食品加工制造行业最高品牌价值的是富虹集团油品有限公司；汽车及配件行业最高品牌价值为18.68亿元，是沈阳金杯延锋汽车内饰系统有限公司；冶金有色行业最高品牌价值为1.32亿元，是凌源市富源矿业有限责任公司；其他制造行业最高品牌价值为3.97亿元，是鞍山亚世光电（集团）股份有限公司。②

2021年，按照辽宁省委、省政府质量强省工作部署，辽宁省围绕全省结构调整"三篇大文章"，开展质量品牌创建工程。全省组织开展"辽宁省质量品牌提升示范区"建设，显著增强了地方政府层面对品牌建设工作的重视，展示了区域产业特色和发展状况，开拓了品牌工作视野，同时申报工作也为地方政府规划区域品牌战略和产业发展规划提供了智力支持。最终瓦房店轴承产业集聚区、盘锦辽滨沿海经济技术开发区、辽宁省橡胶密封制品产业示范区、兴城市泳装产业示范区、辽宁省沈抚示范区数字经济产业园等

---

① 辽宁省农业农村厅、辽宁省市场监督管理局。
② 辽宁省市场监督管理局。

5家工业园区获批创建辽宁省质量品牌提升示范区。

此外，根据中国品牌建设促进会、中国资产评估协会、新华社等单位联合发布的"2022中国品牌价值评价信息"，通过对645个品牌进行价值评价，辽宁省有7家企业、2个地域品牌上榜。上榜企业分别为：辽宁红沿河核电有限公司，品牌价值78.72亿元；大连华锐重工集团股份有限公司，品牌价值65.81亿元；凌源钢铁股份有限公司，品牌价值45.19亿元；富虹集团油品股份有限公司，品牌价值94.1亿元；禾丰食品股份有限公司，品牌价值55.72亿元；北票市宏发食品有限公司，品牌价值16.96亿元；辽宁五一八内燃机配件有限公司，品牌价值8.22亿元。①

（三）服务业品牌

1. 旅游业品牌

2021年以来，辽宁省积极统筹疫情防控和行业发展，奋力推进文旅融合，丰富产品和服务供给，旅游业品牌建设取得新进展。2021年，辽宁省旅游总收入3288亿元，同比增长21%。截至2022年上半年，辽宁省有旅行社1550家；国家A级旅游景区568个，其中，4A级旅游景区142个，5A级旅游景区6个，6个5A级旅游景区分别为沈阳市植物园、辽宁省鞍山市千山景区、本溪市本溪水洞景区、大连金石滩景区、大连老虎滩海洋公园、辽宁省盘锦市红海滩风景廊道景区。②

辽宁历史悠久、地域辽阔，自然资源和文化资源丰富，近年来各个市县充分发挥地域文化优势，打造出独具特色的旅游品牌。其中主打的文化旅游品牌分为以下四种：①清文化旅游品牌，著名的景点有沈阳故宫、永陵、昭陵、福陵等；②新旧石器时代旅游品牌，著名的景点有新乐遗址、查海遗址、牛河梁红山文化遗址等；③近代纪念馆类旅游品牌，著名的景点有张氏帅府纪念馆、辽沈战役纪念馆、抗美援朝纪念馆、雷锋纪念馆等；④满族文

---

① 《2022中国品牌价值评价信息发布》，《参考消息》2022年9月5日。
② 辽宁省统计局。

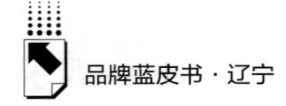

化旅游品牌，著名的景点有实胜寺、八王寺、锡伯家庙、医巫闾山、千山等。

辽宁地处冰雪黄金纬度带，且温泉资源遍布全省，因而，冰雪旅游是辽宁冬季旅游的主打项目，经过数十年的发展已经成为辽宁旅游重要品牌。"冰天雪地也是金山银山"，在2021～2022年冰雪季，辽宁省抓住北京冬奥会这个前所未有的重大机遇，深入实施《辽宁省冰雪旅游发展三年行动计划》，乘势而上深入打造辽宁冰雪品牌，让"冷资源"变成"热产业"。2022年辽宁省打造出"冬奥在北京，冰雪游辽宁——嬉冰雪，泡温泉，辽宁过大年"冬季旅游品牌，在各地深入推广，并以"冰雪辽宁"为主题，积极举办丰富多彩的冰雪主题系列活动，如盘锦辽河口冰凌穿越、沈阳冰龙舟大赛等，反响强烈、精彩纷呈，不断激发大众的冰雪消费潜能，也掀起了"辽宁人游辽宁"的新热潮。

辽宁省坚持旅游品牌与文化、农业、体育、健康等产业融合发展，以"旅游+"战略为引导，发挥旅游业综合带动作用，推动旅游产业链的拓宽和延伸，加强辽宁省旅游品牌发展。在文旅融合方面，辽宁省举办"锦绣辽宁、多彩非遗"主题活动、第十七届辽宁·阜新玛瑙文化旅游节、大连市"文化有约"活动、中国（大连）国际文化旅游产业交易博览会等，打造辽宁文化旅游品牌。在农旅融合方面，赫图阿拉村以打造精品民宿为突破口，推行以"公司+合作社+农户"为主的民宿旅游产业经营模式，不仅为村民带来可观的经济收入，也有效地传播了民俗品牌；大连金普新区向应街道土门子村，通过生态文化客栈带动休闲旅游和都市农业融合发展，已成为省级乡村旅游重点村镇；本溪市本溪县小市镇、辽阳市弓长岭区安平乡姑嫂城村、抚顺市清原满族自治县大苏河乡南天门村等，均已成为旅游扶贫、民俗文化、观光农业融合发展的知名品牌。

2. 文化品牌

辽宁省深入贯彻落实习近平总书记关于加强社会主义文化建设的重要论述，聚焦建设文化强省目标，发掘辽宁特有的地域性文化资源，发展文化产业新业态，逐步形成了具有辽宁地域特色的文化新名片，使辽宁省从文化大省逐步迈向文化强省。

打造底蕴深厚的特色历史文化品牌。辽宁文化具有鲜明的早发性和多元化特点，红山文化、三燕文化、辽金文化、清前文化厚重灿烂，工业文化、英模文化、民间文化、河海文化异彩纷呈。辽宁持续加大保护传承历史文化遗产力度，已有2个国家历史文化名城（沈阳和辽阳）、6个省级历史文化名城、17个省级历史文化名镇、26个省级历史文化名村、4个中国历史文化名镇、1个中国历史文化名村。同时，大量富有鲜明地域特点的珍贵文物也保持至今，成为中华五千年文明的重要见证。如"花鸟源头、文明曙光"是辽宁化石文化的形象定位。辽宁坚持资源优势与产业优势相促进，打造了以化石文化为主题的朝阳鸟化石世界地质公园、牛河梁红山文化遗址、北票市四合屯国家级自然保护区、凌源化石景区、慕容街化石市场、上河首奇石化石市场。辽宁以资源保护为主，积极组织"引进来"和"走出去"，提升朝阳古生物化石文化在世界的影响力。此外，辽宁博物馆建设享誉中外，作为新中国第一家博物馆，辽宁省博物馆所收藏的唐宋以前书画作品数量在全国各大博物馆中数一数二，宋元刻本数量仅次于台北"故宫博物院"和国家图书馆。近年来辽宁省博物馆坚持观照现实，力求赋予文物以新生，举办了多次"现象级"的展览。辽宁还拥有丰富的非物质文化遗产，目前有76个国家级非物质文化遗产项目、294个省级非物质文化遗产项目。建成各级非遗传习基地（所）、非遗展示馆共计670个。建设2个省级文化生态保护区，建立省级传统工艺振兴目录项目30个。①

赓续红色基因的特色革命文化品牌。辽宁是红色文化资源大省，截至2022年，共有红色文化遗址782处，国家级、省级、市级爱国主义教育基地总计224处。2021年辽宁省文物局发布《关于公布辽宁省第一批革命文物名录的通知》，其中包括不可移动革命文物650处、可移动革命文物10818件，10个全国重点文物保护单位包括沈阳的中共满洲省委旧址、审判日本战犯特

---

① 辽宁省文化和旅游厅。

别军事法庭旧址、抚顺的雷锋墓和雷锋纪念碑、丹东的鸭绿江断桥等。① 辽宁省高度重视红色资源保护挖掘利用。辽宁作为"抗日战争起始地""解放战争转折地""新中国国歌素材地""抗美援朝出征地""共和国工业奠基地""雷锋精神发祥地"六个方面的红色标识的价值在全国红色文化遗产体系中具有唯一性和独特性。同时,辽宁还打造出一系列红色文化品牌。截至2021年,全省有21个全国爱国主义教育示范基地、5条全国"建党百年红色旅游百条精品线路"、12处全国红色旅游景点景区,分别居全国第8位、第4位、第9位。②

传承高水平积淀的文艺创演品牌。改革开放以来,辽宁的文学、话剧、舞蹈、戏曲、杂技等多种艺术门类全面繁荣,辽宁是全国荣获中宣部精神文明建设"五个一工程"奖、国家舞台艺术精品工程"十大精品剧目"和"重点资助剧目"最多的省份。歌剧《苍原》、芭蕾舞剧《二泉映月》等行业里程碑式的作品,曾在全国文艺界产生重大影响。党的十八大以来,"辽字号"文艺精品持续涌现,辽宁囊括了全部中央和国家级奖项。其中,京剧《将军道》等14台剧目获中宣部"五个一工程"奖,话剧《郭明义》等24台剧目获文化部"文华奖",芭蕾舞剧《八女投江》等7台剧目获"文华大奖"。芭蕾舞剧《花木兰》《铁人》等近年来在国内外演出市场屡创佳绩。辽宁文艺院团历史悠久、实力雄厚。沈阳鲁迅美术学院、沈阳音乐学院等作为全国知名高等艺术学府,传承延安鲁艺精神,为东北乃至全国培育了大批文艺人才。截至2020年,辽宁共有艺术表演团体机构186家,其中辽宁省文化演艺集团由原6个厅局21家单位整合而成,现有18家分支机构,以建设"辽字号"文化航母为目标。③ 集团旗下的辽宁芭蕾舞团、辽宁人民艺术剧院、辽宁歌剧院、辽宁歌舞团等四大院团,已成为我国著名文化品牌,具有较强的文化影响力。此外,辽宁省文化名家辈出,演艺资源丰富,多年来在党的领导下造就了一支有广泛社会影响力的艺术家队伍,例如,人

---

① 辽宁省文化和旅游厅。
② 国家统计局。
③ 辽宁省文化和旅游厅。

民表演艺术家李默然、著名编剧高满堂，"新东北作家群"及"铁西三剑客"等"80后"作家群，钢琴家郎朗、芭蕾舞领军人物吕萌，京剧名家于魁智、评剧"韩、花、筱"三大流派，曲艺界"评书四大家"，影视界和流行音乐界等也活跃着众多辽宁籍明星。

3. 健康产业品牌

在"健康中国"战略指导下，辽宁省立足于人口老龄化基本省情，出台"健康辽宁"总体部署，全面引导健康产业标准化、品牌化发展。健康产业品牌溢价得以显现，品牌建设效果显著，品牌化发展正成为辽宁健康产业相关企业存在和延续的价值支柱。辽宁不断打造健康产业高质量发展的良好氛围。

2019年，为贯彻落实"健康中国"行动方案，辽宁实施"健康辽宁"行动，省委省政府印发了《健康辽宁行动实施方案》，专门成立"健康辽宁行动推进委员会"，推出19项行动举措，通过改善人们的生活方式、生活环境，实现不生病或少生病的目标。2021年，健康辽宁行动推进委员会办公室制定了《健康辽宁行动2021年重点工作计划》，积极建设健康辽宁产业品牌，品牌建设的重要性得到前所未有的重视。在开展老年健康促进行动中，注重开展健康产业品牌意识宣传活动，组织有品牌影响力的医养结合机构提供高质量服务，在健康场所基础设施机械采购中，提出购买的产品要有国内品牌影响力的硬性要求。在创建健康素养、健康饮食促进行动项目中，不断引导群众对食品采购要有品牌观念。推出"攀登辽宁"和"冰雪辽宁"等十大健身系列品牌活动，在丰富和拓展全民健身活动形式及内容上提升品牌意识。此外，数字经济发展全面促进了辽宁健康产业高质量发展，也促进了辽宁健康产业品牌发展。疫情期间，辽宁省委省政府高度重视健康产业品牌化对疫情防控起到的积极作用，"辽事通""盛事通"等App的开通运用，有效提升了社会资源合理化配置水平，增强了公共卫生事业的管理效能，健康产业品牌化发展正在为辽宁经济社会发展注入强大的新动能。同时，随着"健康中国"战略的实施和老龄化社会的发展，辽宁市场对医用食品的消费需求也不断扩大。医用食品行业准入门槛高，目前该产业仍以外企为主。2018年，医用食品供应链服务企业辽宁营养大象供应链集团在沈阳浑南高新区成立，并研发了全国首套"营养HIS系统"，打造了全国唯一的医用食品产业链运营体系，截至2022年，已和全省26家医院合作开展医用食品在临床医疗机构的应用，累计签约并服务的医院达120余家，逐步树立起强势的品牌效应。

4.老字号品牌

老字号，是历经世代传承、形成良好信誉的产品、技艺或服务的品牌。辽宁是中华民族和中华文明发祥地之一，是全国工业重镇。截至2022年，辽宁拥有省级以上老字号企业165家，其中"中华老字号"企业34家、"辽宁老字号"企业131家。除上海、北京、江苏、浙江等老字号比较集中的区域外，辽宁是"中华老字号"企业相对较多的省份，与福建数量相同，位列全国第九。165家老字号企业，平均年龄145岁，百年以上企业85家，涉及餐饮、医药、酿酒、商贸服务、食品加工等多个领域。其中16家老字号企业生产经营场所被评为A级景区，75家老字号企业的生产（服务）技艺被列为非物质文化遗产，沈阳萃华珠宝、东北制药、大连大商集团3家企业成功在A股主板上市。①

近年来，辽宁老字号事业取得了长足发展。大商集团、萃华珠宝、中街冰点、康福食品、老边饺子等一批与人民生活密切相关的老字号企业发展态势良好。它们突出品牌特色，树立品牌形象，拓展服务功能，提升服务水平，获得了社会各界的普遍认可。据调查，全省省级以上老字号企业整体运营平稳，处于盈利状态的企业占78.8%。

同时，大部分老字号企业经营方式已由原来的作坊式单体经营转变为现代连锁或集团化经营。如老边饺子、老天祥大药房等企业，通过采用现代经营方式，积极发展连锁或组建集团，不断扩大品牌影响力，市场竞争力和抵御风险能力不断增强。在软环境服务和硬环境设施上，老字号企业普遍加大投入，通过加强培训和管理，规范服务标准，提高了服务质量。老龙口、鹿

① 数据来源于商务部业务系统统一平台、中华老字号信息管理官网、辽宁省商务厅。

鸣春、胡魁章、西塔大冷面等企业对店面进行了整体修缮，深度挖掘企业文化，使品牌视觉形象和文化内涵深入人心。

在经营理念上，一些老字号也焕发新的生机与活力。创建于1946年的中街冰点城，重塑升级品牌，拓展升级渠道，优化消费场景，精细化销售管理与服务，推出10余款新品、七大生产线，目前在上海、杭州、南京、深圳等地开设了40多家分店；以全网销售为基准，重点开拓罗森、711等优质B类连锁渠道和社区团购平台新通路，并积极发展直播带货等新模式，把小雪糕做成大产业。

二 辽宁品牌建设面临的机遇与挑战

（一）品牌战略规划有待完善、实施有待加强

尽管政府层面对品牌工作的理解与认识有所增强，但全省品牌培育工作分散进行，缺少建设合力。如"一县一品""国家地理标志保护产品""辽宁优品""辽宁礼物""品牌辽宁"等认定评选，分别归口农业、商务、市场监管、广电等不同部门。落实到具体品牌的培育扶持合力较弱，不利于品牌快速成长。在企业层面，根据辽宁省市场监督管理局2022年一项面向全省各类企业的调查问卷，虽然超过五成的企业已经意识到品牌建设是影响企业竞争力的重要因素，但仅有25.92%的企业制定了品牌推广的活动计划并有效实施，仅有10.44%的企业在制定了品牌推广活动计划的基础上，系统运用多种方法和工具开展品牌管理，品牌建设的整体能力及对品牌战略的规划实施还有待加强。①

（二）品牌建设投入力度有待加强

一方面，近年来受疫情影响，各地各类品牌推广和商贸文旅节庆活动

---

① 辽宁省市场监督管理局。

减少,品牌宣传投入有所减少,宣传力度减小,宣传推广活动效果不显著;另一方面,调研发现,目前,省内大多数企业的品牌主体意识不强,对品牌建设认识程度不高,企业品牌工作还停留在品牌VI视觉识别系统设计层面,品牌建设还有许多空白。少数有实力的企业能够设计品牌推广活动,但普遍缺乏成形的品牌管理体系,在品牌建设上更注重产品技术研发及客户关系维护,对品牌战略、品牌文化和品牌传播方面投入不足,对品牌建设认识的广度和高度均有所欠缺,同时也不熟悉互联网环境下品牌营销策略。

(三)品牌建设困境普遍存在

调查显示,企业现阶段品牌建设面临的主要困境有同业恶性竞争、推广成本过高、规模资金制约、假冒伪劣影响等。品牌维护机制不健全给品牌建设带来较大风险。以区域公用品牌为例,如"盘锦河蟹""东港草莓"等著名区域公用品牌,可以被域内多家企业使用。缺乏统一的质量标准,品牌使用门槛较低,品牌价值的攀升又带来较大吸引力,造成品牌所在地大大小小的企业和商户分别打起品牌名头售卖,品质参差不齐,对品牌造成负面影响,使品牌保护难度加大。

三 加强辽宁品牌建设的发展建议

(一)完善品牌培育的政策环境

各部门整合发力,加强对全省品牌工作的顶层设计。一是组建省品牌建设领导小组,确定主管部门牵头、相关部门配合的品牌管理和联动工作机制。出台布局品牌建设工作的总规政策意见,使分散在各部门的品牌工作有机整合、形成合力。二是对接企业需求,组织品牌主题活动,提高企业品牌工作思想意识。引导企业组建品牌流动诊所,邀请专家走进企业,聚焦品牌创建、品牌价值提升、品牌管理系统化中遇到的问题，开展系列专项培训与辅导。三是发挥好各级各类品牌荣誉称号的示范效应，完善奖励政策，加大奖励力度。引导更多企业申报品牌价值评价、政府质量奖等，导入先进、系统的品牌管理模式及方法。同时及时引导企业关注品牌风险和危机问题，建立健全自媒体时代品牌危机公关制度。

（二）大力实施品牌战略

一是继续深入开展品牌价值评价服务和区域品牌培育提升工作，扩大品牌价值评价涵盖范围，可以将文化产业等行业纳入其中，提高品牌价值评价的含金量。二是加快使用标准化和认证手段，促进品牌升级。结合"辽宁优品"认证等工作，通过持续出台产品技术规范，建立健全产品质量追溯体系，推动行业标准制定与实施，加强品牌保护。严格管理广告、包装及质量追溯体系等的商标使用，维护辽宁品牌形象与价值。三是创新品牌宣传营销手段，讲好辽宁品牌故事。注重以地域性、文化性、历史性等为支撑，丰富品牌IP内涵。综合运用网络平台数字化手段加强品牌IP传播实效。积极利用产业、行业、企业跨界融合，形成品牌IP生态网络，开展品牌联合与区域品牌建设，推动消费业态迭代升级。

（三）创新开展品牌人才培训

一是加强品牌策划运营、市场营销特别是互联网时代品牌营销策略与业务等高级人才队伍的引进与培养，重点培育龙头企业、团队和个人，形成品牌建设人才中心和创新高地。二是发挥产业联盟、行业联盟作用，通过"走出去""引进来"，与中标院、中国品牌促进会等品牌学术团体及智库积极开展交流活动，定期组织企业、政府职能部门、协会管理人员学习品牌先进工作经验和国际国内领先成果。在各市开展品牌建设专题培训班，不断壮大优秀企业和品牌经理人队伍。三是跨界整合资源，创新品牌人才培养模式。组织有实力的企业与科研院校、品牌文化龙头企业联合办学、委托培养，借助其品牌管理体系、平台与资源优势，实现品牌建设工作补链、强链，提升品牌人才自主培养能力。

参考文献

王焯：《持续加强品牌建设　助力质量强省进程》，载《辽宁品牌发展研究报告（2019）》，辽海出版社，2020。

行 业 篇

B.2
辽宁农业品牌发展报告

马 琳*

摘　要： 实施农业品牌战略，是发展现代农业的必然选择，是促进农民实现增收的有效途径。推进农产品品牌建设是农业现代化发展的必要手段，是农产品开创市场、提高自身市场价值的有效途径。本文通过对辽宁农产品品牌建设情况的深入分析，提出辽宁农产品品牌在现阶段发展建设中存在的政策制定、经营主体及品牌开发等方面的问题，并探索相应的解决策略，提出了统筹资金支持、健全法制保障、完善产业链条及强化文化赋能等一系列对策建议。

关键词： 农产品　农业品牌　辽宁

品牌化是农业现代化的重要标志，是推动农业生产规模化、标准化、专业

---

* 马琳，辽宁社会科学院农村发展研究所助理研究员，研究方向为农村经济。

化的有力抓手。自2005年至今，在每年聚焦"三农"的中央一号文件中，农业品牌建设都占有特别重要的地位。2016年，国务院办公厅印发《关于发挥品牌引领作用推动供需结构升级的意见》，提出我国将实施品牌基础建设工程、供给结构升级工程、需求结构升级工程3项重大工程，明确提出设立"中国品牌日"，大力宣传知名自主品牌，讲好中国品牌故事，提高自主品牌影响力和认知度。2017年4月24日，国务院印发《国务院关于同意设立"中国品牌日"的批复》，同意自2017年起，将每年5月10日设立为"中国品牌日"。2022年7月国家发展改革委等部门发布的《关于新时代推进品牌建设的指导意见》中提出，实施农业品牌精品培育计划，打造一批品质过硬、特色突出、竞争力强的精品区域公用品牌，明确了到2035年中国品牌将成为推动高质量发展和创造高品质生活的有力支撑、中国品牌综合实力进入品牌强国行列的长远目标。

一 辽宁农业品牌发展现状

近年来，辽宁省十分重视推进农产品区域公用品牌和知名农产品品牌建设，在粮油、蔬菜、畜牧、水产品、水果、特色农产品等六大产业进行布局，成效显著。

（一）积极培育农业品牌

2020年以来，辽宁省深入拓展农业产业链，壮大新产业新业态，培育新产品新品牌，增加了农民收入，提升了辽宁农业品牌的知名度、美誉度和影响力，推动了现代农业发展。大连海参、大连大樱桃、盘锦大米、东港草莓等11个品牌入选中国农产品区域公用品牌目录。北镇葡萄、大连海参、鞍山南果梨等7个品牌入选中国特色农产品优势区。辽宁省拥有农产品地理标志100个、绿色食品标志产品1083个、有机农产品88个。[①] 2022年7月，辽宁省农业农村厅委托辽宁省农学会开展2021年辽宁农产品品牌评选

---

① 《关于省十三届人大六次会议辽宁省通过品牌战略做好三篇大文章（第1377号）建议的协办意见》（辽农建〔2022〕15号）。

活动，共评选出东港梭子蟹等辽宁农产品区域公用品牌59个、五四农场大米等农产品品牌61个[①]。

2022年6月，农业农村部办公厅印发《农业品牌精品培育计划（2022—2025年）》，经过专家推荐评选，最终75个品牌被纳入精品培育计划，辽宁省的盘锦大米、东港草莓、大连樱桃名列其中。该计划提出，到2025年要大力发展一批优质、高效、可持续发展能力强的农产品区域公用品牌、企业品牌和优质特色农产品品牌。

（二）加大推广宣传力度

近年来，辽宁省采取多种措施大力推介本省特色品牌农产品。一是充分利用传统媒体宣传推广。持续在央视投放绿色农产品广告，重点宣传盘锦大米、盘锦河蟹、大连海参、大连大樱桃、东港草莓等5个区域公用品牌，带动了当地经济发展和农民增收。2021年辽宁卫视开辟黄金纬度栏目50期，宣传推广农产品区域公用品牌15个、地理标志农产品35个。二是积极组织展会，创造推介平台。2021年，依托举办第十二届辽宁国际农业博览会和第四届中国农民丰收节（辽宁主会场）活动等，全省共举办推介会37场，推介品牌农产品83个，现场签约额达324.9亿元。三是充分发挥电商平台资源和渠道优势。会同沈阳农业大学、辽宁卫视、新浪辽宁、国际在线等举办10场推介会，宣传推广农产品区域公用品牌27个、优质特色农产品品牌83个。

经过多年的培育和发展，辽宁省知名农产品品牌价值得到明显提升，其中，盘锦大米品牌价值达到525.7亿元，盘锦河蟹品牌价值达到295.5亿元，东港草莓品牌价值达到77.5亿元，绥中白梨品牌价值达到51.6亿元，新民小梁山西瓜品牌价值达到40亿元，凌源花卉品牌价值达到34.5亿元[②]。为了进一步推进辽宁农业品牌建设，提升"辽字号"品牌农产品的知名度、

[①] 《辽宁省农学会关于2021年辽宁省农产品品牌评审结果的公示》，辽宁省农业农村厅网站，https://nync.ln.gov.cn/nync/index/tzgg/2B211AA76D824CF4BE62F6826E55CFD7/index.shtml。

[②] 《关于省十三届人大六次会议辽宁省通过品牌战略做好三篇大文章（第1377号）建议的协办意见》（辽农建〔2022〕15号）。

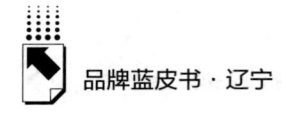

美誉度和影响力，助力乡村产业振兴，辽宁省农业农村厅将2022年确定为辽宁农业品牌建设年，全力开展品牌强农行动。从农产品品牌确立的标准着手，建立系统完善的评价体系，制定权威精准的产品名录，履行严格规范的准入和退出机制，定期检查并实施动态管理，确保辽宁农产品品牌的含金量。通过建立辽宁农业品牌评价体系，组建辽宁农业品牌专家委员会，开展2022年农业品牌精品培育工作以及2022年辽宁农业品牌评选活动，全力推进"辽米、辽菜、辽果、辽畜、辽鲜、辽花、辽药"等"辽字号"品牌创建，集中资源打造辽宁品牌优势，全面提升农产品竞争力。

二 辽宁农业品牌发展存在的不足

（一）缺乏品牌建设整体规划

各级政府部门虽然积极协助、扶持企业争创品牌，并采取多种形式对优质品牌农产品进行宣传推介，但对品牌农业建设的整体规划仍显欠缺，政策延续性不强，缺乏长期的品牌跟踪管理制度。3~5年的短期规划对于一个农业品牌来说只是刚刚起步，农业品牌建设的重点不在于数量，而在于质量，在于有多少农业品牌能够真正"走出去，立得住"。

（二）对农业品牌认识不到位

通过近几年的发展，部分企业、合作组织对农业品牌的认知度有所提升，但不够全面，仍停留在短期经济价值上，只注重商标的创建，缺乏维护和活化意识，知识产权意识比较薄弱。相当一部分农业品牌经营者缺乏农业品牌可持续经营理念，不重视后续的创新研发，仍然就生产论生产，没有充分发挥品牌在现代农业发展中的作用。

（三）品牌经营和管理人才不足

农业品牌建设需要紧跟时代潮流，不断依靠新科技新技术提升自身竞争力，充分利用新兴媒介寻找发展机遇。这就需要品牌经营人员和管理人员具备较高的科学文化素养和自我发展能力。辽宁省第三次农业普查数据显示，辽宁省农业生产经营人员共计826.7万人，其中，年龄在35岁及以下的有117.0万人，占比14.15%；年龄在36~54岁的有386.6万人，占比46.76%；年龄在55岁及以上的有323.1万人，占比39.08%。规模农业经营户农业生产经营人员（包括本户生产经营人员及雇用人员）有41.2万人，年龄在35岁及以下的有6.7万人，占比16.26%；年龄在36~54岁的有25.4万人，占比61.65%；年龄在55岁及以上的有9.0万人，占比21.84%。农业经营单位农业生产经营人员有24.9万人，年龄在35岁及以下的有4.4万人，占比17.67%；年龄在36~54岁的有16.5万人，占比66.27%；年龄在55岁及以上的有4.0万人，占比16.06%[①]（见图1）。由此可见，农业生产经营人员年龄主要集中在35岁以上，35岁及以下人群占比偏低。并且辽宁农村人口受教育程度多为初中水平，年龄结构偏老，缺乏高素质人才，导致农业经营和生产者接受新技能培训程度有限，很难进行创新经营。

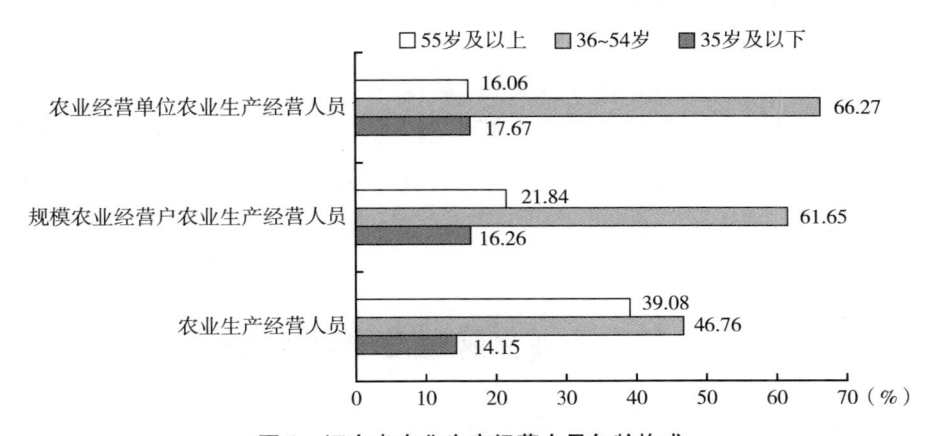

图1 辽宁省农业生产经营人员年龄构成

资料来源：《辽宁省第三次全国农业普查主要数据公报》。

---

① 《辽宁省第三次全国农业普查主要数据公报》，辽宁省统计局网站，https：//tjj.ln.gov.cn/tjj/tjxx/tjgb/nypcgb/40A0870A1F7E4372B5B481E91FC7C5EC/index.shtml。

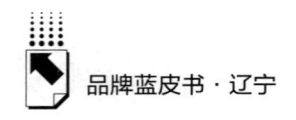

（四）行业知名品牌少，农产品深加工不足

辽宁省虽然有一定数量的地方名牌农产品，但从全国乃至国际角度来看，辽宁农产品仍然存在多而不精、影响范围有限的问题。除了极少数知名品牌外，绝大多数品牌只在局部地区具有一定的影响力，多数辽宁农产品品牌仍无法与国内乃至世界知名农产品品牌抗衡。辽宁区域公用农业品牌的引领带动作用有限。

辽宁省大部分农业企业仍以初加工为主，技术含量偏低，精深加工不足，创新能力十分有限。现有的农产品品牌多为初加工农产品，仍然保持常规生产、传统做法，缺乏规模化、标准化的生产管理模式。产业延伸不足，品牌科技含量和附加值不高，企业专业研发人才比较匮乏，研发投入不足，且多局限在相似产品的开发上，创新意识不强，与科研机构合作较少，缺乏有效推动品牌发展的科技成果，转化增值能力弱。

（五）品牌文化内涵有待挖掘

品牌的文化内涵是品牌与消费者情感沟通的桥梁，是一个品牌内在的生命力，是品牌产品区别于同类产品的最佳标志。辽宁农业品牌在建设中对文化内涵的挖掘不足，没有发挥文化内涵对品牌发展的助推加持作用，没有利用好品牌来实现产业增值。

三 辽宁农业品牌建设的对策建议

（一）加强统筹管理及资金支持

一是整合相关部门资源，建立农业品牌发展专项工作领导小组，解决农业品牌管理过程中出现的监管缺位和重复管理问题，提高农业品牌建设效率。二是提升金融服务水平，设立农业品牌发展专项资金，对具有市场潜力的优势农业品牌提供金融支持。拓展金融贷款业务，因地制宜地设立适合当地品牌农产品发展的金融贷款产品，在信贷条件和信贷规模上要更贴合实地情况。支持企业依法以驰名商标质押获得贷款。

（二）健全品牌法制保障，建立品牌保护机制

在开发创建新品牌的同时，要注重对已有品牌的维护。健全品牌保护机制，完善相关法律法规，为农业品牌营造绿色健康的发展环境。严厉打击侵犯知识产权和制假售假行为，对可能发生的影响力大的商标抢注、侵犯知识产权等突发事件，要提前制定应急预案、理顺举报程序、健全快速反应处置机制。行业内部要强化诚信体系建设，做到行业自律，行业协会要起到监督作用。

（三）培育壮大农业品牌经营主体

鼓励形成以龙头企业为引领、合作社为纽带、农业种植大户和家庭农场为基础的链条完整的生产经营联盟，龙头企业可以利用品牌资源进行技术创新，促进技术迭代和质量升级。集中并规范管理产业链，发展原料基地，实现规模化、标准化生产，促进生产要素聚集，建立产业园区，提高产业集中度，使品牌化生产更专业、更高效，打造更高标准的农产品品牌。

（四）加强产学研结合，加大创新力度

相关部门整合省内科研资源，鼓励农业品牌经营者充分利用农科院及农业大学等科研机构，必要时可借助全国乃至世界科研力量，开发附加值高的新产品。重点开发精深加工产品及技术含量高的农产品，用科技支撑品牌升级，增强农产品品牌活力。搭建科技成果推广转化平台，将优质的科研成果及创新技术快速推广到现实生产中。

（五）推动营销业态创新，提高品牌推介能力

充分利用线上线下营销平台，加强与主流媒体合作，策划主题推介栏目，进行深度报道，讲好品牌故事。鼓励与网络新媒体合作，利用短

视频及直播电商平台，扩大品牌传播圈层，多渠道立体式对农产品品牌进行宣传推介。鼓励中小农业品牌多参加国内外农业展会，提升曝光度与知名度，并依托各大农业节庆活动扩大品牌知名度，在产业基地打造体验式、沉浸式、互动式营销场景，建立电商直播基地，实现与消费者零距离接触。

（六）深挖品牌人文底蕴

文化内涵是品牌深入人心的有效途径。深入挖掘品牌农产品与当地文化的内在联系，包括区域文化、历史文化、民俗文化、饮食文化等。深入挖掘本土特色人文底蕴，对农产品进行精准定位，将本土文化与品牌农产品相结合，打造具有本地特色的、高辨识度的农产品品牌，使消费者在享用农产品的同时，体验到当地历史文化的浓厚气氛。带有浓厚地域文化特色的品牌也会自带"乡愁"气质，这同样可以培养本地消费者的购买情怀。

（七）加大品牌消费联动

推动城乡联动，促进农旅融合，将农业品牌产业基地与近郊休闲农业相结合，用特色农业资源与乡土文化为休闲农业提供物质文化基础，利用休闲农业的业态优势搭建品牌农产品与消费者近距离接触的平台，为农产品品牌做最直观的宣传推广，将农业与休闲、旅游、教育、健康、养老等产业充分融合发展。

参考文献

《辽宁正式启动农业品牌建设年活动》，中国发展网，2022年7月19日。

赵勤、车丽娟：《以品牌农业引领农业高质量发展》，《黑龙江日报》2018年9月19日。

《农业品牌精品培育计划（2022—2025年）》，农业农村部，2022年6月14日。

杨珍：《论广告与文化的相互依存关系》，《价值工程》2013年第25期。

张凝、胡豹：《浙江农业品牌发展现状、问题与对策》，《浙江农业科学》2022年第10期。

《辽宁省农学会关于2021年辽宁省农产品品牌评审结果的公示》，辽宁省农学会，2022年7月26日。

徐苑琳、代韩俊：《推动文化融入农产品品牌建设——成都的经验和展望》，《开放导报》2019年第3期。

B.3
辽宁石化行业品牌发展报告

崔萌萌*

摘　要： 大力开展石油化工行业品牌建设是推动辽宁全面振兴发展的重要内容。当前，辽宁石化整体呈现品牌集聚效应越发明显、品牌龙头示范走在前列、品牌扶持力度持续加大的发展特点。本文立足辽宁省情，从品牌价值结果分布、品牌企业地理分布等维度，对辽宁能源化工行业品牌价值进行客观分析，通过挖掘当前面临的发展机遇和主要问题，提出辽宁石化行业品牌要从主动把握品牌建设的政策机遇，牢牢抓住创新、质量、洁净等品牌建设的关键环节，广泛凝聚品牌建设的强大力量等方面持续发力，大力开展品牌建设，为产业转型升级、建设品牌强省、助力东北振兴作出新的更大贡献。

关键词： 石油化工　石化品牌　辽宁

党的十九大以来，党中央、国务院作出一系列关于品牌发展的重大决策部署和东北振兴的重要指示精神，"十四五"规划更是将品牌建设提升到国家战略层面。而辽宁省作为我国重要的石油化工基地，长期存在"油头大、化尾小"的发展困局，严重束缚着整个行业的品牌建设工作。因此，在新时期新形势新任务下，辽宁省石化行业需要切实担负起推动质量强省"主力军"和参与品牌竞争"辽宁队"的责任，将品牌的内涵和要求贯彻到生

---

* 崔萌萌，辽宁社会科学院党政群工作部，研究方向为管理学。

产经营各环节，通过品牌建设引领石化产业链协调发展，推动智造强省、品牌强省工作再上新的台阶。

一 辽宁省能源化工领域品牌价值评价结果分析

2021年，辽宁省开展了品牌价值评价工作，围绕石化产业链重点企业、地理标志产品、"老字号"品牌和"一市一域、一县一品"等重点区域及企业，分别开展相应品牌价值评价。评价结果显示，辽宁共有9个品牌价值超百亿元，其中石化企业品牌占2位。能源化工行业排名前31的企业品牌价值总和达到663.06亿元，平均值为21.39亿元。品牌价值最高的为141.89亿元，为长春化工（盘锦）有限公司。品牌强度平均值达到761.88，品牌强度最高值为890，为朝阳浪马轮胎有限责任公司（见表1）。

表1 2021年辽宁省品牌价值评价结果发布名单（能源化工）

编号	企业	品牌强度	品牌价值（亿元）	所属地区
1	长春化工（盘锦）有限公司	721	141.89	盘锦
2	恒力石化（大连）有限公司	842.5	130.94	大连
3	辽阳石化公司	828.3	76.12	辽阳
4	赛轮沈阳轮胎有限公司	814	74.79	沈阳
5	长连化工（盘锦）有限公司	713.3	56.07	盘锦
6	辽宁奥克化学股份有限公司	853.8	51.3	辽阳
7	航锦科技股份有限公司	842	33.58	葫芦岛
8	朝阳浪马轮胎有限责任公司	890	19.27	朝阳
9	盘锦瑞德化工有限公司	675.3	13.23	盘锦
10	辽宁华路特种沥青有限公司	607.3	12.04	盘锦
11	中海沥青（营口）有限责任公司	708	7.78	营口
12	锦西天然气化工有限责任公司	806.5	6.38	葫芦岛
13	盘锦大力石油化工有限公司	593.8	4.92	盘锦
14	辽宁富新新材料有限公司	710.3	3.03	阜新
15	辽宁东北丰专用肥有限公司	860	2.60	铁岭

续表

编号	企业及品牌	品牌强度	品牌价值(亿元)	所属地区
16	盘锦大力特种沥青有限公司	689.8	2.53	盘锦
17	中触媒新材料股份有限公司	830	2.45	大连
18	辽宁世星药化有限公司	827.3	2.37	葫芦岛
19	辽宁丽天新材料有限公司	795.8	2.18	葫芦岛
20	辽宁芦田肥业有限公司	784	2.16	锦州
21	栗田工业(大连)有限公司	762	2.04	大连
22	凯威塑料工业有限公司	761.8	1.99	大连
23	大连欧科膜技术工程有限公司	830.8	1.79	大连
24	营口圣泉高科材料有限公司	747.8	1.78	营口
25	辽宁北化鲁华化工有限公司	620.3	1.69	盘锦
26	辽宁海华科技股份有限公司	823.3	1.69	鞍山
27	辽宁裕丰化工有限公司	805	1.57	辽阳
28	辽宁丰收农药有限公司	739.3	1.41	沈阳
29	葫芦岛市东晟碳素厂	691.3	1.40	葫芦岛
30	辽阳康达塑料树脂有限公司	719.5	1.04	辽阳
31	大连联化化学有限公司	724.3	1.03	大连

资料来源：东北新闻网。

从品牌价值结果分布来看（见图1），2021年，能源化工企业中品牌价值超过100亿元的企业共2家，50亿~100亿元（含50亿元）的企业共4家，品牌价值10亿~50亿元（含10亿元）的企业共4家，品牌价值2亿~10亿元（含2亿元）的企业共11家，小于2亿元的企业共10家。辽宁省能源化工行业龙头企业具有明显的品牌价值优势，但是从整体水平来看，大部分企业的品牌价值还处在较低的品牌价值区间，仍有较大提升空间。

从品牌企业地理分布来看，2021年，除抚顺、本溪、丹东外，11个地市均有企业上榜（见表2）。从上榜企业数量来看，盘锦、大连、葫芦岛分列前三，分别有7家、6家、5家。从上榜企业品牌价值总和来看，盘锦、大连、辽阳分列前三，分别为232.37亿元、140.24亿元、130.03亿元。从品牌强度均值来看，朝阳、铁岭、鞍山位列前三，平均值分别为890.0、860.0、823.3。

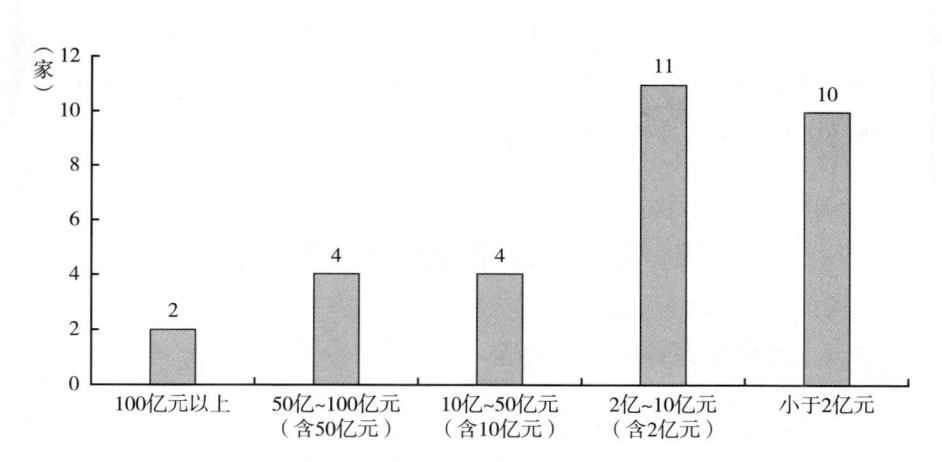

图 1　2021 年辽宁省能源化工行业品牌价值结果分布

资料来源：东北新闻网。

表 2　2021 年分地域能源化工行业品牌价值及强度

序号	行政区划	数量（家）	品牌价值总和（亿元）	品牌价值均值（亿元）	品牌强度均值
1	沈阳	2	76.20	38.10	776.7
2	大连	6	140.24	23.37	791.9
3	鞍山	1	1.69	1.69	823.3
4	锦州	1	2.16	2.16	784.0
5	营口	2	9.56	4.78	727.9
6	阜新	1	3.03	3.03	710.3
7	辽阳	4	130.03	32.51	801.7
8	铁岭	1	2.60	2.60	860.0
9	朝阳	1	19.27	19.27	890.0
10	盘锦	7	232.37	33.20	660.1
11	葫芦岛	5	45.91	9.18	792.6

资料来源：东北新闻网。

通过分析，可以看出，盘锦、大连、葫芦岛在能源化工领域产业聚集度较高，企业整体实力较强。特别是盘锦和大连，在本次评价的 2 家品牌价值百亿元以上的企业中，各占据 1 席，龙头企业带动效应显著。葫芦岛尽管进入榜单企业数量相对较多，但整体实力稍弱，缺少头部企业的带动。此外，

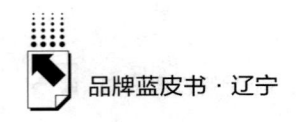

朝阳、铁岭、鞍山尽管入选企业数量不多，但是企业品牌强度得分较高，说明这些企业在管理以及发展潜力方面的成长性值得期待。而抚顺、本溪、丹东三地还需在石化品牌建设上持续发力。

二 辽宁石化品牌的发展特点

（一）品牌集聚效应越发明显

辽宁是我国重要的石油化工基地，是我国石化工业的摇篮，省内每一个城市都有石化产业发展的足迹。而从产业集聚情况来看，石化产业发展逐渐向重点地区集聚。根据2021年9月辽宁省工信厅、发改委等多部门联合发布的《关于公布辽宁省化工园区名单（第一批）的通知》，辽宁共有22家通过省级评估认定的化工园区，分布在省内9个地市——大连（3家）、鞍山（2家）、锦州（1家）、营口（1家）、阜新（2家）、辽阳（2家）、朝阳（2家）、盘锦（6家）、葫芦岛（3家）。从数据中可以看出盘锦、大连等地石化产业集聚优势明显，产业集群化发展格局初步形成。盘锦辽东湾新区在中国石油和化学工业联合会评选的2021年全国化工园区30强中位列第23，较上年上升1个位次；大连长兴岛（西中岛）石化产业基地在2021年中国化工园区潜力10强名单中列第2位，是国家重点支持的七大石化产业基地之一，也是东北唯一国家级石化产业基地，为辽宁石化产业的发展注入了强大动力。

（二）品牌龙头示范走在前列

辽宁发展石化产业优势突出，拥有国家原油储备基地、国家级石化产业基地和国内先进的炼化一体化企业。2021年，辽宁石化产业营业收入首次迈入万亿元大关，精细化率提高2.1个百分点，冶金新材料营收占比提高2.5个百分点，菱镁产业规模以上企业营业收入同比增长近20%。辽宁石化产业在跨越式发展的进程中涌现出一批优秀的龙头品牌。如刚刚获得"第九届省长质量奖银奖"的恒力石化（大连）有限公司，投资兴建的一系列重大项目逐渐成为带动大连长兴岛开发开放长足发展的中坚力量；长期专注于环氧乙烯衍生精细化工高端新材料研发与生产经营的辽宁奥克化学股份有限公司，经过 30 年来的稳步发展，连续 13 年入选中国石油和化工企业 500 强；拥有石油化工、化学肥料和道路沥青三大主营业务板块的北方华锦化学工业集团有限公司，现已成为盘锦市石油化工和精细化工产业发展的"领头羊"；曾经诞生过新中国第一块"的确良"布料的辽阳石化，依靠高性能聚丙烯等重点项目，2021 年实现主营业务收入 469 亿元；等等。这些行业领军企业为辽宁省着力打造世界级石化产业基地、推动石化行业转型升级作出重要贡献。

（三）品牌扶持力度持续加大

自 2021 年以来，辽宁上下持续开展石化品牌提升工程，推出一系列政策措施帮助和推动石化品牌发展提质增效。辽宁省质量强省工作领导小组制定印发了《关于推进质量强省战略 深化质量提升行动的总体方案（2021—2022）》，着眼辽宁省石化产业发展现状，精准开展质量提升行动，以大连、抚顺、辽阳、盘锦 4 个地区为重点，推动实施"一省一业"任务，提升石化产业链现代化水平。创新开展质量基础服务，推动省石化产业计量测试中心建设、批筹建立服务石化产业省级容量计量检定站，为辽宁石油化工产业提供"全溯源链、全产业链、全寿命周期和前瞻性"的计量测试服务，助推石油化工产业创新和高质量发展。

2021 年，各地市也结合自身特色和实际，实施了有针对性和实效性的石化品牌建设举措。如大连市统筹推进大连市成品油市场集中整治，排查成品油生产经营单位 2159 家，约谈石化生产企业 6 家，开展市级成品油产品质量专项监督抽查 418 批次，推进石化产品质量安全监管水平稳步提高。抚顺市升级改造计量检定校准实验室和石化新材料检验中心等基础设施，为企业提供零距离、面对面的质量技术服务，为抚顺市 50 多家石化企业和 70 余家中小企业提供近 150 人次的帮扶指导服务。辽阳市通过科技创新促进品牌发展，辽阳石化机械与颜永年研究团队合作的"高温耐蚀合金材料重大先进制造技术攻关"项目将被推荐申报国家重大专项。盘锦市颁布并实施了《关于推进盘锦石化产业高质量发展的实施意见》等政策文件，针对重大项目指派专人全程跟踪服务，加快石化产业延链、补链项目建设，石化及精细化工产品质量合格率始终保持在100%，石化产业精细化率由30%提高到35%。

三 发展机遇与主要挑战

新时期，辽宁石化产业发展所面临的国际国内环境都发生了深刻的变化，带来风险挑战的同时也创造了广阔的发展空间，石化品牌建设更需要突破自我、勇于革新，把握发展机遇，克服自身难题，迎面风险挑战。

（一）发展机遇

1."双循环"新发展格局带来的新发展机遇

2020年以来，突如其来的新冠疫情肆虐全球，给全球经济发展带来了重创。面对逐渐萎缩的全球市场和日益复杂的国际局势，党中央提出加快构建以国内大循环为主体、国内国际双循环相互促进的新发展格局，重点是把发展立足点放在国内，更多依靠国内市场实现经济发展。而国内潜力巨大的消费市场、日益完善的信息技术、不断发展的制造工业，都为辽宁石化行业的发展提供了广阔的空间，这更需要我们形成一批质量高、形象好、潜力足的石化品牌来满足国内国际消费者的升级消费需求。

2.辽宁全面振兴全方位振兴带来的新发展机遇

党中央高度重视东北地区的振兴发展。2022年8月，在辽宁振兴发展的关键时期，习近平总书记先后来到锦州、沈阳等地考察调研，更是为辽宁的全面振兴、全方位振兴指明了方向，增添了信心和勇气。石化产业作为辽宁的支柱产业，应当抓住机遇、巧借东风，努力寻求政策优势和资源优势，心怀"国之大者"，不断夯实发展根基，大力塑造品牌形象，依靠品牌实力打破发展困局，努力充当振兴发展的先锋队和生力军，为东北全面振兴注入动力和活力。

3. 结构调整"三篇大文章"带来的新发展机遇

2021年12月，辽宁省第十三次党代会把做好结构调整"三篇大文章"作为未来五年辽宁振兴发展的一项重大战略任务，通过不断推进改造升级"老字号"，深度开发"原字号"，培育壮大"新字号"，全面塑造振兴发展新优势。辽宁石化产业更是要把深度开发"原字号"作为产业转型升级的突破口，紧扣高质量发展主题，大力推进品牌战略，着力实施一批延链、补链、强链项目，全力打造一批具有较强竞争力、影响力的行业品牌，持续推动石化产业转型升级。

（二）存在的问题与挑战

辽宁省石化行业始终致力于向社会提供质量安全、绿色低碳、科技创新、高端多元的能源化工产品，注重加强品牌建设，不断提升品牌管理及运营能力，促进品牌增值，打造具有辽宁特色的优秀石化品牌，在不断满足消费者的美好生活需要的同时，整个行业的品牌价值和影响力得到了显著提升。但是同时，我们也看到，在大力推进辽宁石化品牌建设的过程中，仍有许多问题和挑战需要我们积极应对。

1. 科技研发投入明显不足

通过对比全国当年的国民经济和社会发展统计公报可以看出，近年来，辽宁省R&D经费支出连年增长，2018～2020年由438.2亿元增至524.5亿元，2020年占地区生产总值的比重为2.09%。而辽宁对口合作省份江苏，2020年的R&D经费支出达到3005.93亿元，占地区生产总值的2.93%，地方财政收入限制所导致的科技研发投入差距可见一斑。同时，中小企业创新能力和动力不足，投入不高，自主研发能力较弱，关键领域核心技术缺失。科研活动大多由省内高等院校和科研院所承担，但是实验室成果与市场契合度不够，不适应市场需求，直接造成科研成果转化困难、科技成果本地转化率偏低、成果外流比较严重。

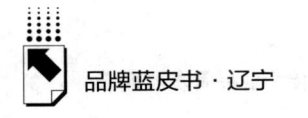

2.石化产品质量不容忽视

根据辽宁省市场监督管理局数据，2021年，辽宁省化学制品、石油炼焦、橡胶塑料等石油化工行业产品质量合格率分别达到94.9%、99.61%、91.92%，产品质量处于中下游水平。与2020年相比，石油炼焦行业产品质量合格率提升较为明显，提高了2.62个百分点，化学制品行业与橡胶塑料行业产品质量合格率分别下降了1.83个和1.78个百分点。由此可见，想要真正提升辽宁石化产品的品牌影响力，产品质量问题值得关注。

3.绿色低碳发展有待加强

一方面，辽宁石化作为支柱产业，具有高能耗的显著特征，能源消耗基数大。另一方面，石化企业技术改造经费投入占比较低，企业技术改造步伐不快，先进节能、节水、节材设备及工艺推广进展缓慢。这就造成了辽宁石化行业绿色化改造进程相对缓慢，成效不明显，单位产值能耗仍大幅上升，严重阻碍了整个石化行业的转型升级之路。

四 大力实施品牌引领战略推动高质量发展

辽宁石化行业要深入贯彻落实质量强省和智造强省战略，突破关键核心技术、坚守优良质量传统、开发绿色洁净能源，努力打造一流石化品牌，谱写高质量发展新篇章，为产业转型升级、建设品牌强省、助力东北振兴作出新的更大贡献。

（一）主动把握品牌建设的政策机遇

石化产业作为辽宁的支柱产业，其品牌建设是辽宁经济软实力的重要组成部分。2018年9月，习近平总书记来到中国石油辽阳石化公司进行视察，尤其关注聚酯、超高分子量聚乙烯等新产品的发展情况，强调要努力实现质量更高、效益更好、结构更优的发展。2022年8月，习近平总书记在辽宁考察时再次强调，要完整、准确、全面贯彻新发展理念，坚定不移推动高质量发展。两次视察充分体现出了总书记对辽宁石化产业的关怀，体现出了党中央对于辽宁经济高质量发展的信心。

要认真领会好习近平总书记在辽宁考察时的讲话精神，积极推进《辽宁沿海经济带高质量发展规划》《辽宁省深入推进结构调整"三篇大文章"三年行动方案（2022—2024年）》《辽宁省石化和精细化工产业发展实施方案》等文件的贯彻落实，坚持把石化品牌培育同企业发展结合起来、同东北振兴结合起来、同国家重大战略部署结合起来。站在世界未有之大变局和辽宁振兴发展困局中统筹谋划品牌工作，进一步明确辽宁石化品牌的定位，充分发挥辽宁石化品牌的整体优势，不断丰富辽宁石化品牌的精神内涵，灵活整合内外部资源，以新发展理念引领高质量发展，加快推进品牌转型升级。

（二）牢牢抓住品牌建设的关键环节

坚持以科技创牌、以品质立牌、以绿色护牌，让品牌意识贯穿每一道生产工序，渗透每一个价值创造链条。持续夯实品牌建设基础，全面提升产品和服务质量，实现品牌驱动型发展，以创新、质量、洁净推动建立辽宁省石油化工新高地。

1. 坚持创新不止，把创新作为品牌建设的发动机

技术革新是品牌价值提升的源泉，是石化品牌形成高附加值、新增长点的核心要素。辽宁石化品牌建设要将科研院所与石化企业、新兴技术与产品市场之间真正对接起来，以产品创新彰显品牌差异，以服务和管理创新提升品牌价值，将石化行业在科技创新方面的积累转化为推动石化品牌转型升级的强大动能，全面提高辽宁石化和精细化工产业的综合竞争能力。

重点依托省内技术创新科研力量。发挥好大连理工大学精细化工国家重点实验室、中国科学院大连化学物理研究所催化基础国家重点实验室等各级技术中心的专业优势，不断提升科技创新能力。发挥好大连理工大学、辽宁石油化工大学等高等院校的人才优势，不断输送专业技术人才。发挥好中国石油化工股份有限公司大连石油化工研究院、光明化工研究设计院等科研院所的研发优势，加大洁净能源、高端材料等关键核心技术攻关力度，不断丰富自主创新成果，提高科技成果转化率，帮助辽宁石化企业不断向产业链中

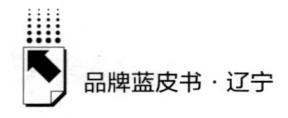

高端迈进，持续提升品牌附加值和竞争力。

重点支持产业技术创新联盟建设。要培育好辽宁康达塑胶新型工程塑料产学研联盟、辽宁康辉石化新材料产学研联盟等石化和精细化工产业基地建设联盟，实施好石化行业设备状态监测及智能管控平台研发与应月等石化和精细化工产业基地项目，聚焦绿色化、精细化、规模化、高级化和数字化，将企业、高校、科研院所联结形成利益共同体、进行深度融合，推动跨领域、全产业链创新，加大科技立项经费投入，帮助科技成果真正落地，促进科技成果转化为实实在在的经济效益，通过科技研发带动产业结构升级。

重点发挥企业技术创新主体作用。辽宁石化企业要紧跟市场需求和国家重大战略调整，明确科技创新的目标方向。要把主要精力放在新产品研发上，大力推进技术创新、产品创新、管理创新、商业模式创新，靠专利和技术推动品牌发展。要发挥好长春化工（盘锦）有限公司、辽宁奥克化学股份有限公司等知名企业的技术优势，不断生产市场热销产品，加快提升品牌竞争力，推动辽宁石化产业结构调整和优化升级。

2. 突出质量第一，把质量作为品牌建设的生命线

习近平总书记指出，我国经济由高速增长转向高质量发展，这是必须迈过的坎，每个产业、每个企业都要朝着这个方向坚定往前走。辽宁石化产业正面临从价值链中低端到高端迈进的关键期，更需要把住质量安全关，持续夯实品牌建设基础，通过品质优良的产品和服务赢得市场，促进辽宁省石油化工行业质量水平实现跨越式提升。

要着眼辽宁省石化产业发展现状，以大连、抚顺、辽阳、盘锦4个地区为重点，推动实施"一省一业"任务，提升石化产业链现代化水平。要深入开展石油行业品牌提升专项行动，以省长质量奖等激励制度为抓手，不断提升产品和服务质量，把质量管理贯穿生产经营的全过程。要总结提炼一批具有辽宁省情特色、石化行业特点的品牌建设经验做法，广泛进行宣传，不断扩大品牌知名度和市场影响力，为辽宁石化行业共同进步、整体提升提供指引和参照。要全面对标国内行业标杆，学习、引进先进质量管理理念和方法，特别是加强信息化、数字化、智能化质量管理模式的研究和推广，推动质量管理体系升级完善。要大力传承精细严谨的优良传统，培养、挖掘、发现一批石化劳动模范和高技能领军人才，为工匠精神注入新的时代内涵。

3. 强调绿色低碳，把洁净作为品牌建设的新焦点

2020年，我国向世界郑重宣布力争在2030年前实现碳达峰、2060年前实现碳中和。这是我国经济实现高质量发展的内在需求，也是构建人类命运共同体的必然选择。作为东北第一大经济省份，"双碳"战略目标也为辽宁省石化行业的发展带来了巨大的挑战。

坚持绿色安全发展，打造绿色石化品牌，在减碳低碳的背景下推动石化行业转型升级，正是实现高质量发展的必然要求。比如，作为中国能源化工行业第一的中国石化品牌，就紧跟"双碳"时代步伐，提出了"能源至净，生活至美"的品牌口号，形成了"为美好生活加油""每一滴油都是承诺"的文化理念。其中，镇海炼化秉承"让白鹭告诉你"的环保理念，积极打造"石化企业里的白鹭自然保护区"。胜利油田则是用8000块太阳能光伏板打造了"太阳能发电、光热+储能技术替代油井加热炉、风力发电和直流母线"多源合储开发模式的新能源基地，在贯彻新发展理念的同时提升了品牌热度，实现了企业和品牌的双赢。

辽宁石化品牌要严格执行国家发展改革委及工业和信息化部2017年颁布的《关于促进石化产业绿色发展的指导意见》，提升石化产业绿色发展水平。始终树牢"绿水青山就是金山银山"的发展理念，加快绿色低碳转型过程，全方位降能耗、减损耗、控物耗、减排放，在能源开采、生产、使用过程中实现清洁化、低碳化、高效化，始终严守生态保护红线、环境质量底线、资源利用上线，践行绿色发展理念，筑牢绿色发展根基，构建绿色发展体系，提升绿色发展水平，全力打造绿色石油产品、低碳洁净能源，使"绿色"成为辽宁石化产业鲜明的品牌底色。

（三）广泛凝聚品牌建设的强大力量

十年树企业，百年树品牌。品牌建设不是一蹴而就的事情，而是要作为一项长期任务来抓。习近平总书记指出，企业的品牌信誉非常重要，是一个

不断积累的过程，既要有高标准，又要每一步都脚踏实地。这就需要辽宁石化人突出重点、形成合力，持之以恒、久久为功，用实际行动推动辽宁石化品牌转型升级。

要深入开展品牌提升专项行动，大力支持建设大连长兴岛（西中岛）石化产业基地，重点支持辽阳、抚顺、营口、锦州、葫芦岛等城市打造辽东湾精细化工产业集群，优化产业布局，培育领头羊企业，积极选树典型案例，及时总结经验做法，采用多种形式进行广泛宣传和深入报道，把辽宁省石化行业的品牌树立好、传播好、维护好。要积极动员社会各方力量，如新闻媒体、网络平台、智库中心、专家学者等，开展多层次的辽宁品牌建设、行业发展战略、知名龙头企业的新闻宣传、政策解读、教育普及工作，多向本地石化企业准确阐述行业发展转型的指导思想和战略意义，推广"清洁低碳、安全高效"理念，积极营造浓厚、持久的社会氛围，形成推动高质量发展的社会共识。

参考文献

《押长产业链条提升"原"的价值》，《辽宁日报》2022年8月29日。

《辽宁省人民政府办公厅关于印发辽宁省"十四五"能源发展规划的通知》，《辽宁省人民政府公报》2022年8月2日。

本刊评论员：《大力实施品牌引领战略　加快打造世界领先品牌》，《中国石化》2021年第5期。

张玉卓：《加快打造世界级自主品牌　更好引领企业高质量发展》，《中国石化》2021年第5期。

张一峰、杨朋：《加速推进建设世界级石化和精细化工产业基地——辽宁石化产业发展走上去"粗"取"精"之路》，《中国石油和化工》2022年第5期。

国梁、潘为英、翟晓晨：《胜利油田：为中国石化品牌筑根基强底气》，《中国石化》2021年第5期。

韩远飞：《发挥辽宁产业链优势　建设世界级石化基地》，《上海证券报》2022年3月4日。

陶媛慧：《辽宁向世界级石化基地迈进》，《友报》2022年3月8日。

B.4
辽宁钢铁行业品牌发展报告

何 茜*

摘　要： "十四五"期间，国家将进入新的更高水平的高质量发展阶段，辽宁钢铁行业发展也面临着新的形势和更高的要求。2022年作为国家实施"十四五"规划关键的一年，对于辽宁钢铁行业实现高质量发展也尤为重要。辽宁钢铁行业需要在以高标准引领钢铁行业高质量发展的基础上，加速推动辽宁钢铁行业低碳转型，将智能化理念融入钢铁行业发展，构建钢铁企业多元人才培养体系。同时，政府方面也在加大对相关制度与政策的创新力度，力求从多角度促进辽宁钢铁行业逐步实现高质量发展。

关键词： 钢铁行业　智能化理念　低碳转型　制度创新

辽宁省作为我国核心的钢材生产基地，被称为"共和国的装备军"。省内铁矿石资源丰富，重工业较为发达，钢铁产量连年位居国家前列。鞍山钢铁集团、本钢集团有限公司、东北特钢集团等领先龙头企业，成为辽宁省乃至全国的钢铁产业中流砥柱。

2021年，钢铁行业在国民经济持续恢复的大环境下发展态势良好。在国内国际"双循环"新发展格局下，供给侧改革和需求侧管理进一步形成动态平衡。钢铁行业克服了原/燃料价格高与环保成本增加的困难，在国内外需求形势不断变化的情形下，总体发展势头良好。

---

* 何茜，辽宁社会科学院科研成果推广转化中心副研究员。

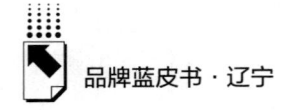

2022年作为国家实施"十四五"规划关键的一年，对于钢铁行业实现高质量发展也尤为重要。近几年，由于新冠疫情蔓延，国际经济的整体发展充满不确定性。自2020年9月国家明确提出2030年"碳达峰"与2060年"碳中和"的目标以来，钢铁行业一直处于高质量发展期。2021年底，国家发展改革委与工业和信息化部两部门联合印发《关于振作工业经济运行推动工业高质量发展的实施方案》，对钢铁行业提出"大力推动企业技术改造""持续巩固提升钢铁化解过剩产能工作成果""推动钢铁行业和数据中心加大节能力度，加快工业节能减碳技术装备推广应用"等政策措施，为钢铁行业发展提供方向与政策支持。

目前，中国已经进入全面高质量发展的关键阶段，国家明确提出了力争2030年前实现碳达峰、2060年前实现碳中和的目标，给钢铁工业发展提出了新的要求，也激发了钢铁产业高质量发展新的动能。钢铁行业面临着国内钢铁需求结构、钢铁产品供给结构、钢铁生产工艺结构、钢铁生产资源结构等一系列变化。

一　辽宁钢铁行业及著名品牌发展现状

（一）鞍山钢铁集团

始建于1916年的鞍山钢铁集团有限公司，是鞍钢集团的区域子公司。1948年12月，鞍山钢铁成立，作为新中国第一个恢复建设的大型钢铁联合企业，是"鞍钢宪法"诞生的地方，被誉为"新中国钢铁工业的摇篮""共和国钢铁工业的长子"，为我国钢铁工业发展起到了重要作用。

鞍山钢铁集团分为钢铁主业和非钢产业，钢铁主业包括炼铁总厂、炼钢总厂、热轧带钢厂、冷轧厂、冷轧硅钢厂、中厚板厂、大型总厂、线材厂等；非钢产业包括鞍钢化学科技有限公司、鞍钢铸钢有限公司、汽运公司、耐火材料公司、鞍山发蓝股份有限公司、鞍钢钢绳有限责任公司、第二发电厂、物流管理中心等。鞍山钢铁生产铁、钢、钢材能力均达到2600万吨/

年,在鞍山、鲅鱼圈、朝阳等地设有生产基地,在沈阳、上海、广州、成都、武汉、重庆等地设置了生产、加工或销售机构,逐步形成了跨区域、多基地的发展格局。①

作为中国国防用钢生产龙头企业、中国船舶及海洋工程用钢领军者,鞍山钢铁已经成为我国大国重器的钢铁脊梁。鞍山钢铁引领中国桥梁钢发展方向,是中国名列前茅的汽车钢供应商,是铁路用钢、家电用钢、能源用钢的重要生产基地。

"十四五"期间,鞍山钢铁实施技术领先的战略布局正全面促进科学技术自强自立。在科技工作的主攻方向下,鞍山钢铁落实《鞍山钢铁"十四五"科技发展规划》,将科技创新覆盖全企业,通过打造一流创新团队、制定创新科技体系机制、持续深化产学研用合作、抓好知识资产运营等措施,提升了掌握关键核心技术的能力与科技创新水平,并使知识产权这种五星资产效能高效发挥。鞍山钢铁加快推进智能制造步伐,实现从传统制造向智能制造的转变。

(二)本钢集团

始建于1905年的本钢集团有限公司,是新中国最早恢复生产的大型钢铁企业之一,被誉为"中国钢铁工业摇篮""共和国功勋企业"。2021年以来,本钢集团经过创新,深化市场化改革。2022年初,本钢集团利润、销售收入等均完成鞍钢集团下达的任务指标。"十四五"以来,为达到高质量发展的要求,尤其在鞍钢本钢重组以来,按照鞍钢集团工作部署,提高政治站位,积极转变观念,以"建设新本钢、支撑新鞍钢"为己任,加速推动深化市场化改革。

为确保改革工作有序推进,本钢集团紧密围绕"机构能增能减、管理人员能上能下、职工能进能出、收入能多能少""企业增效,职工增收"目标,以健全市场化管控体系为核心,以鞍钢集团"7531"战略目标和本钢

---

① 鞍山钢铁集团有限公司,http://www.ansteelgroup.com/mtzx/xwzx。

集团"十四五"战略规划、"1357"工作指导方针为指引，构建起以《本钢集团落实国企改革三年行动深化市场化改革总体方案》为总纲，以内部体制及三项制度改革为"双基架"的"1+2+N"改革格局，相继出台了一系列制度方案，为改革做好全方位前期准备。

（三）抚顺新钢铁有限责任公司

抚顺新钢铁有限责任公司成立于2005年10月，隶属于北京建龙重工集团，是由始建于1958年的抚顺新抚钢有限责任公司经改制重组的一家民营控股的大型股份制钢铁企业。公司注册资本10.50亿元，北京建龙重工集团有限公司占股份70%，国有股占30%。抚顺新钢铁在岗职工5257人，总资产100.59亿元，净资产35.35亿元；2005~2021年累计上缴税金80.58亿元，累计实现国有股分红13亿元。[①]

近年来，抚顺新钢铁聚焦数字化、智能化和绿色化，用新一代信息技术为企业赋能增效。抚顺新钢铁与联通公司合作打造了首个5G专网应用落地项目，在"5G+工业互联网"领域不断创新、探索。

抚顺新钢铁有限责任公司把加快数字化赋能推动智慧制造作为践行新发展理念、实现高质量发展的主攻方向。2021年以来，"巨匠大脑""无人运输"等智能改造与创新，让机器人替代了人工操作，在大数据分析下实现了"智慧生产"。在过去科技创新的10年间，数字化和智能化让抚顺新钢铁企业彻底改变了模样，探索出一条传统制造企业数字化转型、绿色发展的新路径。目前抚顺新钢铁"无人运输"项目已正式投入使用。

（四）东北特钢集团

东北特殊钢集团股份有限公司（以下简称"东北特钢集团"）总部位

---

① 抚顺市人民政府：《2022年对市人大十七届一次会议〈关于充分发挥龙头企业带动作用推动抚顺地区产业高质量发展的建议〉（31号建议）的答复》，https://www.fushun.gov.cn/zwgk/002012/002012002/002012002001/20220513/7bf7fcf5-994f-4642-b4eb-d89b7fce7f0b.html。

于海滨城市大连，前身为东北特殊钢集团有限责任公司，旗下拥有大连、抚顺两大生产基地，2017年实施混合所有制改革，中国最大的民营钢铁企业——沙钢集团实际控制人成为公司控股股东。2018年10月12日东北特殊钢集团股份有限公司正式注册。

东北特钢集团坚持"特钢更特、优特结合"的产品定位，注重研发生产高档次、高技术含量、高附加值特殊钢，公司拥有高温合金、高强钢、弹簧钢、钛合金、汽车钢、不锈钢、模具钢、轴承钢、精密合金九大主导产品系列，以善于研制"高精尖急难新特"特钢产品而享誉国内外市场，为我国"神舟"系列宇宙飞船、"嫦娥"探月工程、"天宫"系列空间实验室以及核电风电事业、高速铁路建设、轿车国产化、石油开采用钢更新换代等项目研制提供了大量特殊钢新材料。

公司拥有一支特钢领域高端技术团队，企业注重人才培养，建立了首席专家、高级专家、一至三级技术专家人才梯队，具有很高的科研技术水平。公司拥有国家级企业技术中心、大连市特种合金钢工程实验室、辽宁抚顺特殊钢工程技术研究中心等三个省级以上研发平台，设有博士后科研工作站。同时，集团中心试验室通过了国家实验室认可。公司2019年新增6项省级以上科研课题，在研项目达42项；主持制定/修订的国家行业标准发布12项；新授权发明专利7项，目前有效专利43项。①

在装备方面，公司以绿色、低消耗、低污染为宗旨，建设科技环保新型企业。东北特钢大连基地2011年完成环保整体搬迁改造，主体设备全部来自国内外最先进的冶金设备制造厂家，产品技术性能全部达到世界领先水平或替代进口同类产品标准。抚顺基地通过技术设备升级改造，成为中国航空航天等高端领域所需特殊钢第一生产基地，也是最大的精品模具钢生产基地。

在市场上，公司"三大"牌特殊钢产品畅销全国、享誉世界，与国内、国际多家大型企业建立合作关系，有80余项产品通过著名国际化大公司、

---

① 东北特殊钢集团股份有限公司，http：//www.dtgroup.cn/company1.htm。

船级社的产品认证，大量供应美国、德国、意大利、日本、韩国、印度、澳大利亚、新加坡等 36 个国家和地区市场。产品铁路用轴承钢、汽车曲轴用钢、优质热轧塑料模具扁钢等 60 余项产品，荣获国家冶金产品实物质量"特优质量奖"和"金杯奖"、冶金行业品质卓越产品奖、冶金科技进步奖等荣誉称号。①

（五）五矿营口中板有限责任公司

五矿营口中板有限责任公司，位于辽宁省营口市老边区，前身为 1972 年成立的营口中板厂。2002 年营口中板厂与中国五矿集团发起设立五矿营口中板有限责任公司。2011 年国内知名民营钢铁企业日照钢铁集团参股，公司现为中国五矿集团控股、日照钢铁集团参股的国有控股企业。公司背靠辽宁中部城市群，西邻鲅鱼圈港；距沈大高速公路三公里；厂区内自备铁路与哈大线相连；水路、公路、铁路运输为公司提供了便捷的交通立体网络。

公司拥有从原料烧结到炼铁、炼钢、轧钢、发电等整套现代化钢铁生产工艺流程及相关配套设施，装备水平位居国内一流，具备年产 800 万吨钢材的生产能力，是国内高端宽厚板材和线材的重要生产企业。公司目前拥有 2800mm、3800mm、5000mm 中厚板生产线三条，高速线材生产线三条，其中 5000mm 宽厚板线是国内装备水平最高的全自动双机架宽厚板生产线，满足最大厚度 400mm、最大宽度 4800mm、最大长度 26m 高品质宽厚板产品生产需求。三条高速线材生产线是具有国内先进水平的单线无扭全连续线材生产线，可生产直径 5~20mm 各类品种高速线材。板材方面，公司已形成以造船、桥梁、管线、石油化工、机械制造、锅炉容器、模具用钢为代表的主要产品系列，线材产品涵盖帘线、焊丝焊线、冷墩钢、硬线等主要品种。②

公司已通过质量、环境、职业健康安全、计量、能源五大管理体系认证，满足出口 CE、JIS、BIS 产品许可，并具备中国、美国、英国等 10 家船

---

① 东北特殊钢集团股份有限公司，http：//www.dtgroup.cn/company1.htm。
② 《【优质股权】五矿营口中板有限责任公司 54.0383%股权》，https：//www.sohu.com/a/467520911_120854471。

级社船板的生产许可。本着"以客户为中心，为用户创造价值"的经营理念，公司开拓创新、锐意进取，全力推动结构调整和产品升级，跻身高端产品市场，助力"丽香铁路金沙江特大桥"、"迪拜地铁工程"、"复兴号"动车组、"帕德玛梦想之桥"、"首都新机场"等重大工程项目。目前，公司已与国内外1000余家客户建立了长期稳定的合作关系，产品畅销世界80多个国家和地区，中厚板出口量连续七年位居全国第一，2018年公司进入中国钢铁企业综合竞争力特强（A级）企业行列，在国内外均享有较高的知名度。五矿公司正以国际和国内先进钢铁企业为标杆、以现代化的管理理念为基础、以研发高附加值宽厚板及线材为发展主线、以客户满意为关注焦点，努力打造国内一流宽厚板和线材生产企业，成就辽东湾畔坚实力量，铸造滨海钢铁脊梁。[①]

二 辽宁钢铁行业品牌发展的建议

（一）以高标准引领辽宁钢铁行业高质量发展

"十四五"期间，中国整体钢铁工业都将进入高质量发展阶段，这意味着钢铁行业要面临新的形势与更高的标准要求。标准是经济和社会活动的技术依据，是基础设施建设中的重要组成部分。高标准的制定与实施对实现高质量发展尤为重要。

《辽宁省国民经济和社会发展第十四个五年规划和二〇三五年远景目标纲要》提出，要发展高品质钢铁材料产业链，重点发展海洋工程和船舶用钢、装备用钢、建筑用钢、汽车钢、电工钢、军工钢等先进钢铁新材料。加强与下游用钢产业的配套协作，加大先进钢铁材料的研发力度，推动钢铁深加工产业集群化发展。到2025年，高品质钢铁材料行业营业收入达到2000

---

① 《【优质股权】五矿营口中板有限责任公司54.0383%股权》，https://www.sohu.com/a/467520911_120854471。

亿元以上。

1. 以创新促进标准化发展

在国家深化标准化工作改革和推动高质量发展的背景下，如何实现辽宁钢铁行业的标准化发展，需要以创新为引导。按照国家深化标准化工作改革的精神，要充分利用资源配置中市场的作用，以市场为向导，开展团体标准工作。充分利用市场在钢铁行业发展中的能动性，制定标准化服务模式，以此支撑技术创新，让创新发展与标准化发展相辅相成。

2. 以绿色发展为理念，强化标准化发展

绿色发展理念一直是工业行业实现绿色高质量发展的核心价值理念。"十四五"期间是钢铁行业实行绿色转型变革的重要时期，以绿色发展理念为基础，制定具体的绿色标准，为钢铁行业发展提供切实可行的行业标准，主要包括：加快先进、成熟、可靠的节能减排和绿色发展技术标准的制定，推动先进技术产品在行业内的应用；制定并优化环保排污、水耗、能耗限额排放指标，进一步倒逼钢铁行业企业实施工艺技术升级改造和绿色制造发展；等等。

3. 以低碳发展为引擎，夯实标准化建设

辽宁钢铁行业要实现高质量发展，需要以低碳减排为目标，通过实践低碳技术并建立行业标准，进行钢铁行业的低碳高质量发展。例如，随着氢能冶金、CCS/CCUS等革新技术的开发，低碳技术标准的制定尤为重要，应以标准规范行业可行技术，促进低碳技术的推广应用。

（二）加速推动辽宁钢铁行业低碳转型

为推动钢铁行业低碳转型发展，实现碳达峰碳中和目标，应从以下几方面入手。

1. 通过对产能产量加以严格控制，进而压缩粗钢产能

以淘汰落后钢铁产能为主，优化工作机制，制定更为严格的淘汰底线，并且控制新增产能。在钢铁行业产品达到高质量的基础上，提高钢材产品的性能，以此延长其使用时限，减少钢材的使用。同时，调整钢铁产品的进出口政策，以此鼓励进口、减少出口，为粗钢产量增长减压。

2. 对钢铁工艺在制作流程中进行优化配置

在短流程工艺方面，通过出台或调整相关政策，对在电炉建设项目中产能替代环节予以适当倾斜。在碳排放权交易配额分配过程中，对电炉企业给予优惠政策。完善废钢市场，对废钢消费市场进行规范。

在长流程工艺方面，通过对高炉—转炉长流程占比进行严格控制，在建设项目产能减量替代的基础上，增加碳排放量减量或倍量替代前置条件。同时，鼓励发展碳排放量较低的直接还原、稳定可靠的熔融还原等非高炉炼铁工艺。

3. 提升钢铁企业节能降碳能力

运用节能技术并扩大其应用范围，以此提高烧结烟气循环、燃气蒸汽循环发电、炉顶余压发电等节能技术水平，减少钢铁行业的碳排放量。同时，对传统的节能技术进行优化，提高余热发电机组的转化效率，将中低温余热回收工艺改进为高温高压工艺，进而提高余能利用率，并对烧结烟气循环工艺的烟气来源进行优化，使高温烟气循环比例得以提升，降低能耗、减少碳排放量。

4. 研究低碳氢能冶炼方法，储备开发 CCUS 技术

目前，高炉—转炉长流程工艺占比较高，辽宁应充分借鉴发达国家的先进经验，研究炉顶煤气循环、高炉喷吹富氢气体等技术路线大规模铺开的可行性。

同时，配合高炉炉顶煤气循环、二氧化碳富集等技术，探索通过钢铁、化工产业耦合发展的方式，深入开展二氧化碳捕集、利用、封存等技术集成示范研究。

（三）将智能化理念融入钢铁行业发展

目前，普遍意义上智能制造（Intelligent Manufacturing，IM）的定义为一种由智能机器和人类专家共同组成的人机一体化智能系统，它在制造过程中能进行智能活动，诸如判断、分析、推理、构思和决策等思维过程。

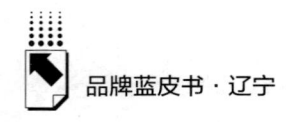

早在2015年,"智能制造"成为国家战略中不可或缺的重要组成部分。提升钢铁行业中运用智能化的水平使钢铁企业的管理水平、产品质量以及设备精密度等都得到相应的提升。辽宁钢铁行业目前产量较大,但高端产品占比相对较低且耗能较大。提升钢铁企业的管理与技术的智能化水平,不仅可以降低能耗,还可以缓解企业环保压力、营造绿色钢铁行业。

1. 在技术层面加强智能化运用

在技术层面加强对智能化的运用,尤其是在生产装备及工艺流程方面,可以有效增强品牌竞争力。大体主要为以下三个方面。

(1) 扩大工业机器人的使用范围,解放劳动力

加大对工业机器人的使用在全球范围内已经成为一种大趋势,这不仅可以有效提升钢铁企业在作业中的准确度和精准度,也可以有效应对各种人工难以面对的恶劣工作条件,比如高温高噪声、高粉尘等环境。目前,钢铁行业中已经对如测温取样机器人、捞渣机器人等进行使用。

(2) 将智能化推行至生产、仓储等车间

在钢铁企业的生产与仓储车间内,推行智能化,直接通过智能设备与设施控制生产数据、生产参数等,对整条生产链及供应商参数等进行智能化管控,实现生产与供应等数据利用最优化,进一步实现自动化。

(3) 引进钢铁行业前沿技术并加以应用

引进国际各项领先、前沿技术,比如大数据分析、物联网、图像识别、云计算和云存储、3D可视化、边缘计算等,结合钢铁行业自身行业特色,对先进的智能化技术加以运用,从而有效提升钢铁行业的技术水平,促进钢铁行业的技术革新。

2. 在管理层面加强智能化应用

目前,各国已将工业智能化纷纷升级至国家战略,美国等发达国家在20世纪60年代已开始启用智能化管理。在国内,BRP(业务流程重组)项目研究、ERP(企业资源规划)系统研究以及IT规划等已逐步发展壮大,技术促进了管理系统的智能化,促进钢铁企业内部结构的变革加速,将智能化管理进一步融入钢铁企业内部管理中,可以使管理层对市场信息、技术信

息作出准确反应，制定行之有效的决策，并进一步促进钢铁企业的品牌价值提升与市场范围扩大。

（四）构建钢铁企业多元人才培养体系

1. 结合钢铁企业自身需求，明确培养相关人才

辽宁钢铁企业应结合自身发展的实际情况及需求，在科学定位人才培养目标的基础上，制定相应的人才培养计划，构建完善的人才培养体系。钢铁企业应根据不同岗位的特殊性对选人用人提出要求，以此完善人才培养标准，便于有效实施相关人才培养方案。

2. 对人才培养制度的实施进行管理与监督

在根据钢铁行业领域特殊性制定出相关人才培养计划后，需要实施该制度，这需要相应的管理与监督。在人才培养过程中，需要企业从多方面对人才培养进行保障，例如资金、管理、监督等。尤其是在资金使用上，要本着专款专用的原则，保证人才培养方案的有效进行。

3. 创建并维护良好的企业文化与企业价值观

企业人才培养应在良好的企业文化下展开，这样才能给人才培养一个良好而有序的培养环境与条件，使相应人才在树立良好职业观念的基础上提升自身专业水平与技能。同时，对企业内部职能的培训范围可扩大至全企业，根据市场需求与行业领先技术的问世等，对人员进行定期、长期的培养，以此促进企业长效发展。

（五）政府加大对相关制度与政策的创新力度

辽宁钢铁行业的进一步发展与政府的制度和政策密切相关，除了企业在自身技术等方面进行改革发展外，政府作为顶层制度设计者，需要根据辽宁钢铁产业升级在制度和政策上进行创新。

1. 产业政策的创新

为实现辽宁钢铁产业的转型升级，政府应积极调整对钢铁企业中的技术创新管理体制，有效引导钢铁企业建构在现有发展的基础上兼具预见性的创

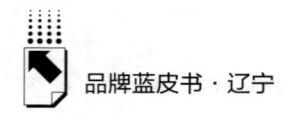

新管理体系，尤其是在管理的顶层设计上。

同时，政府应以钢铁企业实际情况为基础，结合现有市场行情以及走势，制定相关的政策，使其切实可行。相关政策的制定需要考虑辽宁省内钢铁行业内部的协调发展、低碳绿色发展，并融入智能化等因素，使政策可以在多角度、多层次促进辽宁省内钢铁行业发展水平提升、钢铁行业产业结构优化、产品创新。

2.知识产权制度的创新

政府应完善知识产权服务体系。应通过投入资金与服务来搭建公共信息网络平台，为企业提供公共信息，有效防止信息垄断。规范、提高并正确利用知识产权中介服务机构。同时，加强对钢铁行业企业知识产权的指导，尤其是对中小企业的专利申请等要给予优惠。对知识产权的滥用也要予以重视，并加以杜绝。

（六）强化钢铁行业自主知识产权

1.强化企业对自主知识产权的观念意识，增加企业研发经费投入

钢铁行业自主创新开发的基础就是研发经费的投入，品牌知识产权的研发与创新需要以高科研经费投入为基础才能激励企业内部的创新活动，用以保证钢铁行业产品在市场上占领优势地位。

目前，除部分高新科技企业投入存在高投入情况外，我国绝大多数企业研发经费投入严重不足。究其根本原因，大部分企业经营者仍对自主知识产权认识不足，从观念上就对知识产权这种无形资产认识不到位，忽视知识产权权益的经济利益，这直接影响了企业高层对研发经费投入的多寡。企业经营者应根据其行业自身特点，从管理层面根据自身实际情况决定自主知识产权研发投入力度，用以保证企业创新活动顺利进行、拥有自主知识产权，从而在市场竞争中获得竞争优势。钢铁企业在投入技术研发资金的同时，加快创新活动的产品化进程，将自主知识产权及时转化为生产能力，而非停留在科研成果阶段。加快科研成果转化为实际产品，投入市场参与竞争，最终转化为企业经济效益。

2.完善装备制造业内部自主知识产权的管理制度

将自主知识产权创新发展作为钢铁行业企业整体发展的重要战略目标，增强企业品牌综合竞争力，需要企业内部建立自主知识产权的管理部门与制度。目前，大多数装备钢铁行业企业纷纷在重要市场/地区设立知识产权管理部门，用以及时有效地管理其知识产权事务，维护其知识产权正当权益免受侵犯。

知识产权管理部分需要具备知识产权法律人员、相关专业技术人员，并且，还需要与企业运营的相关环节如生产部门、销售部门、市场部门等维持及时有效的沟通，用以保证自主知识产权的推广与保护。同时，高新科技企业以及规模较大型企业，应该建立相关行业信息数据库，对该行业知识产权发生变更等动态加以关注，切实有效地防止自身知识产权权益被侵犯或滥用，维护自主知识产权创新产品的优势地位。

参考文献

李新创：《低碳高质量发展背景下钢铁行业机遇与挑战》，《现代物流报》2021年6月28日。

郑国栋、陈其慎、邢佳韵、张艳飞、龙涛、王琨、王良晨：《典型国家钢铁产业发展路径与启示》，《中国国土资源经济》2021年第8期。

霍咚梅等：《高标准引领中国钢铁工业高质量发展》，《冶金经济与管理》2021年第4期。

陈程、李文远、马东旭、管志杰：《技术创新增强钢铁行业发展动力》，《冶金经济与管理》2021年第4期。

张佰英、王庆：《辽宁钢铁行业出口结构优化的策略研究》，《辽宁师范大学学报》（社会科学版）2013年第5期。

吴铁：《推动钢铁行业低碳转型，引领工业碳达峰与碳中和》，《中国环境报》2021年6月28日。

《辽宁省国民经济和社会发展第十四个五年规划和二〇三五年远景目标纲要》，《辽宁日报》2021年4月6日。

贺薏璇：《新形势下的辽宁钢铁产业现状与发展建议》，《金融经济》2019年第6期。

B.5 辽宁装备制造业品牌发展报告*

闫琳琳　薛慧敏**

摘　要： 装备制造业在辽宁振兴发展中占有举足轻重的地位，在新时期，促进装备制造业的高质量发展，不仅是切实做好结构调整"三篇大文章"的重要内容之一，也是推进"数字辽宁、智造强省"建设的重要手段。从2021年辽宁省装备制造业品牌价值评价结果发布名单来看，辽宁省有20家，分布在大连、锦州、营口、盘锦、辽阳等9个城市，涉及机械设备制造、汽车及配件、冶金有色等行业。本文深入分析了辽宁装备制造业品牌发展、智能制造能力水平及品牌实力发展情况，结合辽宁装备制造业品牌发展面临的问题，提出推动集群发展、强化市场配置资源、引导产业要素集聚、加快创新驱动等对策建议。

关键词： 装备制造业　品牌发展　辽宁

装备制造业对稳定国民经济、带动区域产业发展具有至关重要的作用。特别是改革开放以来，我国装备制造业的发展取得了巨大的进步，参与全球价值链分工的程度逐渐加深。装备制造业是指为国民经济各部门提供装备的各类制造业的总称，是制造业的核心部分。在东北振兴战略中，装备制造业是重点产业。重振装备制造业是撬动东北全域经济发展的重要抓手。

---

* 本文如果没有特别说明，数据均来自国家统计局。
** 闫琳琳，辽宁社会科学院社会学研究所研究员，研究方向为人口与社会保障；薛慧敏，辽宁大学硕士研究生，研究方向为社会工作与社会发展研究。

辽宁是重振装备制造业的重要实施战场，是国家重点扶持建设的科研生产基地。装备制造业是辽宁的支柱产业，其产业价值和影响力在全国的地位也是不容忽视的。辽宁是国家重点扶持建设的装备制造业科研生产基地，自2003年国家实施东北振兴战略以来，推进辽宁装备制造业智能化转型升级，构建新时代的生产制造模式，取得一定成绩。2021年，辽宁省委省政府紧紧围绕做好结构调整"三篇大文章"，全面推进"数字辽宁、智造强省"建设，加快改造升级传统装备制造业，培育壮大高端装备制造业，全省装备制造业呈现质的提升和量的稳步增长的发展态势。新阶段新征程，大力推进装备制造业向中高端发展，对于推进工业转型升级、建设制造强省具有重要作用。

一 辽宁装备制造业品牌发展现状及影响创新发展的因素

为厚植装备制造业发展优势，推动装备制造业高质量发展，辽宁不断完善政策扶持体系，出台了《辽宁省制造业高质量发展"十四五"规划》《辽宁省先进装备制造业发展"十四五"规划》，制定了《辽宁省改造升级"老字号"深度开发"原字号"培育壮大新字号专项行动计划（2021—2023年）》《辽宁省深入推进结构调整"三篇大文章"三年行动方案（2022—2024年）》等文件，谋划项目1492个，总投资6768亿元，形成了规划、项目、资金、督查系统推进模式。落实20.8亿元"数字辽宁、智造强省"专项资金。在辽宁省制定实施的24条产业链建设方案中，谋划的汽车、燃气轮机、压缩机、输变电、机器人、集成电路等装备制造业产业链数量占总数的50%以上。在规模以上工业中，2021年装备制造业增加值比2020年增长8.1%。其中，通用设备制造业增加值比2020年增长14.1%，汽车制造业增加值比2020年增长8.4%，专用设备制造业增加值比2020年增长2.2%。[①] 2022年1~9月，全省规模以上工

---

① 辽宁省统计局。

业增加值同比实际下降1.5%，通用设备制造业增加值比2020年增长6.8%。① 辽宁省装备制造业致力于提升自身的自主创新能力。为增强这一能力，全省加速建设制造业创新中心，逐步优化以企业为中心、以产学研用为整体的自主创新体系。

辽宁省智能制造能力不断提升，品牌实力不断提升。2021年辽宁省品牌价值评价工作聚焦全省重点产业和重点产品，包括能源化工、机械设备制造、冶金有色等。2021年，辽宁品牌总价值达4823.74亿元，品牌均值较上年增长了16.73%。从2021年辽宁省品牌价值评价结果发布名单来看，辽宁省有20家，分别位于大连、锦州、营口、盘锦、辽阳等9个城市，涉及机械设备制造、汽车及配件、冶金有色等行业②（见表1）。

表1 2021年辽宁省品牌价值评价结果

序号	行业	企业/品牌	强度	品牌价值（亿元）	所属地区
1	机械设备制造	大连华锐重工集团股份有限公司	933.7	89.83	大连
2	机械设备制造	锦州汉拿电机有限公司	871.4	27.39	锦州
3	机械设备制造	辽宁中兴线缆有限公司	883	21.76	营口
4	机械设备制造	锦州锦恒汽车安全系统股份有限公司	913.5	9.87	锦州
5	机械设备制造	辽宁中蓝电子科技有限公司	905	7.76	盘锦
6	机械设备制造	辽阳石油钢管制造有限公司	896	6.57	辽阳
7	机械设备制造	大连橡胶塑料机械有限公司	842.8	5.78	大连
8	机械设备制造	辽鞍机械股份有限公司	855.7	3.62	辽阳
9	机械设备制造	大连信达变压器有限公司	833.1	2.20	大连
10	机械设备制造	绥中泰德尔自控设备有限公司	905.2	2.08	葫芦岛
11	机械设备制造	辽阳给排水设备阀门有限公司	848.6	1.83	辽阳
12	机械设备制造	盘锦辽河油田天意石油装备有限公司	904.6	1.80	盘锦
13	机械设备制造	铁岭正高阀门科技有限公司	897.5	1.49	铁岭

① 辽宁省统计公报。
② 2021年辽宁省品牌价值评价结果。

续表

序号	行业	企业/品牌	强度	品牌价值（亿元）	所属地区
14	机械设备制造	辽宁金天马专用车制造有限公司	882.4	1.34	营口
15	机械设备制造	铁岭特种阀门股份有限公司	816.6	1.15	铁岭
16	机械设备制造	辽宁津达线缆有限公司	785	1.07	铁岭
17	汽车及配件	沈阳金杯延锋汽车内饰系统有限公司	870	18.68	沈阳
18	冶金有色	凌源市富源矿业有限责任公司	717	1.32	朝阳
19	—	瓦房店轴承	907.5	362.99	大连
20	—	盘锦远航船厂	814.6	0.01	盘锦

同时，辽宁省还积极推进智能制造，重点打造工业互联网发展和全球先进制造高地，以新技术助力传统制造业发展。例如，2020 年 10 月中国计算机大会沈阳分会场召开工业互联网赋能智能制造论坛研讨会，主题是"汇聚智慧　引领未来——工业互联网赋能智能制造"，内容包含人工智能、大数据、区块链、信息安全等多个热点主题。

二　辽宁省装备制造业品牌发展面临的问题

（一）面临国内长三角、珠三角的竞争

装备制造业是否先进是评判一个国家或地区工业化程度高低和国际竞争力大小的关键标准。在国家政策引领下，江苏、上海等省市纷纷制定政策措施，大力发展高端装备。江苏省实施高端装备研制赶超工程，集中在电子产业装备、智能成套装备等 13 个领域；浙江省聚焦轨道交通、机器人与智能制造装备等十大领域，实施重大短板装备专项工程；上海市聚焦航空航天、高端能源装备、微电子与光电子等八大装备领域，实施首台套突破等七大工程。珠江西岸是广东装备制造业的高度聚集区，其主导产业为电器机械、海洋工程、通用航空、智能制造等。

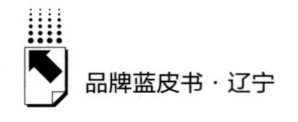

（二）产业创新能力不足，产品附加值偏低

辽宁装备制造一些重点领域和关键环节产业创新能力不足，仍存在"卡脖子"问题。特种传感器、智能仪器仪表、自动控制系统、高档数控系统等核心基础零部件、元器件仍是产业发展的瓶颈，产品稳定性、可靠性以及精密加工工艺有待进一步提升。比如，在高端数控机床领域，国产化率不足5%，普通数控机床80%以上的数控系统使用国外产品，海洋工程装备产业关键配套需要外购，CT等部分高端医疗器械核心零部件需要从国外采购。石化、冶金等产业多数产品科技含量和精深加工程度较低，精特优产品和高端品种少，产品附加值不高。

（三）产业分布不均衡，内部结构不合理问题较为突出

"老字号"的主体装备制造业主要分布在沈阳、大连，两市规模合计占比超过80%。"新字号"的主体信息产业主要集中在沈阳和大连，两市合计占全省总量的90%。在装备制造业9个子行业中，汽车制造业营业收入占全省的45%左右，华晨宝马1家企业营业收入占汽车制造业的近60%。与此同时，辽宁装备制造业区域间同质化竞争较为严重，导致产业集中度不高、竞争力不强。以沈阳现代化都市圈为例，沈阳、铁岭、本溪、抚顺、鞍山、辽阳、阜新7个城市都把装备制造业作为主导产业来发展，各市对于发展哪个领域的装备制造业都没有明确的发展方向，产业分工协作机制并没有搭建起来，联系度不够。例如，这7个城市都在发展汽车零部件产业，但绝大多数并没有为沈阳汽车产业配套。

（四）头部企业不强，本地配套有待提升

头部企业竞争力弱是辽宁装备制造业竞争力不强的重要原因，珠峰磅礴则群山巍峨。中国制造企业协会发布了2021年中国装备制造业100强排行榜，辽宁只有方大集团和盘锦北方沥青燃料两家企业上榜，分别排在第42

位和第53位,① 辽宁头部企业规模和竞争力在国内的排名逐年下降。一些新兴的头部企业,例如东软医疗、新松机器人、芯源微电子等规模都相对偏小,发展速度普遍偏慢。辽宁省装备制造产业链不完善,本地配套率很低,且大多集中在价值链低端,尤其是在输变电、压缩机、航空、汽车、机床、机器人、船舶、轨道交通、医疗设备等重点行业,头部企业本地配套率较低,沈鼓集团、东软医疗、新松机器人、黎明发动机等战略性产业领域的头部企业本地配套率分别为16.5%、16%、15%、6.2%。

(五)数字化转型升级进程缓慢

装备制造业是数字化改造升级的主战场,推动装备制造业与新一代信息技术融合发展是辽宁产业转型过程中一项重要而又紧迫的任务。然而,从实践来看,辽宁企业数字化转型比例相对较低,装备制造企业尤其是中小企业在数字化转型过程中普遍面临三个困境:一是转型能力不够,"不会转";二是转型成本偏高,"不能转";三是转型阵痛期比较长,"不敢转"。2021年生产设备数字化率仅为44.4%,居全国第24位;智能制造就绪率仅为8.2%,居全国第21位,远低于全国平均水平;关键工序数控化率为55.2%,居全国第14位,低于全国平均水平,相较于北京(60.7%)、江苏(60.1%)等地区,仍有较大差距。柔性制造、个性化定制等新模式应用场景较少。②

三 促进辽宁省装备制造业品牌发展的对策建议

按照《辽宁省制造业高质量发展"十四五"规划》《辽宁省深入推进结构调整"三篇大文章"三年行动方案(2022—2024年)》等政策文件精神,未来辽宁装备制造业将重点打造"1+6+5"产业发展格局,聚焦数控机床、航

---

① 根据中国制造企业协会、中商产业研究院整理。
② 工信部两化融合公共服务平台。

空装备、轨道交通装备、集成电路装备、新能源汽车等行业及战略性新兴产业集群。为此，辽宁推动装备制造业高质量发展需从以下几个方面发力。

（一）推动集群发展，推动产业示范发展

打造省内的先进装备制造业基地、重大技术装备战略基地以及关键技术创新与研发基地，提高其国际竞争力。创建独具特色的装备制造业集聚区，创造更良好的发展环境，完善基础设施和公共服务体系，从而培育出一批专精特新的"小巨人"企业和专注细分领域的"单项冠军"企业。加速形成聚集能力强的千亿级产业集群，包括机器人及智能装备、新一代信息技术、汽车制造及配套产业、电力及交通运输装备。围绕辽宁主导产业进行产业链上的"强链""补链"，鼓励示范基地培育或引进一批科技含量高、资金密集度强和关联度高的产业龙头企业，推动其与配套零部件企业集聚发展。为培育个性化定制、众包设计、云制造、远程运维服务等服务型制造新模式，要加快辽宁企业生产设备智能化改造，提高精准制造、敏捷制造能力，鼓励建设智能工厂和数字化车间。促进电力装备、轨道交通装备等产业领域的示范发展，从而进一步放大中国"名片"效应；积极培育新能源汽车、航空航天、船舶和海洋工程装备、工业机器人等战略性领域的示范基地。

（二）强化市场配置资源，推动产业高质量发展

提高市场配置资源的效率，紧抓"双循环"新发展格局中产业结构升级和提升供给质量激发消费潜能的机遇，加大力度调整产业结构，统筹全局力量调整"三篇大文章"，推动产业基础向高级化、产业链向现代化方向发展。

引导企业树立"效益"与"规模"健康互促的可持续发展理念，改善部分产业"规模大、利薄"的现状。同时，在坚持以政府引导和市场机制相结合为主的指导下，以企业和企业家为执行主体，以政策协同为保障，以应用为牵引，以问题为导向，实现自主可控、安全高效的目标。为加强产业链的韧性，同时提高产业链的水平，鼓励上下游企业合作，促进产业协同发

展，帮助攻破技术难关。

配合政策扶持的引导效应，搭建产需对接平台并充分发挥桥梁作用，实现市场配置资源渠道的畅通，助推产业高质量发展。

（三）引导产业要素集聚，推动产业融通发展

充分发挥辽宁省央企、国企规模优势，加大体制机制改革力度，提升市场反应速度，扩大市场带动效应，加强民营企业培育，增强产业活力；逐步形成大、中、小企业融通发展格局。打通龙头企业、科研院所、配套企业融通发展渠道，使产业链蓄能得到充分释放。围绕以人民需求为中心的中心城市战略，发挥装备制造业支撑作用。依托中心城市集聚创新要素、提升经济密度、增强高端服务功能，推动装备制造业高端化、高质量发展。加快建设以沈阳为中心的现代化都市圈。更好发挥沈阳市辐射带动作用，全力支持沈阳市建设国家中心城市，将其打造成为在全国具有较强竞争力、影响力的城市群和现代化都市圈的核心节点。加强区域内协同合作，走合理分工、优势互补的差异化发展道路。坚持创新共建、协调共进、绿色共保、开放共赢、民生共享的原则，统筹推进产业布局、基础设施、公共服务、生态环境等重点领域一体化发展。以大连为龙头推进辽宁沿海经济带开发开放。充分发挥具有带动效应的大连东北亚国际航运中心、国际物流中心和区域性金融中心的作用。加快建成产业结构优化的先导区、经济社会发展的先行区，构筑对外开放新高地，在促进老工业基地振兴中发挥更大的支撑作用。推进沿海六市共同发展、逐步发展，充分发挥沿海既开发又开放的全局效应。统筹各方力量，聚焦于发展临港经济。加快推进大连太平港地区开发建设，打造融"港产城创"为一体的东北亚新蛇口。大力发展海洋经济，培育壮大海工装备等优势产业。

（四）加快创新驱动，催生产业内生动力

以科技创新催生新发展动能。为形成以国内大循环为主体的格局，需要以提升内涵型的创新驱动为依托，着力提升自主创新能力，打破关键核心技

术的垄断局面。建设科技创新重大平台体系。加快培育企业技术中心、技术创新中心、制造业创新中心、工程（技术）研究中心、重点实验室和新型研发机构等一批重大创新平台，为大幅度提升辽宁研发基础设施水平，需主动争取国家级的创新平台和大科学装置在此落地。为支持企业提升技术水平，促进创新要素向企业汇聚，政府要鼓励支持以各龙头骨干企业为主导，构建面向集群的创新联合体。把中小微企业纳入协作配套体系，提升协同创新水平。组织企业承接国家级科研项目和国家科技重大专项，加强课题成果的转化。围绕辽宁省装备制造业的关键领域和薄弱环节，围绕航空发动机与燃气轮机等体现国家战略意图、适应辽宁产业需求、彰显科技优势的重点领域的技术攻关需求，加强产业部门与科技部门对接，发挥企业主体作用，鼓励和引导装备研制企业与用户、高校及科研院所等单位展开协作，加快合作开展一批科技依托、成果转换和演示应用项目。突破一批关键共性技术，加速创新成果产业化。

（五）促进新一代装备和材料配套，推动产业一体化发展

围绕重大装备产业链瓶颈，推进辽宁省关键基础材料与整机和核心零部件一体化同步研制。面向产业链安全，秉承一代材料支撑一代装备的发展思路，推进省内产业链上下游企业加强合作、协同创新、协作配套促进配套产业集聚发展。加快新型材料科技成果在辽宁省转化，从先进装备的关键基础材料入手，从源头上破解部分"卡脖子"难题。发起"一代装备、一代材料"工程，以先进装备发展，维护高端材料安全。加快先进装备制造业产业链升级，保障产业链安全。

（六）加速制造业"三化一型"发展，推动产业转型升级

推进数字化转型。加大装备制造业企业数字化改造力度。充分发挥应用场景资源和数据资源优势，推动数字技术在装备制造企业的应用，提高企业研发设计工具普及率、关键工序智能化率，推进生产线全流程数字化。鼓励先进装备制造业重点领域企业利用5G、工业互联网、云计算、大数据等新

技术进行技术改造。以"新基建"为契机，加快"互联网+装备制造业"建设步伐，促进各类资源要素优化和产业链协同，加快装备制造业数字化转型进程，提升辽宁省装备制造业数字化水平。

引导企业智能化转型，即充分应用新一代信息技术和智能化装备实施改造。支持企业运用智能技术和智能装备实施技术改造，推进人工转机械、机械转自动、单台转成套、数字转智能，进行"机器换人""设备换芯""生产换线"的改造升级，提升其智能化水平。围绕先进装备制造业重点领域，以生产管理、工业控制两大系统互联和集成为重点，提升制造工艺的仿真性并进行升级处理，促进制造过程向智能化控制方向发展，对生产状态信息进行实时检测并且加强自适应控制。逐步建立智能制造模式，打造一批高标准智能工厂。鼓励龙头企业建设跨区域、跨行业工业互联网平台，加快工业知识软件化，推动工业App的研发和普及应用，推动装备制造企业上云上平台。

加强行业绿色改造升级。把绿色发展作为装备制造业升级改造的关键环节和有力抓手，提高发展质量。加快建设绿色工厂，构建绿色生态链，实现资源利用效率的最大化。鼓励装备制造业企业采用余热利用、有毒有机废水处理、工业固体废物回收利用等低碳节能、清洁安全、循环利用的成套工艺技术装备和节能环保型锅炉、稀土永磁无铁芯电机等先进装备，推动源头减量、减毒、减排，实现生产制造过程的绿色化。加快推广高效、绿色的特高压交直流变压器，推进变压器制造装备用核心器件和专用软件的质量提升和规模化应用。围绕大气、水、土壤等污染防治需求，重点研发推广非电行业烟气超低排放治理、高浓度难降解工业废水成套处理、土壤治理修复等成套装备。

加快发展服务型制造。推动装备企业由主要提供产品向提供"产品+服务"转变。发展远程运维服务，鼓励企业建设远程运维平台及专家系统，实现运维服务平台及生命周期管理系统、客户关系管理系统、产品研发管理系统的协同与集成。发展系统集成服务，鼓励支持企业由简单的装备制造商向整体的系统解决方案提供商转变，支持整机企业对产业链上的企业进行统筹，为用户提供产品和售后的一条龙服务，承接"制造+服务"的交钥匙工程。提供研发服务，鼓励企业、高校、科研院所充分利用创新资源，面向社会提供应用研究和试验活动等开放服务。提升工业设计服务能力，促进装备制造企业与工业设计机构精准对接，推进工业设计产业化。

在国内国际"双循环"的新发展格局下，积极融入国家区域发展战略，主动对接"一带一路"，拓展东北亚区域合作，积极推进与京津冀、黄河经济带、长三角、珠三角协同发展战略，形成对辽宁经济发展的外部拉动效应。加强国外先进技术和设备的引进，解决先进装备制造业产业链发展的困难，鼓励省内企业与数控机床、机器人、轨道交通等领域的跨国公司展开合作，加大各类创新机构的技术研发力度，将技术、资金、人才进行有机结合，从而提高利用外资的水平。继续发展与国内企业的合作共赢，保证省内企业与国内企业合作，为国内市场提供优质产品和服务。吸引海外高端人才到辽宁落户创业，发展本省高校优秀研究人才，共同为装备制造业的进一步发展提供人才储备和智力支持。支持本省装备制造企业拓展国外路线，积极建设境外基础设施项目，加强各级装备制造和国际产能合作。

鼓励装备制造企业带动上下游企业或同行企业抱团"走出去"，发展国际总承包、总集成，建立全球产业链体系，提高国际化经营能力。积极主动对接京津冀产业升级转移等，充分发挥地缘优势，加快打造一批高水平产业合作平台，协同建设产业转移示范区；有序推动与长三角、珠三角地区的产业合作，重点对接江苏、浙江和广东等地区先进装备制造业产业链上下游企业；有效畅通辽宁省先进装备制造业供给与重点对口区域需求间的循环，全力推进对口合作纵深发展。

参考文献

魏星、梁爽：《辽宁装备制造业向高端发展的对策研究》，《营销界》2020年第38期。

姜莹：《辽宁高端装备制造业发展路径研究》，《企业科技与发展》2020年第9期。

李天舒：《装备制造业高端化发展分析——以辽宁省为例》，《经济研究导刊》2016年第22期。

林桂军、何武：《中国装备制造业在全球价值链的地位及升级趋势》，《国际贸易问题》2015年第4期。

王成东：《我国装备制造业与生产性服务业融合机理及保障策略研究》，哈尔滨理工大学博士学位论文，2014。

牛泽东、张倩肖：《中国装备制造业的技术创新效率》，《数量经济技术经济研究》2012年第11期。

张元芹：《辽宁装备制造业智能化转型的影响因素研究》，辽宁大学硕士学位论文，2021。

徐充、张志元：《东北地区制造业发展模式转型及路径研究》，《吉林大学社会科学学报》2011年第3期。

王士君、王丹、宋飏：《东北老工业基地城市群组结构和功能优化的初步研究》，《地理科学》2008年第1期。

宁连举、郑文范：《加强自主创新　促进东北装备制造业发展模式转变》，《东北大学学报》（社会科学版）2005年第4期。

张威：《中国装备制造业的产业集聚》，《中国工业经济》2002年第3期。

B.6
辽宁文化品牌发展报告

朱昆*

摘　要： 辽宁有着底蕴深厚的历史文化积淀和独具特色的地域文化资源，发展文化产业是辽宁实现东北老工业基地振兴的一大举措。完善政策引领，加大扶持力度，使辽宁省文化事业产业呈现良好的发展态势。创建文化品牌是推动文化发展的重要抓手，目前，辽宁处于优化产业结构、转变发展模式的重要窗口期，充分发挥辽宁文化品牌对经济社会高质量发展的助力作用，促进经济增长质量和效益提升，为辽宁提供新的发展机遇。

关键词： 文化品牌　产业政策　文化遗产　辽宁

《国家"十四五"时期文化改革发展规划纲要》明确提出，文化是国家和民族之魂，也是国家治理之魂。没有社会主义文化繁荣发展，就没有社会主义现代化。习近平总书记在2018年的全国宣传思想工作会议上指出："要推动文化产业高质量发展，健全现代文化产业体系和市场体系，推动各类文化市场主体发展壮大，培育新型文化业态和文化消费模式，以高质量文化供给增强人们的文化获得感、幸福感。"文化产业具有高技术含量、高附加值、无工业污染的特点，能够有效促进和带动第三产业的发展，并且在优化产业结构和推动区域经济发展方面具有突出的作用。"十四五"以来，辽宁发展文化产业新业态，打造文化品牌，促进产业结构优化升级，使"调结

---

* 朱昆，辽宁社会科学院历史研究所助理研究员，研究方向为近代文化史、东北地方史。

构"与"惠民生"相融并促，在结构调整取得显著成效的同时，推动民生福祉的持续改善。发掘辽宁特有的地域性文化资源，塑造辽宁文旅新形象，加强省内各市之间的联系，整体开发，着力宣传，逐步形成了具有辽宁地域特色的文化品牌新名片。

一 辽宁文化品牌现有资源和发展现状

（一）挖掘历史遗产，守护文化之根

辽宁历史底蕴深厚，文化类型异彩纷呈，保存了大量具有鲜明东北地域特色的珍贵文物，这些文物是中华文明的重要组成部分。

"花鸟源头，文明曙光"是辽宁化石文化的形象定位，"中华龙鸟"和"辽宁古果"被学术界评为世界级的古生物化石标本，具有极其重要的科研价值。为了更好地利用这一宝贵资源，辽宁坚持资源优势与产业优势相促进、政府主导与市场运作相结合、经济发展与特色文化发展相协调的原则，打造以化石文化为主题的"一园、一址、两区、两场"的产业结构模式，即朝阳鸟化石世界地质公园、牛河梁红山文化遗址、北票市四合屯国家级自然保护区、凌源化石景区、慕容街化石市场、上河首奇石化石市场。以资源保护为主，辽宁积极组织"引进来"和"走出去"，提升朝阳古生物化石文化在世界的影响力。辽宁还充分利用公共平台向公众介绍古生物化石相关知识，2022年10月25日辽宁省博物馆举办的"乐·土——辽宁古生物化石精品展"正式开展。在3个月的展期内，策展团队从全省11家古生物化石收藏单位4000余件藏品中遴选出87件化石精品，与辽宁省博物馆历年收藏的40余件化石共同展出，引领观众探寻多年来人类孜孜以求的科学问题。展览以古生物学家取得的最新科研成果为基础，向观众呈现了辽宁大地亿年前门类多样、形态各异的古生物化石，配合精彩的多媒体展示，兼具艺术与科学的古生物复原图以及丰富的图版和文字说明，还原了中生代时期活跃在辽宁地区这片

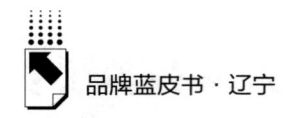

乐土之上的远古生命,从而集中展现辽宁化石文化。①

打造地域文化品牌,传承辽宁文脉。辽宁省博物馆作为新中国第一座博物馆,自1948年成立起就下大力气征集流落四方的文物和古籍,目前,辽宁省博物馆所收藏的唐宋以前书画作品数量在全国各大博物馆中数一数二,辽宁省图书馆的宋元刻本数量仅次于台北"故宫博物院"和国家图书馆。如今辽宁省博物馆22间展厅常年开放,辽宁通过"请进来""走出去"的方式,让文物动起来,让观众看到更多全国乃至全世界带着文化气息的精美文物。近年来,辽宁省博物馆坚持关照现实,力求赋予文物以新生,举办了多次现象级的展览。2019年,"又见大唐"书画文物展在辽宁省博物馆精彩亮相,被誉为跨越千年的盛世回眸,是世界范围内首次以传世书画来呈现唐代的缤纷绚丽。2020年的"山高水长——唐宋八大家主题文物展"是一场以唐宋八大家为题,立足于中国古代文学史的文艺盛宴。唐宋时期的文学名著与文人交往留下不少文坛佳话,百余件(套)绘画、书法、碑帖、典籍、器物等从不同方面呈现了唐宋繁华馈赠给今人的文化遗产。② 2022年以"人·境——古代文人的园中雅趣"为主题的中国古代绘画作品展在辽宁省博物馆展出,汇集了全国9家博物馆的71件(套)绘画珍品。这些绘画珍品均与中国古代园林密切相关,时间跨越宋、元、明、清,将古代文人的园林旨趣向观众娓娓道来。开展以来,线上线下的关注度不断提升,并且在国庆假期冲上热搜。在"中博热搜榜"公布的2022年国庆前后受到全国网友高频搜索和较高关注的博物馆十大文博展览中,该展位列第五。③ 2022年10月8日辽宁省博物馆举行成立73年来最大特展"和合中国",围绕"和合"这一核心,在宏观历史脉络中,通过文物之美解读"和合"文化,共展出有关文物、古籍402件/组(436单件),其中一级文物88件/组,外借

---

① 刘勇、李青坡:《一眼亿年!辽宁古生物化石精品展重现中生代生物乐土》,《光明日报》2022年10月29日。
② 么乃亮:《山高水长 唐宋八大家主题文物展——从文物展览转向文化传播活动的一次成功实践》,《中国文物报》2021年6月29日。
③ 刘韫、王亚楠:《观物识心:记"人·境——古代文人的园中雅趣"展览》,《美术观察》2022年第11期。

文物121件/组（177单件），展厅面积共3738.1平方米，展线长度387米。为了能够多角度、全方位向观众呈现中国"和合"文化的历史信息，生动展现文物中的历史知识，辽宁省博物馆采用了视频、投影、AR立体眼镜等数字化手段，融合实体与虚拟环境，拓展文物展示空间，提升观众的参观体验。从文物展到文化展，辽宁省博物馆通过"展览+"让这些经过历史长河洗涤的文物焕发了鲜活的生命力，接续了千古文化血脉，成为辽宁亮丽的文化名片。①

辽宁拥有76个国家级非物质文化遗产项目、294个省级非物质文化遗产项目。辽宁重视非物质文化遗产的传承和保护，健全完善非遗传承机制、整体性保护和生产性保护体系，建成各级非遗传习基地（所）、非遗展示馆共计670个。建设两个省级文化生态保护区，建立省级传统工艺振兴目录项目30个。② 在辽宁省文化遗产保护中心（辽宁省非物质文化遗产保护中心）设立"文馨苑"，面积1000多平方米，是辽宁省对外文化交流的窗口。辽宁省博物馆先后举行"珍瓷剪影——传统手艺的时空对话"创意展、"宫中邂逅——当青花遇见剪纸"特展、"精艺传承夺天工——辽宁省非物质文化遗产雕刻技艺专题展"。这种"非遗+文物"的创意展览形式是传承非物质文化遗产的新途径。

在赓续传承历史文脉的同时，辽宁逐步建立完善城乡历史文化保护传承体系，充分挖掘和阐释辽宁优秀文化精髓，保护利用传承好历史文化遗产。持续加大历史文化名镇名村、传统村落、传统民居和农村地区文化遗产遗迹保护力度，延续乡村历史文脉。辽宁文物资源保护管理制度不断完善，完成第一次可移动文物普查和第一批革命文物调查，实施完成文化遗产保护工程300余项。辽宁已有2个国家历史文化名城（沈阳和辽阳）、6个省级历史文化名城、17个省级历史文化名镇、26个省级历史文化名村、4个中国历史文化名镇、1个中国历史文化名村，逐步建立了由历史文化名城、名镇、

---

① 刘洪超：《辽博最大规模特展登场——珍品文物阐释"和合中国"》，《人民日报》（海外版）2022年10月25日。

② 辽宁省文化和旅游厅。

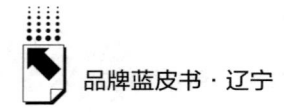

名村及历史文化街区、历史建筑构成的"点线面"联动的历史文化遗产保护体系。①

（二）传承红色基因，赓续精神血脉

红色文化是我国重要的文化资源。中共中央办公厅、国务院办公厅印发的《关于实施革命文物保护利用工程（2018—2022年）的意见》中明确提出要"融通多媒体资源""建立革命文物大数据库""让革命文物活起来"。辽宁是红色文化资源大省，共有红色文化遗址782处，国家级、省级、市级爱国主义教育基地224处。2021年辽宁省文物局发布《关于公布辽宁省第一批革命文物名录的通知》，其中包括不可移动革命文物650处、可移动革命文物10818件，辽宁拥有10个全国重点文物保护单位。② 辽宁省红色文化资源几乎涵盖了中国共产党成立以来的所有历史时期，在抗日战争时期和解放战争时期都留下了许多珍贵的红色文化遗产。2022年8月，习近平总书记在辽宁考察时，首站就来到辽沈战役纪念馆，回顾东北解放战争历史和辽沈战役胜利进程，并强调要讲好党的故事、革命的故事、英雄的故事，把红色基因传承下去，确保红色江山后继有人、代代相传。

辽宁重视挖掘和利用红色文化资源。在开展党史学习教育过程中，总结阐释了辽宁作为"抗日战争起始地""解放战争转折地""新中国国歌素材地""抗美援朝出征地""共和国工业奠基地""雷锋精神发祥地"六个方面的红色标识及价值。辽宁省第十三次党代会提出，要深入阐释"六地"的丰富内涵和时代价值，传承红色基因，赓续精神血脉。新中国成立以来，辽宁英模辈出，涌现出雷锋、王崇伦、孟泰、郭明义、罗阳等一大批在全国有重大影响的先进典型，构成辽宁英模群像，孕育成厚重的"英模文化"。为了让"红色"的底色更鲜亮，辽宁省文化和旅游厅依托本省丰富的红色旅游资源，认真研究、精心设计、策划推出10条建党百年精品红色旅游线

---

① 辽宁省文化和旅游厅。
② 辽宁省文化和旅游厅。

路。这些红色文化资源是辽宁建设社会主义和谐社会的重要载体，也是推动辽宁经济社会文化发展的强大动力。

党的二十大报告中指出，要"讲好中国故事、传播好中国声音，展现可信、可爱、可敬的中国形象"。对英模人物、时代精神的深刻理解和呈现、对社会主义核心价值观的准确阐释，是辽宁打造红色文化品牌的重要出发点，英模文化是实现老工业基地振兴的永恒动力。2022年9月30日电影《钢铁意志》公映，《钢铁意志》讲述的正是共和国历史上一段难忘的记忆——新中国第一炉铁水的诞生过程，再现了第一代钢铁人拼搏奋斗、创新创业的感人故事。它用严肃的叙事呈现了波澜壮阔的历史画卷，塑造了一幅栩栩如生的英雄群谱驱散了深秋的寒意，这部影片与时代同频共振，与观众的情感共鸣，具有温暖人心的强大力量，成为2022年国产主旋律电影的佳作。

（三）放歌新时代，起舞新征程

辽宁省文化演艺集团由原6个厅局所属21家单位整合而成，现有18家分支机构，承担着繁荣发展文化事业和文化产业、提升公共文化服务水平和文化品牌影响力、服务辽宁文化强省建设等职能。辽宁以打造"辽字号"文化精品、建设"辽宁号"文化航母为目标，加大力度创作演出优秀文艺作品，深入提供优质文化产品和服务。开拓辽宁舞台艺术新境界，如打造彰显民族精神的精品力作，创排话剧《天算》、歌剧《逐月》、舞蹈诗《月颂》等多部体现中国精神、中国价值的大型舞台艺术作品。辽宁人民艺术剧院以重大历史题材剧目和关注时代生活的舞台艺术作品为创作重点，创作了满溢着小街坊民俗、市井味道的话剧《祖传秘方》，反映产业工人下岗的现实主义题材话剧《父亲》，讲述优秀共产党员感人事迹的话剧《干字碑》和革命历史题材话剧《北上》，打造了一大批在全国"叫好又叫座"的精品原创剧目，用文艺佳作传承红色基因。

集团旗下辽宁芭蕾舞团作为中国知名艺术院团，是辽宁文化的亮丽名片，在国际上具有较高的知名度和美誉度。3年来，辽宁芭蕾舞团通过开展

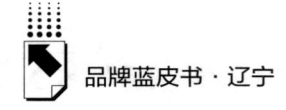

国际巡演、剧目跨国合作、选手参赛等方式频繁亮相国际舞台，所到之处劲刮"中国风"。2021年辽宁芭蕾舞团的《花木兰》在国家大剧院演出，场场爆满，通过西方艺术形式表达中国传统文化，得到了业内专家和观众的一致好评。辽宁文化创意产品研发中心同步介入，深度挖掘《花木兰》的IP价值，量身定制的文创产品也受到观众追捧，这不仅创造了经济效益，也提升了剧目的影响力。原创芭蕾舞剧《铁人》于2021年7月问世首演，在辽宁、北京等多地巡演，并入选第十三届中国艺术节。《铁人》在国家大剧院的进京首次两小时的精彩演出，收到27次掌声和喝彩，票房出票率达96%，创下国家大剧院近两年票房的新高。

2022年9月1日"大河之澜"——辽宁省文化演艺集团首届优秀舞台艺术作品演出季，在沈阳拉开序幕。在长达两个半月的演出季中，集中展示15台优秀的舞台艺术作品，包括歌剧、话剧、芭蕾舞剧、儿童剧、交响音乐会、民族音乐会、电声音乐会多个艺术门类。演出季以优秀的舞台艺术作品，讴歌党、讴歌祖国、讴歌人民、讴歌英雄、讴歌新时代。集中式的演出季有效激发文艺院团的内生动力和创新创造活力，发挥"省级代表队"引领推动作用，进一步激活演出市场，鼓励演艺团体打造优秀演艺剧目，促进创作出更多有筋骨、有道德、有温度的精品力作，让文艺作品发挥培根铸魂的作用，满足人民对美好生活的文化需求，为辽宁全面振兴、全方位振兴凝聚磅礴力量。

二 辽宁文化品牌建设中亟待改善的不足

（一）文化产业集聚优势尚未形成

文化产业集聚是指在一定空间范围内将文化产业的资源集合在一起，使文化产业的创造、生产、分销和利用得到优化，最终促成产业合作。文化产业集聚形成后，较为低廉的交易成本将会给集聚区内的企业带来显著的竞争优势，增强集聚区内成员的交流和协作。如北京最负盛名的文化产业集聚区

798艺术区，2021年被美国《时代》评为全球最有文化标志性的22个城市艺术中心之一，如今有200余家文化机构入驻798艺术区，每年造访游客超过50万人次，798艺术区成为北京著名的文化名片。文化产业园区可以为企业提供政策和资源支持，促进产业集群化，从而打造当地的文化品牌。辽宁现在还缺乏具有代表性的文化产业集聚区。沈阳棋盘山风景区是文化部命名的国家文化产业示范园区，按入选时间顺序在西安曲江、深圳华侨城、山东曲阜之后位居第四。2021年，曲江文化产业园区入驻企业累计超过900家，文化企业产值超过132亿元，带动就业人数超过10万。深圳华侨城在大湾区打造了30个文旅项目，文化产业收入超过700亿元，年接待游客3000万人次，文化创意园区入驻企业超过300家。山东曲阜文化产业园区产值54亿元，年接待游客超过800万人次，带动相关文创企业1000余家。2021年棋盘山风景区文化产业收入1.3亿元，生态旅游收入1.7亿元，接待游客总量350万人次。[①] 由数据可见，棋盘山风景区作为国家级文化产业示范区依然存在区内经济总量小、文化项目不够多的问题，未能发挥出文化产业示范园区的集聚效应，而这些问题在省内其他文化产业园区同样存在。

（二）文化品牌资源利用不够充分

辽宁在历史文化、边疆文化、红色文化、工业文化和风景资源等方面拥有得天独厚的优势。但是辽宁还不是文化旅游强省，对于现有文化资源的挖掘利用还不充分，缺乏将文化资源转化为经济动能的长效机制和激励政策。目前，辽宁拥有省级非物质文化遗产294项，其中有国家级非物质文化遗产76项，这些文化遗产代表了辽宁厚重的历史底蕴，但是真正转入生产产生经济效益的并不多。辽宁对于文化资源的管理还比较粗放，各部门之间各自为政，没有能够形成协同机制，没有对文化资源进行统一规划开发。如传统村镇不仅是宝贵的文化资源，同时也是可待开发的旅游资源。中国历史文化

---

① 沈阳市浑南区人民政府。

名镇，江苏入选31个，浙江入选27个，而辽宁只入选4个①。辽宁对文化资源的理解还不够深入，缺少主动创造市场营销品牌的动力和能力。同时辽宁的文旅资源还没有形成特有品牌，传播主题单一，未能充分吸引公众的注意力。以工业文化产业开发为例，辽宁作为历史悠久的老工业基地，拥有数量可观的工业历史遗存和工业文化资源，但长期以来缺乏保护意识，很多工业遗产在城市改造中被拆毁导致内涵式发展不足，无法产生显著的社会效益与经济效益。首批10家国家工业遗产旅游基地与首批22家国家工业旅游创新单位②的评选中，辽宁无一家单位入选，这说明辽宁对文化资源的深挖利用尚不充分。

（三）骨干文化企业缺乏竞争力

总体来看，辽宁文化企业发展活力不足，尤其是骨干文化企业对市场的认识不到位，距离打造文化产业的"航母"企业还有较大差距，企业核心竞争力亟待提升。由光明日报社和经济日报社公布的"全国文化企业30强榜单"中，辽宁企业一直榜上无名。2017年大连华录集团成功入围，辽宁出版集团有限公司进入提名名单，这是辽宁文化企业的最好成绩。2021年第十三届全国文化企业30强榜单中北京上榜9家，浙江上榜4家，江苏和广东各上榜3家，上海和安徽各上榜2家，江西、河南、湖南、湖北、陕西、四川、山东各上榜1家，而辽宁企业无一上榜。③这说明辽宁在文化产业方面缺少领军型企业，骨干文化企业的核心竞争力不足。

（四）文创产品创新能力未能释放

文创产品被形容为"博物馆的最后一个展厅"，具有独创性的文创产品能够带来可观的经济效益。而辽宁文化创意产业存在以下问题。首先，产品开发缺乏新意。2022年1月沈阳文旅局就"大帅币"文创交通卡创作失当

---

① 中华人民共和国中央人民政府网。
② 中华人民共和国文化和旅游部。
③ 《第十三届"全国文化企业30强"发布》，中国政协传媒网，2021年9月24日。

公开致歉。而与之相对应的是西安"杜虎符公交卡""独孤信印交通卡"等文化创意在社交平台上广受好评。沈阳应用失败的例子说明基于地域特色的相关文创产品开发必须因地制宜，创出新意而不能简单照搬照抄。其次，产品宣传推广滞后。北京故宫文创最早是在微博等新媒体平台上进行推广，在积累了口碑和名气后，创建故宫猫等IP形象，打造新媒体宣传矩阵。而辽宁文创行业在宣传方面做得不够，很多时候需要网友自发推广，没有形成宣传热度。

三 辽宁文化品牌建设的政策支持

（一）政策引领，优化产业发展环境

自2019年以来，辽宁省委省政府出台《关于进一步加快旅游业发展的实施意见》《辽宁省推进文化产业高质量发展行动规划》《关于推动全省文化产业高质量发展的若干意见》等政策措施。辽宁省委省政府专门设立2亿元旅游发展专项资金，向国家级文旅品牌创建、重点文旅新业态项目、省级"智慧旅游"体系建设、全省旅游形象营销推广等方向倾斜，明确奖励和支持公共服务细则。推行文化主管部门权责清单制度，精简文化行政审批事项和程序。政府通过政策引领打造文化产业园区形成聚集效应。辽宁作为老工业基地，遗留下来数量众多的工业老建筑、废弃厂房，这些老建筑是城市发展建设过程中的重要工业遗产，具有重要的历史价值，一旦拆除就无法恢复。利用现代艺术手法改造老建筑不仅可以使老城区面貌焕然一新，也可以带动"观光型"文化产业的发展。通过转变老建筑的功能，提升区域文化品牌的影响力。如位于沈阳市沈河区十一纬路111号沈阳十一号院艺术区，是沈河区国资国企服务中心利用沈阳市凸版印刷厂老旧厂房改造而成的文创园，是沈阳第一家真正意义上的文创园，早在2000年，随着第一批鲁美艺术家的入驻，就形成了品味老工业印象、呼吸艺术气息的文化产业园区。目前有25家文化创意企业入驻，集酒吧、文化传媒公司、创意设计公

司、工作室、文化培训等多业态于一体，先后获得"国家AAA级文化旅游景区""沈阳市文化产业示范园区"的称号。又如，1905文化创意园的原型始建于1937年，这一创意园是以沈阳重工厂老厂房建筑群为主体框架改造而成的；经过精心的设计，现在已经被打造成以"艺术、体验、分享"为品牌的文化创意产业基地；以艺术空间、文化演出、文创商业、文化活动等产业为载体，现已成为辽宁地区文化产业的一张亮丽的名片。

（二）深化改革，转变产业管理机制

辽宁省着力推进文化体制机制创新，加快文化领域供给侧结构性改革。对经营型文化单位，按照市场化运作、企业化管理的模式，实行人事、管理自主分配，盈亏自负，自主积累，自主发展，充分利用国家对文化企业的税收优惠政策，鼓励国有文化单位由事业单位转为企业。如辽宁省文化演艺集团通过充分调研，将原有21家单位整合、重组，既对职能相近或功能互补的部门进行合并，如原辽宁美术馆、原辽宁画院中共有的"开展美术作品研究、展览"职能就并在一起，又整合和集中专业人才、专业资质和资产，增加了文化产业方面的部门。集团由此形成18家分支机构，充分考虑了内部的科学分工和合理协作。随着各机构整合成"一盘棋"，行动上保持"同步调"，辽宁省级文化服务的规模效应初步显现，业务氛围日渐浓厚。

（三）多维助力，培育产业骨干企业

为了打造辽宁文化产业的"航空母舰"，辽宁省采取多项措施，助力企业发展。一是鼓励和引导民营文化企业参与重大文化产业项目实施和文化产业园区建设，推动国有文化企业管理机制改革。二是全面建立规模以上文化企业"项目管家"制度，"一对一"跟踪协调解决企业项目发展中的困难。三是完善文化人才培养、流动配置、评价激励机制，引进和培育一批有艺术专长、懂经营、擅管理、能创新的文化产业复合型人才和团队到文化产业骨干企业中去参与产品设计和企业管理，打造知名文化企业。四是鼓励符合条件的文化企业通过发行企业债券，扩大融资渠道，鼓励以商标权、专利权等

无形资产为项目未来收益权提供质押担保以及第三方公司提供增信措施等形式，提高骨干文化企业融资能力。2022年，省财政厅联合省委宣传部，对《辽宁省文化产业发展专项资金管理暂行办法》进行了修订。新修订的办法将更有利于发挥财政资金的政策扶持作用，有助于辽宁省培育一批具有核心市场竞争力的文化企业。

（四）科技赋能，促进产业融合发展

充分发挥科技在创新驱动发展中的核心和引领作用，加快促进文化和科技深度融合，更好满足人民精神文化生活新期待，增强人民群众的获得感和幸福感。辽宁省印发《辽宁省关于促进文化和科技深度融合的实施意见》，为辽宁省文化产业高质量发展指明了发展方向、制定了主要目标、明确了重点任务、提出了保障措施。一是以辽宁国家级文化和科技融合示范基地为基础，以区块链、智能文化平台、大数据分析、云端等新技术为手段打造智慧运营体系，构建多方位、多侧面、多层次的"立体化"发展路径。二是以创意设计服务、数字内容服务、现代传媒、文化产品流通、文化产品及装备制造、文化教育培训等多领域为支撑，做大做强优势业态，打造现代产业体系。三是以"推动高质量发展"为主题不断丰富文化产品和服务供给，深化创新驱动发展，加快文化产业数字化发展进程，按照产业数字化、数字产业化的发展趋势，培育和壮大新型业态。四是推进"文化+科技"深入融合发展新优势，推进创新成果在文物展示、非遗传承等领域开发与应用，提升体验性和互动性。科技赋能将有效驱动辽宁文化产业升级改造。

参考文献

张国清：《深入学习贯彻党的二十大精神 推进文化自信自强加快建设文化强省》，《共产党员》2022年11月15日。

刘勇、李青坡：《一眼亿年！辽宁古生物化石精品展重现中生代生物乐土》，《光明日报》2022年10月29日。

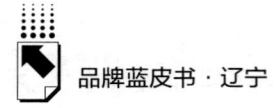

么乃亮：《山高水长　唐宋八大家主题文物展——从文物展览转向文化传播活动的一次成功实践》，《中国文物报》2021年6月29日。

刘韫、王亚楠：《观物识心：记"人·境——古代文人的园中雅趣"展览》，《美术观察》2022年第11期。

刘洪超：《辽博最大规模特展登场——珍品文物阐释"和合中国"》，《人民日报》（海外版）2022年10月25日。

杨竞：《多种创新传承方式守护地域文化之根——"非遗+"辽宁模式在全国独树一帜》，《辽宁日报》2022年3月10日。

《辽宁历史文化去哪寻？全名单来了》，《澎湃新闻》2020年12月21日。

辽宁省文物局：《关于公布辽宁省第一批革命文物名录的通知》，辽宁省文化和旅游厅官方网站，2021年3月8日。

《用好红色资源　凝聚振兴力量——我省不断推进红色资源"亮"起来、红色遗迹"活"起来、红色故事"热"起来》，辽宁省人民政府官方网站，2022年8月18日。

《辽宁芭蕾舞团芭蕾舞剧〈花木兰〉》，辽宁省文化和旅游厅官方网站，2020年9月4日。

《〈钢铁意志〉为啥火！解码辽宁"好戏"背后的高光基因》，东北新闻网，2022年10月8日。

《大河之澜》，《新世界剧坛》2022年第5期。

《沈阳浑南区再获"国家级"荣誉》，东北新闻网，2022年11月21日。

《奋进曲江产业领航——产城融合，产业"链"动，园区释放强大产业活力》，《文化曲江》2021年2月13日。

《文化部30日命名第二批国家级文化产业示范园区》，中华人民共和国中央政府门户网站，2008年7月2日。

《辽宁国有文化企业首次进入全国文化企业30强》，人民网，2017年5月13日。

《第十三届"全国文化企业30强"发布》，中国政协传媒网，2021年9月24日。

《策划不当，未公开发行发售，沈阳文旅就"大帅币"交通卡致歉》，文汇网，2022年1月20日。

《辽宁省文化产业发展专项资金管理暂行办法》，辽宁省财政厅官方网站，2022年9月6日。

《辽宁省关于促进文化和科技深度融合的实施意见》，辽宁省科学技术厅官方网站，2020年4月30日。

B.7
辽宁旅游品牌发展报告

谷会敏　张可欣*

摘　要： 2022年，辽宁省各地积极响应国家政策，激发市场活力，释放文旅消费潜能，促进旅游业高质量发展，旅游品牌创建取得新成效。但同时，辽宁旅游品牌发展仍存在诸如形象模糊、各市发展不均衡、地域特色弱、文化挖掘不够、产品缺乏创新、品牌特色不明显、带动效应差、可持续性不长久、营销手段单一、宣传效果不佳等问题。未来，辽宁旅游将从树立旅游品牌科学观念、扩充旅游品牌发展优势、注重旅游品牌发展平衡、增强旅游品牌发展动力、拓展旅游品牌发展空间、发展形象品牌等方面入手，多管齐下加强辽宁旅游品牌建设。

关键词： 旅游品牌　旅游业　辽宁

2022年，在党中央、国务院的领导下，文化和旅游系统坚持以习近平新时代中国特色社会主义思想为指导，全面贯彻党的二十大与二十届一中全会精神，深刻领悟"两个确立"的决定性意义，不断增强"四个意识"，坚定"四个自信"，做到"两个维护"，坚决贯彻党中央决策部署，深入践行新发展理念，紧紧围绕举旗帜、聚民心、育新人、兴文化、展形象的使命任务，以社会主义核心价值观为引领，以满足人民文化需求和增强人民精神力量为着力点，提供优秀文化产品和优质旅游产品，为建设社会主义文化强国、推动旅游业高质量发展努力奋斗，奋力开创新时代文化和旅游工作新局面。

---

* 谷会敏，东北大学艺术学院副教授，硕士生导师，视觉传达设计系主任；张可欣，东北大学艺术学院，研究方向为视觉传达设计。

随着社会经济的发展，人们对于旅游品质的要求也逐渐提高。旅游是经济现象的同时也是一种文化现象，文旅融合成为推动旅游业品质提升的突破点。近年来，短剧、专题纪录片、综艺节目、融媒体项目等各类传播方式，对旅游业及旅游品牌的发展起到了有效的促进作用，博物馆、科技馆、图书馆、群艺馆、美术馆、群众文化机构、艺术表演团体等方面也呈现多元化、个性化的发展趋势，文化和旅游融合互促、日益繁荣兴盛、持续蓬勃发展。

但同时要清醒地看到，新冠疫情影响下旅游业所面临的困难与挑战。据中华人民共和国文化和旅游部统计，2022年前三季度国内旅游总人次为20.94亿，与上年相比减少5.95亿（见图1）。其中，城镇居民国内旅游人次为15.99亿，同比下降17.3%；农村居民国内旅游人次为4.94亿，同比下降34.6%。分季度看，第一季度国内旅游人次为8.30亿，同比下降19.0%；第二季度国内旅游人次为6.25亿，同比下降26.2%；第三季度国内旅游人次为6.39亿，同比下降21.9%。前三季度，国内旅游收入达1.72万亿元，与上年同期相比减少0.65万亿元，同比下降27.2%，其中，城镇居民出游消费1.42万亿元，同比下降25.8%；农村居民出游消费0.30万亿元，同比下降33.5%。

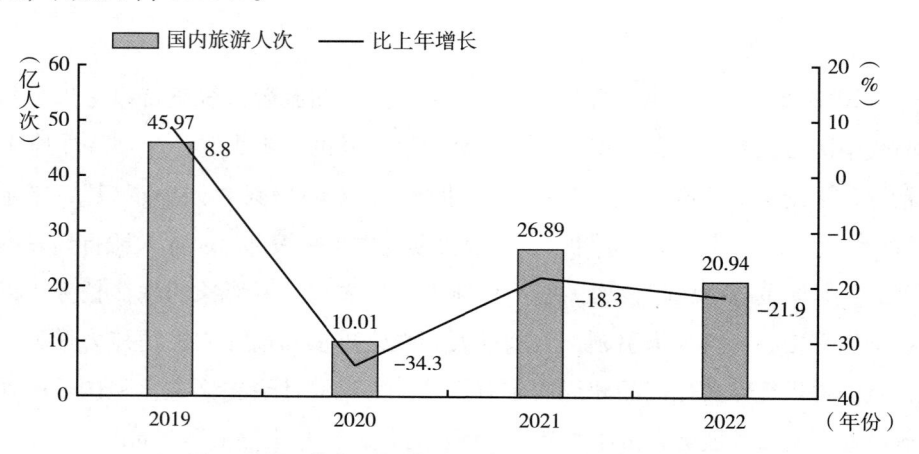

图1 2019年至2022年前三季度国内旅游人次情况

注：2022年为前三季度数据。
资料来源：中华人民共和国文化和旅游部。

从以上数据可以看出，国内旅游人次于2022年处于下降状态。新冠疫情对我国文化和旅游行业造成了极大冲击，导致该行业面临巨大的压力。为了应对这种情况，党中央、国务院高度重视困难行业的纾困发展工作，采取了一系列措施来帮助旅游企业降低经营成本并缓解其资金压力。这些措施覆盖了税费、社保、金融、房租、水电气网成本、政府采购等多个方面，以支持和促进旅游企业的发展和稳定。随着各项政策措施的发力显效和疫情的有效控制，据中华人民共和国文化和旅游部统计，截至2022年6月30日，全国旅行社总数为43225家，相比2021年末增加了793家，说明各地旅游业正在逐渐恢复发展，市场呈现回暖回升的势头。各地方在贯彻落实国家各项帮扶政策的同时，还采取了一系列具体措施，如企业奖补、费用减免、防疫消杀支出补贴、停工稳岗补助等，以进一步完善纾困政策，加大帮扶力度。这些措施旨在促进文化和旅游产业的持续复苏，为行业的发展和稳定提供有力支持。

国家高度重视旅游品牌的打造，不断强化资金保障助推旅游品牌的发展。辽宁省各城市积极响应国家政策，制定有针对性的专项扶持措施，从多方面入手大力支持重点文旅项目加快建设，激发市场活力，释放文旅消费潜能，促进旅游业高质量发展。举办旅游会议、会展，积极参加各类国内国际博览会等活动，加强与多个省份、多个国家的文化交流，使辽宁旅游节庆活动品牌知名度与影响力逐步提升。辽宁旅游品牌创建取得新成效。辽宁省作为我国多功能经济建设与发展中心之一，经济持续稳定增长，对省内及国家旅游业的发展作出贡献。

一　辽宁旅游品牌发展的现状及特点

（一）辽宁旅游品牌发展的现状

2022年，辽宁省坚持以习近平新时代中国特色社会主义思想为指导，深入贯彻习近平总书记的重要讲话以及重要指示批示精神，统筹疫情防控和行业发展，奋力推进辽宁省旅游业、文化事业、文旅融合等方面取得新进展。

据2020年辽宁省国民经济和社会发展统计公报统计，2020年全年接待国内外旅游者共计30170.0万人次。其中，接待国内旅游者30150.2万人次，接待入境过夜旅游者19.8万人次。在接待入境过夜旅游者中，外国人16.7万人次，港澳台同胞3.1万人次（见表1）。全年旅游总收入2720.5亿元（见表2），其中国内旅游收入2712.2亿元，旅游外汇收入1.2亿美元，与2019年相比呈现大幅度下降的趋势，但到目前为止情况逐渐好转。据中华人民共和国文化和旅游部统计，截至2022年第二季度，辽宁省有旅行社1550家，有国家A级旅游景区568个，其中4A级142个，5A级6个——沈阳市植物园、辽宁省鞍山市千山景区、本溪市本溪水洞景区、辽宁大连金石滩景区、大连老虎滩海洋公园、辽宁省盘锦市红海滩国家风景廊道景区。

表1 2016~2020年辽宁省旅游者数量统计情况

单位：万人次

年份	年旅游者总量	国内旅游者量	入境过夜旅游者量	入境过夜旅游者中外国人	入境过夜旅游者中港澳台同胞
2016	45146.6	44872.9	273.7	212.2	61.5
2017	50597.2	50318.4	278.8	217.0	61.8
2018	56499.1	56211.4	287.7	229.8	57.9
2019	64169.7	63875.6	294.1	236.9	57.2
2020	30170.0	30150.2	19.8	16.7	3.1

资料来源：辽宁省统计局。

表2 2016~2020年辽宁省旅游收入、旅行社及旅游景区统计情况

年份	年旅游总收入（亿元）	旅行社（家）	国家A级旅游景区（个）	国家5A级旅游景区（个）
2016	4225.0	1443	454	4
2017	4740.8	1443	454	5
2018	5369.8	1489	454	5
2019	6222.8	1521	514	6
2020	2720.5	1539	566	6

资料来源：辽宁省统计局。

新冠疫情给全省旅游业造成了较大的负面影响，但国家和辽宁省的积极引导政策对激发旅游市场的活力起到很好的作用，2022年游客量及旅游收入有明显提高，旅游业持续健康发展。

（二）辽宁旅游品牌发展的特点

1. 地区特色浓郁

辽宁省历史悠久、地域辽阔，自然资源和文化资源丰富，各个县市充分发挥地域文化优势，打造出独具特色的旅游品牌。辽宁省是以汉族为主，拥有满族、朝鲜族、蒙古族、回族、锡伯族等51个少数民族的多民族省份，共有8个少数民族自治县。浓郁的少数民族风情造就出风格各异、类型多样的民族文化、风俗习惯和传统节日，因而，辽宁省十分注重少数民族风情的文化旅游品牌开发，积极打造少数民族特色村，大力支持民俗文化旅游类节庆活动的开展。如抚顺满族风情国际旅游节，始于2000年，至今已成功举办了22届，其以抚顺丰富的满族历史文化遗产为依托，是抚顺市重点打造的特色品牌节庆活动，现已成为辽宁省重要的旅游节庆活动品牌；如每年在抚顺市新宾永陵镇赫图阿拉村举行的抚顺满族农庄过大年活动，作为满族发祥地，赫图阿拉村集民俗、历史、文化于一体，每年都能吸引到大批游客前来体验最原汁原味的满族风情。这些活动的成功举办无不展现出辽宁旅游品牌浓郁的地区特色。

2. 文化旅游品牌丰富

辽宁是文化富地，文化是打造辽宁旅游强省的核心竞争力，深厚的历史文化底蕴使辽宁的旅游资源焕发出巨大魅力。辽宁省是我国著名的重工业基地，也是中国文物大省之一，人文历史资源、自然景观资源丰富，拥有诸多世界文化遗产、历史文物古迹、历史名人纪念馆等文化旅游品牌，还有国家级非物质文化遗产代表性项目名录多项。辽宁省各地的文化旅游品牌各具特色，其中主打的文化旅游品牌为以下四种：①清文化旅游品牌，著名的景点有沈阳故宫、永陵、昭陵、福陵等；②新旧石器时代旅游品牌，著名的景点有新乐遗址、查海遗址、牛河梁红山文化遗址等；③近代纪念馆类旅游品

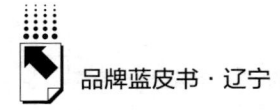

牌，著名的景点有张氏帅府博物馆、辽沈战役纪念馆、抗美援朝纪念馆、沈阳军区雷锋纪念馆等；④满族文化旅游品牌，著名的景点有实胜寺、八王寺、医巫闾山、千山等。

3. 冰雪旅游品牌特色突出

辽宁省地处冰雪黄金纬度带，坐拥长白山南脉，冬季降雪量大、雪质柔软，气温舒适，且温泉资源遍布全省，在地理资源、气候特质方面有着得天独厚的优势，因而冰雪特色旅游是辽宁省冬季旅游的主打项目，其经过数十年的发展已经成为省内的重要品牌。"冰天雪地也是金山银山"，在2021~2022年冰雪季，辽宁省抓住北京冬奥会这个前所未有的重大机遇，深入实施《辽宁省冰雪旅游发展三年行动计划》，趁势而上深入打造辽宁冰雪品牌，让"冷资源"变成"热产业"。2022年辽宁省打造出"冬奥在北京，冰雪游辽宁——嬉冰雪，泡温泉，辽宁过大年"冬季旅游品牌，在各地深入推广，并以"冰雪辽宁"为主题，积极举办丰富多彩的冰雪主题系列活动，如盘锦辽河口冰凌穿越、沈阳冰龙舟大赛、冰上芭蕾活动等，其亮点突出、精彩纷呈，不断激发大众的冰雪消费潜能，也掀起了"辽宁人游辽宁"的新热潮。

4. 实施"旅游+"战略

辽宁省坚持旅游品牌与文化、农业、体育、健康等产业融合发展，以"旅游+"战略为引导，发挥旅游业的综合带动作用，推动旅游与相关产业行业互融互促、优势互补，促进旅游产业链的拓宽和延伸，加强辽宁省的旅游品牌发展。辽宁省积极开展全域旅游、海洋旅游、红色旅游、乡村旅游、民俗旅游、工业旅游等主题旅游活动，其中以文旅融合、农旅融合最有代表性。

文旅融合的案例如"锦绣辽宁，多彩非遗"主题活动，是一场在沈阳植物园景区、营口老街景区、鞍山老院子景区展示展演辽宁省非物质文化遗产的活动，是辽宁文化与旅游的一次"牵手"，更是文旅融合的生动实践，通过展现非物质文化遗产的地域特色，打造辽宁文化旅游品牌；又如第十七届辽宁·阜新玛瑙文化旅游节、大连市"文化有约"、葫芦岛市长城国家文化公园建设项目、中国（大连）国际文化旅游产业交易博览会等。

农旅融合案例，如赫图阿拉村以打造精品民宿为突破口，创建以"公司+合作社+农户"为主的新型民宿旅游产业经营模式，不仅为村民带来可观的经济收入，也有效地传播了民俗品牌；如大连金普新区向应街道土门子村，通过休闲旅游和都市农业融合发展，不断与更多的产业相碰撞，生态文化客栈使农业与旅游比翼齐飞，如今已成为省级乡村旅游重点村镇；如辽宁省本溪市本溪县小市镇，它有效结合了本地的特色优势和乡村发展的实际，以旅游景区带动旅游扶贫、田园观光等，推动了乡村旅游的持续健康发展，也成功入选全国乡村旅游发展典型案例。除此之外，辽阳市弓长岭区安平乡姑嫂城村、抚顺市清原满族自治县大苏河乡南天门村等，都依靠"旅游+农业"模式，实现了乡村振兴。

二 辽宁旅游品牌发展的优势及成就

（一）辽宁旅游品牌发展的优势

1. 资源丰富，景点众多

沈阳和大连作为辽宁的两大城市，具有最为突出的旅游品牌。被誉为"一朝发祥地，两代帝王都"的沈阳，其旅游资源丰富，有着 5A 级景区——沈阳市植物园，以及大量著名旅游品牌，如沈阳故宫博物院、张氏帅府博物馆、"九·一八"历史博物馆、兴城古城、沈阳福陵、昭陵（北陵）、怪坡风景区等。此外，沈阳连续 6 年入选"新一线"城市，这不仅说明了沈阳在城市枢纽性、城市人口活跃度、商业资源集聚度、生活方式多样性和未来可塑性这五个维度具有优越性，也说明了沈阳在旅游品牌的发展上有着显著的成果。大连有"浪漫之都"的品牌形象，拥有两家 5A 级景区——大连金石滩景区及大连老虎滩海洋公园，著名旅游品牌有森林动物园、南山风情街、旅顺樱花大道、203 樱花园、肃亲王府、老铁山等。除此之外，辽宁省内其他城市的旅游品牌也各有千秋，城市旅游特色突出（见表3）。

表3　辽宁省著名旅游品牌

城市	城市名片	旅游品牌
鞍山	中国玉都	5A级景区——鞍山市千山景区、鞍山玉佛苑、汤岗子温泉旅游度假区等
抚顺	满族故里，启运之地	皇家极地海洋世界、雷锋纪念馆、赫图阿拉、红河谷漂流、热高乐园等
本溪	中国枫叶之都	5A级景区——本溪水洞景区，著名旅游品牌有本溪桓仁五女山、桓龙湖等
丹东	东北苏杭	东港观鸟园，鸭绿江风景区、天华山风景名胜区、宽甸天桥沟国家森林公园、丹东凤凰山、虎山长城、大鹿岛、抗美援朝纪念馆等
营口	关外上海	辽河、白沙湾、望儿山、熊岳温泉、山海广场、辽河老街、西炮台等
盘锦	鹤乡	5A级景区——盘锦市红海滩风景廊道景区，著名旅游品牌有苇海鼎翔生态旅游度假区、二界沟的开海节等
阜新	玉龙故乡，文明发端	瑞应寺、懿州城、海棠山、乌兰木图山、查海遗址、阜新地热温泉、阜新玛瑙雕刻等
朝阳	三燕古都	牛河梁遗址、佑顺寺、朝阳鸟化石国家地质公园、北票白石水库等
锦州	锦绣之州	笔架山风景区、世博园、辽沈战役纪念馆、青岩寺、医巫闾山、北普陀山等
辽阳	第一名城	广佑寺、辽阳白塔、通明山、东京城城址等
铁岭	小品之乡	清河旅游度假区、龙首山、银冈书院、莲花湖国家湿地公园、调兵山蒸汽机车博物馆等
葫芦岛	关外第一市	觉华岛、龙湾海滨风景区、兴城海滨、葫芦山庄、宁远古城、九门口长城等

2. 区位优越，交通发达

辽宁省具有独特的区位优势。其位于中国东北地区南部，处于温带与暖温带区域，与吉林、内蒙古、河北等省区接壤，东南隔鸭绿江，与朝鲜为邻，与外界往来方便，是全国仅有的两个，也是东北地区唯一既沿边又沿海的省份。辽宁同东北亚国家地缘优势明显，特别是与日本、韩国在文化、经济贸易方面有着密切往来，同时也是东北及内蒙古自治区东部地区对外开放的门户。作为东北地区唯一的陆海双重通道，辽宁也是丝绸之路经济带和21世纪海上丝绸之路的重要交汇点。

辽宁省交通发达，有着强大的交通基础设施，是东北地区通往关内的交通要道和连接欧亚大陆桥的重要门户。据辽宁省统计局统计，2021年辽宁省全年货物运输量达17.9亿吨，货物运输周转量为4521.0亿吨公里；旅客运输量达2.8亿人次，旅客运输周转量为589.5亿人公里；全年港口货物吞吐量为7.9亿吨；港口集装箱吞吐量为1134.9万标准箱（见表4）。

表4 2021年辽宁省运输量及吞吐量统计情况

项目	数量
货物运输量（亿吨）	17.9
铁路货运量	2.3
公路货运量	5.3
水路货运量	0.3
民航货运量	8.9
旅客运输量（亿人次）	2.8
铁路客运量	0.8
公路客运量	1.
水路客运量	0.03
民航客运量	0.1
港口货物吞吐量（亿吨）	7.9
港口集装箱吞吐量（万标准箱）	1134.9

资料来源：辽宁省统计局。

3.气候舒适，四季分明

辽宁省位于欧亚大陆东岸、中纬度地区南半部，属于温带大陆性季风气候区，雨热同期，日照丰富，四季分明。辽宁省准确把握当地不同的气候特征，推进四季皆可游的精品旅游路线，其不但能够削弱因季节变化而产生的旅游淡季影响，也能最大限度地满足游客的出游需求，突出气候特色，促进产业融合，提升旅游格局，成功为本省的旅游品牌发展提供了有力支撑，让游客真切地感受到"发现辽宁之美，感受辽宁之好，我在辽宁等你"的旅游形象。

春季万物复苏，百花齐放。配合着如此怡人舒适的气候，辽宁开展了"赏花观鸟休闲度假游辽宁"春季旅游活动，将踏青、赏花、观鸟、登山等要素完美融合，全方位满足游客的出行。其中包括鞍山千山景区的"辽宁踏青赏花季暨（鞍山）千山梨花节活动"、营口的"鸟飞湿地，花开营口"

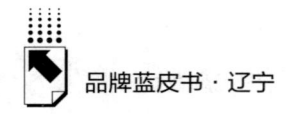

活动、辽西"关外花开，醉了京华"赏花踏青之旅等。除此之外，前去丹东宽甸河口赏桃花、去旅顺赏樱花、去法库观鸟等，都能使游客感受到辽宁春天的美好。

夏季虽炎热多雨，但相对较为温润，辽宁省推广以"消夏避暑辽宁行"为主题的精品旅游线路，围绕"消夏避暑"，结合生态康养和亲子研学，重点推广滨海避暑旅居游、辽东森林避暑养生游精品线路和辽西北湿地草原避暑休闲游精品线路，这些都是游客消夏戏水的理想之选。除此之外，更有2022"夏凉畅游"辽宁省夏季旅游活动，精彩灯光秀与烟火秀在金石滩的夜空中上演，文艺演出、电音节等好戏连台，为游客带来绚烂唯美的视听盛宴。

秋季短暂却天高气爽，围绕着"枫红赏秋"主题，辽宁省打造秋季"赏枫采摘休闲游，金秋美景辽宁行"精品旅游线路。秋季旅游结合国庆活动展开，用以弘扬抗战精神和抗美援朝等红色记忆，不仅能营造浓厚的节日氛围，更能通过"红色旅游"点燃本国游客的爱国情怀。该旅游品牌效应良好。

冬季虽漫长寒冷，却挡不住游客的无限热情。辽宁省推广冬季"嬉冰雪泡温泉，到辽宁过大年"精品线路，利用冰雪优势，打造冰雪旅游品牌。如每年冬季都会举办的葫芦岛冰雪节，2022年的主题为"喜迎冬奥，乐享冰雪，品味关东"，推出了40余项冬季旅游活动，为市民和游客呈现了一个精彩纷呈、全民共享的冰雪盛会，有效提高了冰雪旅游品牌的知名度。

4. 文化繁荣，民俗多样

据辽宁省统计局统计，至2021年末，辽宁省的博物馆共计65个，公共图书馆共计129个，文化馆和艺术馆共计123个，档案馆共计145个。文化的繁荣是文旅融合的重大突破口，各大展览吸引着全国各地的游客前来参观。

文化呈现多样化的特点，其中非物质文化遗产种类有民间文学类、传统音乐类、传统舞蹈类、传统戏剧类、曲艺类、传统美术类、传统技艺类、传统医药类、民俗类。每年省内各市都会推出各类特色鲜明的民俗旅游活动，如2022年推出的锡伯族西迁258周年系列纪念活动、第六届沈阳旗袍文化节、营口的海蜇节、满族旗袍服饰展示、满族地秧歌、满族剪纸、萨满舞表演活动等。

（二）辽宁旅游品牌发展的成就

2022年，辽宁省深入宣传和贯彻习近平新时代中国特色社会主义思想、习近平总书记的重要讲话和重要指示批示精神，其旅游品牌发展取得了可观的成绩。主要表现在以下几个方面。

1. 文旅产业

文旅融合的旅游模式带动了旅游品牌的发展，辽宁省利用独特的文化优势，将史前文化、清文化、民国文化、抗战文化、红色革命文化、工业文化、城市文明、生态文明、非遗文化与旅游结合，创造出斐然成就。如在云南昆明滇池国际会展中心举办的2022中国国际旅游交易会，辽宁代表团在参展活动中喜获"优秀组织奖"与"优秀展台奖"；在由文化和旅游部支持、澳门特区政府旅游局主办的第十届澳门国际旅游产业博览会期间，辽宁省代表团精心设置展位，专场举办推介会，广泛接触旅游业界和民众，积极开展业务交流和宣传推介，就辽澳及粤港澳大湾区客源互换、资源互惠、产品研发等方面进行了深入沟通，不断扩大辽宁文化和旅游的影响力。

2. 对外文化交流

各地间的文化和旅游交流活动能拓展省内旅游品牌的深度和广度。2022年，辽宁省积极举办与参加了多场大型活动，对省内旅游品牌推广与发展起到了促进作用。其中，在2022中国国际旅游交易会参展期间，辽宁展区以"发现辽宁之美，感受辽宁之好，我在辽宁等你"为主题，展示了辽宁"一圈一带两区"的文旅品牌和美丽辽宁生态图景。现场播放的辽宁文旅宣传片，展现了辽宁自然风光之秀、民俗民风之美、生态环境之优、新兴业态之特，给现场观众以身临其境之感。展会上，辽宁代表团与江苏代表团达成对口合作意向，与吉林、贵州等代表团进行交流磋商，与香港旅游发展局进行深入交流。另外，2022大连国际文化旅游产业交易博览会、大连文化旅游推介会暨辽宁沿海经济带城市文化旅游推介会等都为提升辽宁省旅游品牌的知名度和美誉度作出了较大贡献，为国内外的旅游交流与合作带来了发展机遇。

3.公共服务体系建设

公共服务往往展现了一个民族与国家的文化素质。2022年，辽宁省在旅游公共服务体系建设方面起到了良好的表率作用，推进旅游交通体系、自驾游服务体系、旅游集散服务体系、旅游安全救援体系、旅游厕所革命等旅游公共服务得到完善。推进旅游公共服务共建共享，推进旅游公共服务体系一体化建设，加快旅游集散与咨询服务体系建设，规范完善旅游引导标识系统建设，形成标准统一、共建共享的旅游公共服务体系，完善旅游交通设施与服务，优化智慧化公共旅游信息服务，完善自驾游服务体系，优化旅游公共设施布局。为提高省内的公共服务质量，辽宁省组织了各种培训，开办旅游服务及导游员业务培训班，加强导游讲解员队伍建设，举办全省红色故事讲解员大赛等，不仅强化了导游职业的认同感、荣誉感以及自豪感，也增强了旅游行业的服务意识，提升了导游队伍的整体服务水平，发挥了以点带面的示范作用，提升了本省服务人员整体的精神风貌。并加大惠民利民力度，增强城乡居民的出行意愿，促进人民群众幸福感、满意度的提升。

4.营商环境和市场监管

辽宁省深刻贯彻习近平总书记关于推进东北振兴的重要讲话精神，补齐拉长"四个短板"、扎实做好"六项重点工作"，以优化营商环境为基础，全面深化改革。辽宁省在提供精彩纷呈的旅游品牌产品的同时，不断完善监管机制，进一步提高治理能力，建立健全市场监管政策法规、标准规范。强化对营商环境的监管，发现、研究旅游品牌上存在的问题，总结经验，掌握监管要点并分析借鉴各地成功的旅游品牌案例，通过各部门的相互配合、通力合作，不断优化和加强行政执法，运用各类监管手段，为保障省内旅游营商环境安全作出了较大贡献。通过净化治安，辽宁省维护了健康的旅游环境，不仅确保了省内旅游品牌的安全，也提高了游客的愉悦感及安全感，促进了省内旅游品牌的发展。

三 辽宁旅游品牌发展存在的问题

（一）形象模糊，各地发展不均衡

辽宁省内各个县市都有自己独特的旅游品牌名片，但由于区位、质量、管理、经济水平等因素的差异，各地区的旅游发展步调差异较大，旅游品牌的知名度也有高有低。人们熟知的旅游品牌有沈阳的"一朝发祥地，两代帝王都"、大连的"浪漫之都"、鞍山的"共和国钢都"，但营口的旅游品牌名片"关外上海"却很少有人知道，锦州、辽阳等地的旅游品牌名片更是鲜为人知。各个县市品牌名片内容的混杂、形式种类的繁多，容易让人眼花缭乱、难以抉择。与此同时，许多外国到访者往往更加优先考虑把沈阳、大连这样的大城市作为旅游目的地，长此以往，各个城市之间的差距便越来越大。辽宁省拥有丰富的旅游资源，但是在国内旅游人数和收入上存在不平衡的问题，大城市的旅游发展相对较好，而中小城市的旅游资源却未得到合理的开发和利用，导致当地旅游业发展滞后。这种情况也导致辽宁省各个城市旅游业的发展存在差异，进一步使辽宁省的旅游品牌失去了协调发展的步调，未能出现合作、共同发展的局面。

（二）地域特色弱，文化挖掘不够

地域特色不突出、文化挖掘不深入等是现在辽宁省旅游品牌存在的一个较大的问题。以沈阳的文化旅游品牌建设为例，在突出满族文化的同时，也可以将极具地域特色的辽菜、老边饺子、桃山白酒等融入旅游品牌建设，拓宽并延伸旅游品牌的产业链。又如锦州市的医巫闾山满族剪纸、满族民间刺绣、辽西木偶戏等，这些作为国家级非物质文化遗产代表性项目，在地域特色和文化内涵上都有着不可抗拒的艺术魅力，却没能充分地参与到当地的旅游品牌建设中，这都是因为对辽宁当地的历史文化、地域特色文化的价值认识不够，没有对其进行系统性挖掘整理。

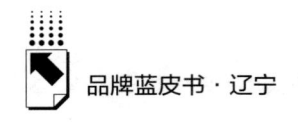

（三）产品缺乏创新，品牌特色不明显

近年来，人们的生活水平逐渐提高，对于旅游品质有了更加强烈的追求，同时，对旅游商品的要求也越来越高。辽宁旅游市场带来的旅游商品设计较为大众化，同质化严重，缺乏地域文化特色，令人感到枯燥乏味。缺乏创新性和良好使用感的旅游商品难以获得追求更好生活方式的现代人的青睐，这无疑是对旅游品牌的一种削弱。优秀的旅游品牌产品应当是实用性与文化性并存，在保留了产品本身基本的使用功能外也能注重文化的传播，这才是真正受到大众喜爱的产品，能够在带动游客消费的同时更好地宣传品牌城市。在提升旅游竞争力方面，旅游产品的开发和创新至关重要。对于辽宁省而言，应该致力于设计和制造既实用又具有观赏性，并且能够凸显地域特色的旅游品牌商品。

（四）带动效应差，可持续性不足

旅游品牌产业链的不完善、碎片化是辽宁旅游品牌长期效应不佳、可持续性差的重要原因。主要表现在两个方面，一是辽宁省内已有较大名气的旅游品牌没有充分利用自己的优势带动其周边城市旅游品牌的发展建设。二是旅游品牌产业之间的带动和可持续性不乐观，没能形成相互促进、相互发展的局面。可借鉴如北京故宫的经验，作为两个王朝的皇家宫殿是国内外游客到达北京必去打卡的一处盛景，不缺游客来访的故宫，也在跟随时代变化而寻求新的发展方向，一系列优质文创产品的诞生为品牌的推广和产业的繁荣注入新的活力，使浓厚的历史气息悄悄地走进人们的生活；又如北京环球度假区，凭借其强大吸引力、影响力，带动旅游区周围的住宿业、餐饮业、休闲服务业等提质增效，推动了京津冀地区旅游产业发展。对比辽宁的旅游品牌，这样良好的带动效应甚是少见。

（五）营销手段单一，宣传效果不佳

机械式推广和宣传的传统营销模式早已过时，现在互联网下的宣传更加

注重消费者的体验性以及与消费者的互动性。辽宁旅游品牌的营销虽有微信推广、网页宣传、线上购票等多种模式，但因其外形和内容的设计不够突出，辨识度不够明显，并不能引起显著的宣传效应。导致这种情况的还有另一个因素，就是品牌营销手段缺乏对人群的针对性，文化或年龄的不同造成了人们对旅游品牌认知的不同，根据不同人群设计出合理的营销模式也是尤为重要的。

四　辽宁旅游品牌发展的对策建议

（一）树立旅游品牌科学观念

旅游品牌的建设须以科学和创新作为发展理念，以新发展理念指引旅游业的发展。首先要保证旅游品牌的质量；其次以不断的改革创新实现品牌随市场需求而灵动变化，以此来扩大品牌的知名度，促进旅游品牌的健康可持续发展。融合产业的发展是现代旅游品牌建设的重要内容，旅游品牌产业和其他产业的携手是互利共赢的合作。它们自身在获取更大发展机会的同时，巩固了旅游品牌的形象、增强了旅游品牌的服务、提升了旅游品牌的品质、畅通了旅游品牌的销路。

（二）完善旅游品牌发展策略

旅游品牌的发展需要线下线上协调合作，实施"互联网+旅游"战略，运用数字化技术，丰富数字产品供给，重塑旅游产业链条。网络营销作为当下的热门营销手段，是旅游品牌需要重点关注并使用的营销方式，对辽宁旅游品牌进行明确的定位，突出旅游品牌的重点、亮点，在官网、微信公众号等进行有效的推广和宣传。线上推广具有便捷性和广泛性，众多消费者可以体验到衣食住行和品牌消费的一站式服务，且青年占据线上用户的较大比例，主导在线旅游消费，他们的参与可以使旅游品牌不断完善、不断创新，为旅游品牌注入新的活力，达到更好的宣传目的。当然，旅游品牌所面对的

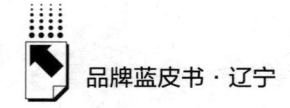

群体是多样的，要从消费者的角度出发，充分考虑不同旅游者的心理特征和行为方法，制定多元化、个性化的旅游品牌服务和发展方向。

（三）扩充旅游品牌发展优势

"冰天雪地"是辽宁的地域特色，若深入统筹挖掘，可以打造独特的旅游核心品牌。集聚开发冰雪运动、温泉运动等辽宁冬季特色业态，大胆创新，补齐冬季旅游新业态少、产品单一的短板，并依托登山节、国际滑雪节等体育赛事来提高辽宁旅游品牌的知名度，让国内外游客在冰雪氛围的旅游中体验到不一样的愉悦。同时不能局限于此，辽宁的旅游资源丰富多彩，蕴含自然特色、人文气息的旅游优势还有很多，要充分利用其各自的特色，设计属于它们的旅游品牌名片，以提高旅游品牌的知名度，同时各个旅游品牌相互促进、共同发展。

（四）注重旅游品牌发展平衡

辽宁省内各个县市的旅游品牌建设发展存在失衡的问题。沈阳依托辽宁省会的身份，在资源和发展机会上都占有较大优势，打造了具有区域特色的旅游品牌。拥有"浪漫之都"美丽称号的大连，成为沿海城市中"气质好、形象佳"的代表，并依靠"浪漫之都"的影响力，每年都吸引了大量国内外游客蜂拥而至。在这种对比中，其他城市的旅游品牌建设就并不那么完善了，作为东北老工业基地，辽宁省应注重和发挥这一优势，让品牌效应好的城市与品牌效应差的城市相互合作，实现区域合作发展，达成合作共赢的局面，以此打破旅游品牌建设发展不平衡的状态。

（五）增强旅游品牌发展动力

大力支持信誉好、服务完善的旅游公司及旅行社的发展，鼓励它们扩展发展领域、实现跨地区服务。鼓励拥有自己发展特色的旅游企业带动非专业的旅游品牌，实现带动发展策略。把拥有自主知识产权与拥有民族品牌的旅游企业做强，给辽宁旅游品牌带来发展动力。完善对外合作机制，发挥辽宁沿海沿边优势，统筹国内国际两个市场，形成旅游对外开放新格局，实现旅游品牌市场的开拓，加深国内外游客对辽宁旅游品牌的了解。

（六）拓展旅游品牌发展空间

旅游品牌建设的发展空间需要进一步完善。如老年旅游，近些年，老年人旅游市场越来越受欢迎，这就需要根据老年人的生活特点、心理需要以及消费喜好，设计出能与之对应的休闲养生及度假品牌产品和旅游路线，并制定出一些相应的品牌优惠政策，增强对老年人群的吸引力。旅游品牌建设的发展空间还很大，比如红色旅游、季节旅游、主题旅游，在制定旅游项目时，应该突出它们的特点，避免庸俗化和艳俗化，实现旅游品牌建设的多样化。

（七）优化旅游品牌发展环境

旅游品牌的建设和发展需要良好的市场环境，优化市场环境、加强诚信建设是旅游品牌市场建设的首要任务。深化旅游综合执法改革，推动旅游治理体系和治理能力现代化，建设统一开放、竞争有序的现代旅游市场体系。树立行业规范，引导企业诚信经营，注重从业人员的诚信记录，并对严重违法企业实行严肃处理，以对其他企业起到警戒作用。旅游品牌环境的建设需要在方方面面作出努力，这其中也包括对导游和商家的监督，严厉打击旅游合同欺诈、旅游经营不规范行为，对"黑导游""黑商家"也要依法进行处置，从而建立良好的品牌形象。

（八）提升旅游品牌发展形象

旅游品牌的优良形象是其实现长久发展的重要条件，景区服务人员作为旅游品牌推广的执行者，他们的素质和服务水平直接关系到品牌的形象问题。要时常举办有关专业素质的培训和学习竞赛，促进景区品牌整体形象的美化。旅游基础设施的建设需要规范化、完善化，诸如一些咨询窗口、标识牌、标识语等应做到整体统一和清晰明确。还应注意与游客的互动，畅通线上线下旅游投诉渠道，让游客通过多种渠道提出宝贵意见，虚心接受游客的批评，针对存在的问题给出解决方案，尽力为旅客提供更全面的服务，提升游客对品牌的好感度，从而完善旅游品牌的建设。旅游品牌的建设需要新的思想、新的力量，应加强高等院校与优秀企业的合作，加强创新型、应用型、技能型、管理型旅游人才引进，鼓励专家学者及大学生等踊跃提出想法和意见，为辽宁旅游品牌的建设贡献自己的力量，促进辽宁旅游品牌的创新发展。

五　辽宁旅游品牌发展展望

辽宁旅游品牌发展要坚持改革创新，不断解放思想，深化改革，勇于创新，坚决破除体制机制障碍，大力推进科技创新、制度创新、业态创新、模式创新，尊重企业市场主体地位，推动有效市场和有为政府更好结合，以改革激发旅游业内生动力，以创新释放旅游业发展活力，坚持以人为本、开放引领、融合发展、协调推进。2023年辽宁省将努力做好省内各大推广活动，既要推出省内旅游品牌，如辽宁省艺术节、"全国旅游日"等。也要深化旅游品牌主体功能区的建设工作，引导旅游产业要素集聚，完善服务功能，促进旅游业的高质量发展。综上，辽宁省将竭尽全力地做好文化和旅游领域的"十四五"规划，形成"一盘棋"格局，深入实施东北振兴战略，着眼于建设旅游强省，不断推进旅游业恢复性增长和高质量发展，实现辽宁全面振兴、全方位振兴新突破。

参考文献

辽宁省文化交流协会、辽宁省旅游局：《辽宁文化旅游》，辽宁人民出版社，2016。

B.8 辽宁健康产业品牌发展报告

严加高 修 竹*

摘 要: "十四五"期间,在"健康中国"战略指导下,辽宁立足于人口老年化基本省情,进行"健康辽宁"总体部署,出台深化医药医疗改革、医疗服务、医药医保、数字医疗等方面的政策文件,全面引导健康产业标准化、品牌化发展。健康产业品牌溢价率得到显现,为健康产业相关产品与服务注入生命力,健康产业品牌建设效果显著,品牌化发展正成为辽宁健康产业相关企业存在和延续的重要途径。辽宁省不断打造健康产业高质量发展的良好氛围。

关键词: 健康中国 健康辽宁 健康产业品牌 品牌化

一 健康产业品牌发展的意义

"十四五"期间,在良好的经济发展态势下,人民收入水平不断提高,对健康消费需求快速增加。在此背景下,党中央提出"健康中国"的发展战略,全面提升人民的健康指数。辽宁省健康产业向标准化、品牌化发展,不断促进辽宁省健康产业的高质量发展。

---

* 严加高,辽宁社会科学院社会学研究所副研究员,研究方向为健康产业、品牌建设等;修竹,大象营养供应链管理有限公司副总经理、商学院院长。

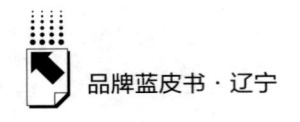

（一）品牌是健康产业关联企业存在与发展的灵魂

健康产业客户群体服务于生命健康，对提供相关产品与服务的企业可信赖度要求极高。企业开发、建立、推广品牌投入的人力、财力、物力展现了企业的实力，产生的社会效益、形成的品牌价值、产品的市场占有率与品牌的知名度密切相关。同时，健康产业对提供产品与服务的企业规模、社会责任、标准化、品牌化有较为严格的考量。企业与客户群体建立信任度，最佳渠道是建立品牌价值，若只有产品与服务，没有品牌，或者是贴牌、挂靠，即使取得眼前一些小利也不能长远。扎实做好产品的标准化生产加工、不断提高质量、形成品牌溢价率，就等于为企业的后期发展开辟了一条"高速公路"。建设发展品牌、提高企业知名度能够有效增强企业生命力，在市场中形成较高占有率。所以建设并发展健康产业品牌，是有力把握当前医疗设备从国产替代走向全球、促进健康产业高质量发展的关键所在。

（二）健康产业品牌建设有利于提升市场竞争力

企业的发展历程基本上可以分为三个层次，打价格战是最基础的；通过提升产品的质量来赢得市场是比较高的层次，关键的环节能够有绝对高的质量来说服用户、取得信任、拿到订单；企业通过自身的品牌溢价率来赢得市场才是王道，通过企业品牌溢价率与客户建立信任关系、形成长远合作，当前健康产业关联的企业在品牌建设方面投入不断增加，企业在产品研发、生产加工、市场营销、售后服务等环节注重标准化建设，其利润得到提升。品牌能够为企业在市场竞争中赢得绝对优势。

（三）品牌对客户有很强的吸引力

客户在招标采购过程中，对于有品牌的健康产业产品不仅在质量上认为有保证，而且在心理上有安全感，其核心需求得到满足。健康产业品牌影响力代表着安全有保障的承诺，代表着产品质量标准符合要求，代表着售后服务有保障。对于与健康产业关联度高的企业来说，产品质量与品牌的信誉是市场竞争的实力表达，企业的品牌代表着产品在行业中的地位，意味着产品售后服务质量有保障，企业文化表达最有效的渠道就是加强品牌建设，高质量的客户更注重的是企业的品牌影响力。

二 辽宁健康产业品牌建设情况

与健康产业相关联的品牌建设是一个长期的发展过程，需要从高质量发展、标准化发展、数字化发展上下功夫，辽宁省高度重视健康产业品牌化发展，深化供给侧结构性改革，积极推动辽宁省健康产业深刻变革。

（一）新时代辽宁健康产业品牌发展势头良好

进入新时代，辽宁省人民生活水平明显提高，为不断满足人民对健康产品和服务的更高质量需求，健康产业在提升质量的同时，注重企业的品牌建设与发展，比如，在健康饮食方面，人们对食品的要求已从满足温饱逐渐过渡到满足健康，通过食品品牌来识别是否健康产品，是很多消费者自然的选择；比如，在健身器材选择上，考虑到安全因素，消费者更多地选择品牌知名度较高的产品，企业在建设品牌的同时，其销售业绩也明显提升，形成了良性循环。发达国家人均用于健康保健投入的花费比我国要高很多，我国的健康产业拥有很大的发展空间，健康产业本身是一个持续走强的优势产业，辽宁健康产业品牌建设在这种前景下应运而生，健康产业高质量发展的总体要求助推品牌发展。

（二）"健康辽宁"行动推进健康产业品牌建设

2019年，为贯彻落实"健康中国"行动方案，辽宁实施"健康辽宁"行动，辽宁省委省政府印发了《健康辽宁行动实施方案》，分析影响人民健康的重要因素，紧盯预防医学及健康发展两个方面，推出19项行动举措，通过改善人民的生活方式、生活环境，实现不生病或少生病的目标，专门成立"健康辽宁行动推进委员会"，对19项行动进行再落实，2021年，健康辽宁行动推进委员会办公室制定了《健康辽宁行动2021年重点工作计划》，对19个专项行动方案进行具体的安排与部署，积极发展了健康产业品牌，品牌建设的重要性得到了前所未有的重视，特别是在开展老年健康促进行动中，辽宁注重开展健康产业品牌的宣传，组织医养结合有品牌影响力的机构提供高质量的服务，在健康场所基础设施建设过程中对总包单位提出健康器械采购中要有国内品牌影响力的硬性要求，在创建健康素养、健康饮食促进行动项目中不断引导群众对食品采购要有品牌观念，为了提升广大居民的健康素养，广泛开展全民健身项目，不断推出"攀登辽宁"和"冰雪辽宁"等十大健身系列品牌活动，在丰富和拓展全民健身活动形式及内容上提升品牌意识，在品牌的建设环境中强化部门间的合作与配合，特别是卫生健康和市场监管等行政部门对标准化和品牌化进行监督指导，严肃依法查处不达标的校园食品卫生违法行为，强化学校食品品牌建设，提升安全水平和传染病防控能力。

（三）数字辽宁促进健康产业品牌发展

辽宁积极响应数字中国建设目标，对标国务院印发《"十四五"数字经济发展规划》，深刻认识农业经济和工业经济发展到一定程度之后，以大数据共享为基础的新经济形态即数字经济，将成为辽宁"十四五"期间经济社会发展新动能，数字经济发展全面促进了辽宁健康产业高质量发展，后疫情时代，辽宁健康产业数字化快速发展，有效的健康数据采集、高质量的健康数据治理为健康产业发展提供精准导向，促进健康产业更快更好的发展，全方位全周期满足人民对健康服务的新需求，加快健康辽宁建设步伐，在经济社会及民生领域起到举足轻重的作用，对辽宁经济社会发展意义重大、影响深远。立足辽宁进入人口老年化实际情况，满足人民对数字化健康服务不断增加需求，明确健康产业数字化发展的核心要素是数据资源，健康产业信息化主要载体是互联网信息，辽宁通过信息与通信技术的融合运用对健康产业数字化转型形成推动力量，促进健康产业数字化、信息化、品牌化稳步发展，实现健康产业产能明显提高，不断优化健康产业市场公平竞争环境。疫情期间，辽宁健康产业品牌化发展受到前所未有的重视，省委省政府高度重视健康产业品牌化对疫情防控起到的积极作用，指导协调省卫生健康委联同疾控中心、公安、交通等部门建成并迅速开通"辽事通""盛事通"App，对接"国务院行程卡"，实现个人疫情健康风险排查、新冠疫苗接种凭证、核酸检测证明等健康数据信息的采集和治理，形成辽事通健康码，开通健康通行码，并通过广播、电视、抖音等媒体融合进行宣传，为全省疫情防控各项措施落地起到了关键性的作用。辽宁相关职能部门的积极作为使得健康产业品牌化发展反作用于"数字辽宁"建设，实现健康产业品牌化跨行业发展，形成了强大的内生动力，为辽宁健康产业信息化发展打下了坚实基础，有效提升了社会资源合理化配置水平，优化了全省医疗行业服务流程，增强了公共卫生事业的管理效能。健康产业品牌化发展正在为辽宁经济社会高质量发展注入强大的新动能。

三 辽宁健康产业品牌发展存在的问题

健康产业品牌建设关系着生命健康事业的发展，健康产业的产品质量与效果直接影响"健康辽宁"战略规划的实施效果，应当全面梳理辽宁省健康产业品牌化发展存在的深层次问题，积极回应公众和社会对辽宁省健康产业品牌的需求。

（一）与国内外发达地区比存在发展空间

近年来，西方发达国家对健康产业的品牌化发展比较重视，品牌发展的速度很快，特别是美国，在健康产业品牌化发展上有了很多的经验做法，进入21世纪以来，亚洲地区的一些国家也开始注重健康产业品牌建设，发展比较快的如日本、韩国、新加坡等国家。我国东南沿海地区如广东、江苏、浙江、上海等开始打造健康产业相关企业的品牌形象，然而辽宁健康产业标准化、品牌化发展受到企业规模、核心技术等不利因素影响，总体处于全国较低水平，健康产业品牌化发展仍处于发展阶段，有很大的发展空间。

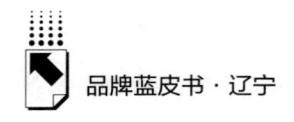

（二）品牌化发展缺乏核心竞争力

辽宁健康产业在品牌化发展方面核心竞争力有待提升，健康产业呈现分散状态，在机构上和规模上不利于标准化发展，企业基本上以单打独斗的形式存在，产品趋同现象明显，企业很难形成核心竞争力，然而健康产业的品牌化建设要求企业具有相关领域的独特的技术创新，而辽宁省健康产业相关企业以仿制品生产为主，企业利润很难提升，不利于形成高质量、高标准、数字化的良性发展模式。

（三）行业细分领域发展难度大

后疫情时代，辽宁积极推进产业链的细分工程，由于行业的特殊，健康产业细分起来需要很多行政主管部门大力配合，然而辽宁在健康管理服务、养老护理服务、慢病康复、医疗器械智能化、疾控医学、辅助生殖等品牌化发展方面行动缓慢。品牌化发展在细分领域市场所占份额还很低，产业细分领域标准化应用程度不高，不利于企业精准对标客户需求，行业内存在重复基础性研究，增加了科研开发成本，不利于企业在细分行业发展过程中集中精力研发并孵化核心技术、提升市场竞争力，不利于企业实现非核心技术市场化采购、核心技术自主化研发的良性循环。辽宁健康产业细分领域品牌化发展有很大的提升空间。

四 辽宁健康产业品牌发展的对策建议

抓住"双循环"发展机遇，厘清发展思路，充分挖掘健康产业全产业链高质量发展的内生动力，加快健康产业品牌建设与发展，积极引导医疗服务、医疗器械、体育产品、康养等产业标准化、品牌化发展，是确保高标准实现健康辽宁战略的重要途径。

（一）全面推进健康产业品牌化发展

健康产业品牌建设要从治疗服务领域延伸到预防服务领域，在健康产业数字化发展方面找到新突破口,在建设居民健康档案数字化数据库领域推进辽宁省特色品牌产品发展,引领辽宁省健康管理服务品牌化快速发展。为信息化精准筛查、体检、诊断及后期精准治疗开拓健康产业品牌化发展新渠道。5G 网络为线上精准医疗提供了稳定网络信号,对标建设健康产业大数据信息中心,为分析致病因素降低误诊率、功能医学检测研究提供了品牌化精准信息,形成患者电子病历,及时完整地储存并链接国家大健康数据库。建成癌症、心脑血管、传染性疾病等重大疑难疾病的全国线上会诊平台。完善线上线下一体的产业链。全面推进品牌化发展,推动标准的智能技术在全省医疗机构广泛运用,加强辽宁省品牌的线上线下信息化共享平台及数据库的基础设施建设,进一步完善"互联网+医疗"品牌化医疗设备在信息采集与存储的配套建设,重视产业与信息技术的协调管理。促进标准医疗健康平台建设,推进品牌价值企业的沟通互动,加强合作企业之间联动管理的品牌化建设,增强各行政管理部门与医疗健康行业间组织机构品牌观念,把保障健康产业品牌发展与新基建项目绩效评估相关联。

(二)加强人才队伍建设

近两年来,健康产业标准化医疗服务链、信息化创新链、有效供给价值链等分工格局和运行逻辑正在发生颠覆性变化,行业内规则体系、竞争范式正在发生深刻变革。品牌发展时代,健康产业迈向品牌价值链高端的关键是专业人才的储备与使用,制定引进及培养健康产业品牌化专业人才制度意义重大,一方面,重点要突破健康产业的细分领域品牌建设,用专业人才优化健康产业标准化产业结构,细分健康产业品牌发展,重点引进人口老龄化、疾病普遍化、公共卫生管理常态化等方面专业人才,省内高校应当成立健康医疗品牌研究院,培养相关人才,在采集运用新发传染性疾病、慢性非遗传疾病、老龄人口健康管理等信息化方面形成人力资源梯队优势,为全面实现健康辽宁建设、促进辽宁健康产业品牌化发展提供人才支持。另一方面,健全健康产业链,用专业的人才全面提升线上医疗服务水平,建强县、乡、村基层标准化医疗卫生队伍,针对防控疫情过程中暴露出基础医疗队伍从业人员数量不足、专业化素质不高却要承担大量工作的问题，建立健全基层标准化公共卫生网络体系，全面建强基层医疗卫生队伍，制定全省医疗卫生人才到基层服务的流动机制，促进医疗卫生人才下沉到艰苦偏远地区工作，加快医联体、医共体品牌建设步伐，提升基层医疗标准化发展水平，引导基层医疗卫生机构从业人员标准化发展观念。

（三）提升健康产业品牌核心竞争力

一方面，立足辽宁省人口老龄化这一基本省情，重点打造老年人用品的标准化品牌化发展的路径，在养老营养食品发展方面有新的突破，结合沈阳大象集团的特医营养成功做法，在医师的指导下促进医食同源的品牌化建设。另一方面，根据辽宁省的地理优势进行健康文旅的标准化建设，发展第一、第二、第三产业相融合的健康旅游产品核心竞争力。另外，疫情发生以来，辽宁省生物医药产业发展比较快，应当加大力度扶持一些领军企业，政府在企业引进人才方面给予支持，在人才队伍的建设方面多作为，主动到全国有关生命科学的院校、科研机构宣讲人才引进政策，鼓励有实力的企业精准转化科学家/生物医药相关国家自然基金会立项科研成果，向科学技术要产出，特别是肿瘤特效治疗药物、心脑血管方面新开发产品、呼吸道感染及艾滋病等传染性强的疾病疫苗研发，政府的金融部门应当主动作为，拓宽企业的融资渠道，为企业引进资金提供应有的服务和支持。

专 题 篇

B.9 辽宁医院品牌发展报告

李晓萌[**]

摘 要： 习近平总书记在党的二十大报告中提出，推进健康中国建设，把保障人民健康放在优先发展的战略位置，完善人民健康促进政策。2019年，辽宁将把健康辽宁建设引向深入，围绕健康辽宁"十大行动"和公民主要健康指标，在加快建立健康辽宁评价指标体系的同时，创新发展"互联网+医疗健康"服务。医疗服务品牌作为一种高价值的无形资产，对提升医疗服务社会价值、质量和市场竞争力具有重要战略作用和意义。

关键词： 医院 品牌 辽宁

党的十八大以来，我国积极推动从"以治病为中心"向"以人民健康

---

[*] 本文如果没有特殊说明，数据均来自国家统计局。
[**] 李晓萌，辽宁社会科学院科研成果推广转化中心副研究员，研究方向为卫生事业管理。

为中心"转变，着力解决群众看病难、看病贵的问题，彰显了中国特色基本医疗卫生制度的优势和活力。2019年12月，辽宁省政府印发《健康辽宁行动实施方案》，这是指导辽宁省未来十余年疾病预防和健康促进的重要文件。该方案聚焦全省当前主要健康问题和影响因素，围绕疾病预防和健康促进两大核心综合施策，促进"以治病为中心"向"以人民健康为中心"转变，努力使群众不生病、少生病，延长健康寿命，提高生活质量。该方案明确四方面共19个专项行动。一是从健康知识普及、合理膳食、全民健身等方面综合施策，全方位干预健康影响因素；二是关注妇幼、中小学生、老年人等重点人群，维护全生命周期健康；三是针对心脑血管疾病、癌症、慢性呼吸系统疾病、糖尿病四类慢性病以及传染病、地方病，加强重大疾病防控；四是通过完善中医药服务体系、整合服务资源、推进健康信息化等方式，优化健康服务。按照方案实施战略，当前健康辽宁建设仍面临着人口老龄化加速和疾病谱变化、"三医联动"改革滞后、健康领域投入不足、环境污染和食品安全问题形势仍然严峻等挑战，从而需要综合治理，特别是要抓住优化全民医疗保障制度、推进健康老龄化、重视疾病预防和健康管理、运用技术手段推进健康治理现代化等关键点。

一 健康辽宁战略实施现状

为贯彻落实党中央、国务院实施健康中国行动的决策部署，根据《辽宁省人民政府关于印发健康辽宁行动实施方案的通知》（辽政发〔2019〕22号）要求，2021年，健康辽宁行动推进委员会印发了《健康辽宁行动（2021-2030年）》，作为推进健康辽宁行动的中长期规划。

（一）强化卫生人才队伍建设

结合辽宁省实际，以人才数量、培养方式及就业岗位调整、职业规划等为切入点，拟定全科医生培养计划。在健康扶贫中强化医疗队伍培养，设置符合实际需求的工作岗位，并不断推进家庭医生培养签约计划。建立科学严谨的医师考试考核机制,健全医务人员培养培训制度,推动高级职称自主评审权限下放,探索建立重临床、重一线、重实绩的医务人员评价导向,拓宽职业发展空间,关心关爱医务人员身心健康,医师队伍建设取得积极成效——数量满足需求,能力得到提升,服务半径优化,实现了数量和质量"双增长"。在设置培训内容时,注重实践培养,增设全科医疗诊疗科目,在医院内设置专属全科医学科并指导基层医疗机构做好实习。在培养全科医生计划中,邀请有条件、有经验的全科医生参与指导培训过程,经考核批准后,允许全科医生在培训机构和基层医疗机构多点执业。同时,在培养过程中,拓宽全科医生执业范围。具有丰富理论基础和临床经验的全科医生进入医疗队伍后,能够优化医疗人才队伍结构、提升医疗队伍整体诊疗水平。培训合格后,鼓励全科医生签约家庭医生服务并提高签约薪酬;鼓励全科医生到基层医疗机构就业,并在职称评聘、薪酬待遇等方面给予适当调整。

(二)提升居民就医体验

为了不断提升辽宁省就医满意度,缩短就医等待时间。辽宁省以不同形式开展预约门诊项目,通过线上平台实现预约挂号。多家医院陆续建设信息平台和预约中心,线上提供查询、就医咨询、寻医问药等服务,使就医效率更高。尤其在疫情期间,实施线上巡诊挂号等方案,极大程度地缓解了群众看病难等问题。据统计,辽宁省患者就医满意度排名始终在全国名列前茅。

(三)加大大病救助力度

自2017年开始,辽宁省不断开展健康扶贫。在大病救助方面,不断扩大重大疾病救助范围,增加救助病种,并且提供便捷救助方式。通过基本医疗保险、大病医疗保险等,有效减少了贫困人口看病开支,减轻了看病负担,为贫困人口提供更便捷的看病方式和报销方式,提升了救助水平及质量。

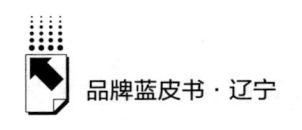

二 实施健康辽宁战略面临的挑战

（一）人口老龄化问题较为突出

党的二十大报告指出，实施积极应对人口老龄化战略。据联合国人口预测，到2050年前，我国人口结构会发生较大变化。60岁以下年龄段人口数量会减少，但60岁及以上人口数将会加速上涨，尤其是80岁及以上老年人口数量上涨幅度最大，这意味着我国即将面临较为严重的养老负担。人是重要的社会资源，也是地区发展的基础。人口增长率反映着一个地区的经济发展状况。辽宁省人口老龄化问题也较为突出，一方面，老年人多，预计支出会上涨，年轻人数量少预计向社会保障体系投入的资金会减少。在这种趋势下，社会保障体系可能会出现赤字，也容易影响整个经济社会发展。另一方面，人口老龄化问题会增加对人口照料的需求。辽宁省连年出现了人口负增长的情况，传统家庭规模也出现减小趋势，需要照料的老年人需求不断增加，难以满足。

（二）医疗卫生和医药供应体制改革仍需提速

经过医疗体制改革，尽管我国已经初步形成全民医疗保险制度并且实现全覆盖，城乡居民看病支出不断降低，看病负担大幅减轻，但医保、医疗、医药三者间联动改革仍需加速进行，三者间尚未形成有效衔接及互动。目前，医疗卫生服务体系和医疗保障体系与居民日益增长的高质量健康需求仍然存在较大差距。尤其是医保支付、医药体制流通等方面仍需优化。医疗人才队伍建设、基层医疗服务质量等方面存在的问题仍较为突出。

（三）分级诊疗制度落实力度仍需加大

尽管分级诊疗制度近年来在辽宁省已逐步实施，但在实践中仍然存在难点和堵点。一方面，辽宁省大医院医疗资源仍存在过度集中现象。大医院医疗资源仍处于绝对优势，病床数量、师资力量等都增长迅速。大医院的急速扩张，加剧了优质医疗资源聚集，对其他医疗资源形成较强的虹吸效应，也影响了居民就医选择，造成大医院看病难、小医院医疗资源闲置等状况。另一方面，基层卫生医疗机构服务能力仍需提高。据调查，辽宁省基层医疗机构与三级医院医生学历学位、职称等差距较大，乡镇卫生医疗机构医生普遍学历不高，进修机会较少。考虑到医疗安全、医疗设备和备药短缺等方面因素，基层卫生医疗机构积极性不高，不主动或不具备较强能力接诊病症较复杂或者病情较重的患者。很多居民对基层卫生医疗机构也存在顾虑，导致任何症状或就医需求都会跳过基层卫生医疗机构，选择距离较远、就医不方便的大医院就诊。尽管家庭医生签约制度近年来逐步推行，但实施率不高，实施效果不够好，全科医生数量不足。

此外，由于分级诊疗中疾病分类标准不够明确，转诊规范和标准也不够完善，双向转诊难以实现。即便实施双向转诊，专家信息对接、床位信息对接等问题也难以有效解决。各医疗机构间缺少联合、协同等明确规范和机制，没有真正形成紧密的服务协作关系。医疗信息共享机制也不够健全。辽宁省各级医疗机构信息系统相对独立，患者医疗健康信息无法得到有效共享，甚至医院之间的健康与疾病结果也不互认，导致患者重复检查等医疗资源浪费。特别是基层卫生医疗机构的信息化基础薄弱，转诊过程中信息难以有效对接，可能延误转诊与治疗。

三　健康辽宁战略下医院品牌发展

卫生医疗品牌是指民众对医院医疗技术、医疗服务、就医体验等感受，由此产生的健康托付信任。医院应该加大实施品牌建设，在民众心中建立技术过硬、服务到位的品牌形象。

（一）技术品牌

卫生医疗品牌建设的主要基础是技术品牌。通过高水平的医疗质量在民众心中树立医疗技术优势，确立良好口碑，使患者对卫生服务质量认可并信

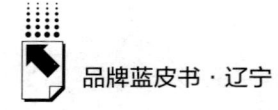

任。卫生医疗技术品牌的定位是多方面的，包括引领学科的诊断治疗技术、解决复杂病症的综合能力；在学科建设、学术研究中的影响力，医疗服务、服务覆盖面、临床诊断及治疗等方面综合能力。同时，在治疗同类型病种上具备质量和价格优势。

（二）服务品牌

卫生医疗服务品牌是指在符合医疗规范的基础上，在服务范围、服务方式和服务形象等方面应有特色，使就医民众就医体验得到提升。在卫生医疗技术产品趋向同质的形势下，在保障卫生医疗技术的基础上，民众对卫生医疗服务需求不断提升，从单一的以疾病治疗和技术需求为主的就医导向，逐步转向重视就医感受、医疗环境、医疗流程等医疗服务。便捷有效的医疗场所和就医流程，可以使医院在品牌建设中具有优势。例如，构建便捷的线上就医平台，运用网络预约挂号、手机预约门诊等多种就医方式；建立患者出院后健康随访的服务体系；增加医生与患者间的沟通等，是增强服务能力、扩大服务范围的重要内容。

（三）文化品牌

卫生医疗文化品牌是指医疗机构根据成立历史或在发展中所建立和形成的具有独特标志的医疗文化，是医院自身价值观和行为方式的具体体现。具备特色的医疗机构能为医护人员提供强大的组织支持感，增强医护人员职业幸福感，增强医护人员的使命感和责任感。医护人员工作性质特殊，承受了工作压力，其身心健康也不容忽视。卫生医疗机构在建立文化品牌中，应增强医护人员恢复体验，有效引领医护人员树立健康的工作心态和工作态度，引导医护人员积极面对工作压力，释放工作压力并能更好地投入实际工作中去，为患者提供更优质的医疗服务。

（四）品牌导入

品牌建设中的品牌导入是指通过一定的识别特征和行为实施，在社会公众心目中树立医院独有的品牌形象。品牌特色的建立主要包括卫生医疗机构主要标志、标语等，并在公众宣传中格式化、规范化和形象化。品牌识别特征应能够鲜明地反映卫生医疗机构的核心价值观，应以强大的亲和力、高度负责的医疗机构形象在社会民众中树立品牌。在品牌识别特征的设计中，既要充分发挥广大员工的参与积极性，共同为医院的品牌设计出谋划策，又要借鉴专业形象设计公司的理念，形成医院独特的品牌识别特征。良好的构思和组织活动可以非常有效地在社会公众心目中导入医院的品牌形象，如医院在门急诊区域张贴所举办的各种学术会议海报，可使公众认识到医院在该技术领域所具有的实力；在健康宣传日、节庆活动中开展为民健康服务项目，让公众更多地体验到医院服务的延伸；适当的媒体宣传可以有效地让公众了解医院的技术特色和具有专长的医务人员；收集社会对医院服务的反馈信息，听取批评意见和建议，树立不断改进的真诚可信的形象等。

（五）品牌维护

在树立卫生医疗机构品牌后，还应注重品牌的保持度和持续度，应确保医疗卫生机构品牌能够持续地树立在民众心中。在医疗技术质量和医疗服务质量上不断追求进步，即便品牌形象已经树立，也应不断提高技术和服务质量。卫生医疗机构应当在医疗技术方面不断探索创新、加强学术研讨和研究，一旦开展复杂病症治疗或创新诊疗手段等，就应及时宣传成功案例。在持续维护品牌形象中，应积极处理好医患关系、医疗设施故障等应急非医疗事件。面对患者提出的诉求和意见，卫生医疗机构应及时出面表明态度、积极解决，在民众心中树立良好的、值得信赖的卫生医疗机构品牌形象。

四 提升辽宁省医疗服务品牌竞争力

（一）提升核心竞争力

卫生医疗机构品牌建设的目的是提升卫生医疗机构的信任度和知名

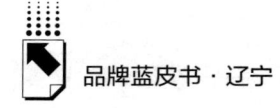

度。卫生医疗机构品牌建设会受到医疗技术、医疗服务、医疗理念等因素影响。卫生医疗机构品牌建设应当顺应民众需求，具有不可替代的特色并应不断完善改进。在建设卫生医疗机构品牌的同时，医院在技术、服务和管理等方面的水平才能不断提升，形成独特的品牌，不断适应民众的就医需求。

（二）增强医院公信力

医患纠纷等医疗事件频频发生，极大地影响了医生与病人之间的信任，影响了医护人员在公众心中的形象及公信度，也导致部分卫生医疗机构医护人员职业幸福感下降。因此，卫生医疗机构应从医疗环境和服务能力等方面提升就医体验，提升卫生医疗机构在公众心中的公信力度。

（三）增强医院凝聚力

卫生医疗机构凝聚力是卫生医疗机构文化理念和价值观念的集中表现，更是医院品牌建设的重要标志。由于卫生医疗机构的公益性，卫生医疗机构应从不同方面调动和调节医护人员工作积极性，关注医护人员身心健康和工作压力的恢复体验。必须确保医护人员在工作中以饱满的状态面对复杂病症，面对患者的各类需求提供令公众满意的医疗服务。

五 提升辽宁省医疗服务品牌的路径探析

（一）不断提升医疗服务质量，扩大服务范围

医疗行业是一个特殊的服务行业，其特殊性体现为技术含量高、人文含量高。也就是说，医疗是一个高技术、高风险、高奉献、高情感的服务行业。服务体现价值，服务创造价值。服务是医疗的本质，也是医疗的灵魂。时代在变，患者的需求在变，医院也要适应新变化，不断提升服务品质。

（二）不断提升民众就医体验感

提升就医体验感，医生是主力军。医护人员工作性质特殊，具有风险和压力。目前，医生多点执业和自由执业正在推进，医生个人品牌的价值将日益凸显。谁的技术水平高、服务态度好，谁的口碑就好，上门求医的患者就多。对于技术水平，患者未必能有一致评价。但是，对于服务态度，患者的评价标准基本一致。一位医生如果从细微之处关爱患者，让患者在就医过程中感受到温暖，他的人气指数就会越来越高。无论走到哪里，都会自带"光环"和"流量"，得到患者的认可和尊重。

要坚持"人性化服务"的原则，从细微处着手，持续不断地改进服务流程，改善就诊环境，方便病人就医，要温馨而亲切。人性化服务的目的就是为病人提供优质高效的服务，密切医患关系，缩短住院日，加快病人康复，提升医院在广大患者心中的声誉，树立良好的整体形象和社会形象。

（三）不断提升卫生医疗机构管理能力

门诊是展示医院文化最重要的窗口，加强人文关怀首先要从门诊入手。就以我国医疗机构普遍采用的门诊就诊制度和专家门诊制度来说，初衷是规范医院的服务秩序，为病人就医提供自主选择的权利。但是医疗服务和其他服务相比有其特殊性，病人由于医学知识的缺乏及对医学发展本身了解的局限性，只看医院对专家的介绍，很难判断哪位专家是适合自己的专家。因此，医院有责任为病人提供合适的专家。据调查，辽宁省医院专家的门诊量一般一天在30~40人次，以每天工作7小时计算，一位专家处置一位病人的时间不足10分钟。病人经过挂号、排队等漫长等待之后，短短的10分钟就结束了整个诊断过程，许多患者对此心有不满。医生在这么短的时间内也很难对病人的生理、心理等诸多因素进行详细而系统的了解。第一，从挂号制度的改革做起，病人到达医院之后，首先接触到的不应该是挂号室工作人员，而应该是初诊室的医务人员，由医务人员了解病人的基本情况之后，帮助病人确定就诊的科室和是否需要专家门诊,如果需要由专家处理,要帮助病人选择擅长诊治此类疾病的专家。第二,逐步改革现阶段专家门诊制度,从时间上保证每一位患者得到足够的诊疗时间。一般来说,对一位初诊病人的问诊及体格检查工作,在医疗活动中占有极其重要的位置。除了要了解病人的发病情况、用药情况等客观因素外,还要了解病人的感觉、精神状态等主观因素,要让病人把自己的感受完整地表达出来,而这一工作过程的完成,一般需要20分钟左右的时间。因此,我们必须在制度上做出明确规定,保证每一位患者的医疗权益得到保障。第三,实行"一站式"服务。作为病人,大多数人都经历过医院内迷宫式的科室分布,无论门诊还是病房,病人从踏入医院大门的第一刻起,就被诸如找不着CT室、化验室、超声诊断室等事情而烦恼,在病人忍受病痛折磨承受着巨大心理压力的同时,病人的家属还要被这些事情所困扰,从而引起患者和家属的不满。现在有的医院设立了专职导医,但这项工作只是为了医院的形象,还没有真正站在病人角度着想。因此,在这方面,医院可以借鉴政府机关的改革经验,为病人提供"一站式"服务,从病人进入医院大门的那一刻起,担负起自己的服务职责,真正为病人解除求医的后顾之忧。

(四)不断关注医护人员身心健康

卫生医疗机构应结合实际,创新医院文化建设理念,围绕医院中心工作,通过开展各种健康向上的文体活动,活跃职工文化生活,提升职工文化素质。条件成熟可以成立小乐队、宣传队、各种体育运动队等,增加内外交流,推介医院文化品牌。经常组织开展一些读书活动、科技活动、质量竞赛活动、书法摄影等艺术活动、学习精神活动等,逐步加强职工文化修养,提炼医院文化精神。要创造条件,大力培养职工爱学习、勤学习、善学习的良好习惯,努力建设学习型医院,使广大职工在学习中成长、在学习中进步、在学习中受益,以学习促发展、以学习增内涵,从而把全院职工凝聚在一起,为实现医院的宏伟蓝图积淀丰富的文化内涵和驱动力。

参考文献

习近平:《决胜全面建成小康社会 夺取新时代中国特色社会主义伟大胜利——在中国共产党第十九次全国代表大会上的报告》,人民出版社,2017。

郑功成:《社会保障与国家治理的历史逻辑及未来选择》,《社会保障评论》2017年第1期。

World Health Organization, Constitution of the World Health Organization, 1995.

B.10
辽宁医用食品品牌发展报告

杨 恚 李艾霖 金成博*

摘　要： 随着"健康中国"战略的实施和社会发展步入老龄化，我国特殊医学用途配方食品［以下简称"医用食品"，包含特医食品、特膳食品（功能食品）、中药食品］产业已进入飞速发展时期，市场对于医用食品的消费需求在逐步扩大。辽宁省医用食品品牌在临床营养机构中的布局已初见成效，头部企业集聚效应凸显，在国内已形成引领优势，但还存在医用食品流通渠道不畅、体制机制不完善、政策解读障碍、行业认知不足、人才短缺等现象，未来应从完善服务政策、加快医用食品科技创新平台建设、加强市场监督管理、健全医用食品市场营销体系、强化研发投入与产学研销协同创新、夯实专业人才队伍建设与培养等途径入手，切实推动辽宁医用食品品牌健康发展。

关键词： 医用食品　营养康复　品牌建设　辽宁

国务院办公厅印发的《国民营养计划（2017—2030年）》指出："营养是人类维持生命、生长发育和健康的重要物质基础，国民营养事关国民素质提高和经济社会发展。"品牌是指消费者对产品及产品系列的认知程度，品牌不仅具有经济价值，而且还有社会价值和实用价值，它是一种人们在思想上认可的、行动上追求的、理论上抽象的商品加持，是对一个商品全面综

---

* 杨恚，大象营养供应链管理有限公司董事长，高级工程师；李艾霖，大象营养供应链管理有限公司副总经理，学术资源部长；金成博，大象营养供应链管理有限公司市场部经理。

合的归纳，是消费者与商品之间建立起来的指向标。品牌建设具有长期性特征。把医用食品产业认定为朝阳产业是医用行业品牌化的重要标志，是推动医用食品产业整个供应链标准化、专业化的有力抓手，也是推动医用食品在供应链下游临床医疗机构内合理、合法、合规运营的重要体现。

党中央、国务院高度重视营养健康和营养治疗工作，早在党的十九大报告中已经将"实施健康中国战略"作为国家发展基本方略中的重要内容。"健康中国"体现了以人为本的发展方向，是治国理念和治国目标的升华。健康是最大的生产力，健康产业是巨大的民生产业；"健康中国"建设关系到社会的和谐与稳定，国民健康不仅是一个民生问题，也是一个重大的政治、经济和社会问题，具有重大的战略意义。2016年10月，中共中央、国务院印发的《"健康中国2030"规划纲要》中提出"实施临床营养二预"的战略方针；2017年6月，国务院办公厅印发《国民营养计划（2017—2030年）》给出"推动特医食品和治疗膳食的规范化应用"和"营养筛查、评估、诊疗和治疗"等指导意见；2018年8月，国家卫健委与国家市场监督管理总局联合发文《特殊医学用途配方食品临床应用规范》，指出"特医食品处方要由医师或临床营养师进行开具和审核，同时特医食品必须在医生或临床营养师指导下食用"等具体操作指南；2022年3月，国家卫健委印发《临床营养科建设与管理指南（试行）》，给出了"二级以上综合医院及肿瘤等专科医院，逐步建立规范化的临床营养科"等指导意见。

为了推进《国民营养计划（2017—2030年）》的落地实施，2019年，辽宁省政府出台《健康辽宁行动实施方案》，明确要求"贯彻实施《国民营养计划（2017—2030年）》"，并将"全面推进健康辽宁建设"列入辽宁省"十四五"规划，在辽宁省2022年的政府工作报告、十三届党代会都明确指出"健康中国，健康辽宁"的指导建议。国家卫健委印发《关于临床营养科建设与管理指南（试行）的通知》后，辽宁省卫健委要求省内医院参照指南要求开展营养建设工作，标志着辽宁省乃至我国医疗新时代即"营养康复时代"的开启。

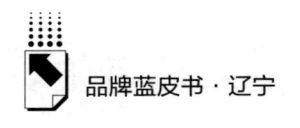

一 辽宁医用食品品牌发展现状

随着辽宁省"健康中国"战略的实施和社会发展步入老龄化,医用食品产业将得到飞速发展,市场对于医用食品的消费需求也会逐步扩大。中国营养保健食品协会的统计数字显示,全球每年医用食品的消费总额为560亿~640亿元,市场规模以每年6%的速度递增。在美国,有65%的营养不良患者在使用医用食品,英国有27%,而中国只有1.6%,约6亿元人民币,消费规模仅占全球市场的1%。总体来说,全国医用食品产业仍是以外企占主导,国内相关制度不健全,研发人员非常缺乏,注册进度缓慢,国内医用食品生产企业配方研发等仍处于起始研发阶段。

(一)行业准入门槛高

20世纪80年代末,医用食品开始进入我国,当时国内对医用食品还没有相关管理制度,医用食品只能以药品的名义进行注册,注册后方可上市销售;随着国家市场监督管理总局2016年出台《特殊医学用途配方食品注册与管理办法》和一系列相关文件,国内医用食品有了合法的身份,医用食品采用了注册审批制管理制度,审批权归国家市场监督管理总局。因医用食品具备一定的医疗特性,生产企业需要面对高昂的科研等成本支出,在生产环节存在极高的准入门槛。比如,我国生产的肿瘤配方医用食品都需要按照《药物临床试验质量管理规范》做一些复杂的临床试验,试验通过才可以最终上市。这一系列规定对我国医用食品的生产、研发单位设定了严苛的准入门槛。而辽宁也面临同样的问题。

(二)企业分布不均衡

随着"健康中国"上升至国家战略,国内多个省(区、市)已经开始大力发展医用食品产业,相继建立了诸多医用食品产业园区,如"济南市特医食品产业园"和吉林梅河口四环药业"麦孚营养特医食品产业园"等。

根据国家市场监督管理总局特殊食品信息查询平台，截至2022年4月，我国已获批的医用食品共83款，包括国产54款，涉及31家企业，分布于15个省（区、市），其中江苏省依靠8家医用食品企业获批13款产品注册证书，在国内遥遥领先；黑龙江省依靠3家医用食品生产企业获得5款医用食品注册证；吉林省依靠2家医用食品生产企业获得3项医用食品注册证。

另据国家市场监督管理总局特食司发布数据，截至2021年7月，我国医用食品企业已近千家（954家），其中在业、存续的企业为864家，占所有有关企业的90.57%，从地区分布角度来看，广东省的相关企业最多（129家），其次为山东省（107家）。

从全国企业信用查询系统平台（企查查）查询结果来看，截至2023年3月，辽宁尚无1家医用食品生产企业，与医用食品相关的注册企业有22家，均以医用食品销售为主，这些企业处于小而散的碎片化状态，没有成为产业集群，仅有1家医用食品供应链高新技术服务企业大象营养供应链管理有限公司落户在沈阳。

（三）企业研发缺乏创新

近年来，我国医用食品市场需求量快速上升，尤其是新冠疫情之后，人们开始对医用食品的作用有了进一步认识，医用食品的蓝海市场逐渐形成，但是我国医用食品研发现阶段仍处于起步阶段，医用食品配方相关法规标准缺失，医用食品产业基础薄，产业链和产业延链不完整，这些问题主要表现以下几个方面。其一，医用食品研发创新能力不足。当前我国医用食品的原料和部分医用成品需要进口，依据国外医用食品配方基础数据生产出来的医用食品不适合国人的营养需求，导致消费者无法选择，造成依从性比较差。其二，医用食品关键技术有待突破。部分企业在医用食品生产过程中，重生产能力和仿制能力，轻产品研发能力，造成同质化严重、自主知识产权少等后果。其三，上下游企业协同创新联动力不足。医用食品产业是多学科交叉产业，需要多学科多元主体协同创新发展，缺失全产业链条的顶层设计，各企业在本行业领域各自为政，产品数据互不相同，无法共享，数据仍处于

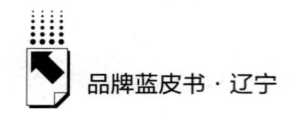

"孤岛"状态，医用食品流通渠道不畅，各企业不能研发创新系列产品，不能实现集群规模性发展，成果转化率低。

二 辽宁医用食品品牌发展存在的主要问题

（一）医用食品流通渠道不畅

2018年8月31日，国家卫健委与国家市场监督管理总局联合发文《特殊医学用途配方食品临床应用规范》指出，特医食品处方要由医师或临床营养师进行开具和审核，同时特医食品必须在医生或临床营养师指导下食用等具体操作步骤；2022年3月18日，国家卫健委印发《临床营养科建设与管理指南（试行）》指出，二级以上综合医院及肿瘤等专科医院，逐步建立规范化的临床营养科。但是国内大部分临床医疗机构、相关主管部门对政策理解还不到位，国内大部分地区的医用食品流通渠道不畅，甚至很多临床医疗机构不知道医用食品在医院内如何经营销售，缺少必要的医用食品运营体系支撑。医用食品在院外的药房、食堂和个人进行销售的现象仍然突出，加之人们对医用食品、保健品和功能食品概念混淆，在缺失医用食品处方的条件下，无法按照营养师指导进行医用食品的使用，极容易给患者带来巨大伤害。同时由于医用食品的特殊属性，医院缺少医用食品收费项设立，在经营医用食品时的收费、入账也不规范，无法支撑临床营养诊疗的相关工作，造成医生或营养师不清楚应该如何开具处方，无法为患者提供医用食品使用的医疗文书。

（二）医用食品体制机制不完善，政策解读存在障碍

特殊医学用途配方食品市场发展迅速，蕴藏着巨大的蓝海市场潜力，国家相关指导政策不断推出，但部分医用食品供应链的上游生产企业、中游临床医疗机构和下游患者存在政策解读的障碍，医用食品的审批、生产和监管等环节不够规范，千亿元市场规模的医用食品"标准滞后+进院难"瓶颈亟

待突破。如何打通研发、注册、生产、监管、进院、使用等全链条各环节，形成可持续发展的"六个闭环"，破解"进院难"问题，这也是突破医用食品产业链"最后一公里"的难点，需要相关职能部门协同联动，确保医用食品在医院里的经营管理完整性、规范性。同时各职能部门要对企业与临床医疗机构在国家相关政策理解上给予帮助，防止对政策的表面化、局部化和机械化理解，甚至是对政策误读，这样有助于企业和临床医疗机构在政策执行上避免偏差错误。

（三）科普教育和行业认知不足

当前中国医用食品产业发展的道路还很艰巨，一方面，临床治疗过程中对营养干预和医用食品存在需求；另一方面，市场和消费者对医用食品功能了解甚少，甚至存在疑问，把医用食品与保健品混淆。据艾媒数据中心公布的《2021年中国受访网民对特医食品认知度调研》数据，受访网民对特医食品的了解程度如下：14.2%非常了解，48.8%大致了解，26.5%只是听过，10.5%没听说过。辽宁部分生产企业、经销商、临床医疗机构、消费者等群体同样存在对医用食品认知不足，甚至对医用行业比较陌生的情况。随着近年来医用食品生产企业及其获批注册产品数量的不断增加，医用食品的功能定位、销售定位、消费定位与政府职能部门监管定位之间所存在的问题将会日益凸显。因此，开展医用食品科普教育、临床营养干预培训等，对提高医务人员对临床营养支持的重要性认识刻不容缓。

（四）医用食品产业人才短缺

当前辽宁省医用食品产业发展缓慢，除部分临床医疗机构缺少必要的医用食品运营体系支持外，另一个重要的原因是整个产业链人才匮乏，懂临床营养、用临床营养、推动临床营养发展的人才稀缺，研发人才更是凤毛麟角，严重制约了临床营养学科发展和医用食品产业的发展。

临床营养专业人才匮乏最主要的原因有：一是高校对医学生学历教育中，开设专门营养学科的专业少或缺失，只有30多所学校开设本科营养相关课程，且大部分营养相关学科毕业生并没有进入医院成为临床营养师；二是临床医疗机构对临床营养干预的作用认知低，临床营养干预尚未被纳入临床诊疗全过程；三是临床营养科室在临床治疗中定位不清，临床营养科室只作为医技科室；四是缺少临床营养专业人才培训机制等。

从近两年的岗位分布数据来看，营养相关专业的毕业生就业岗位很少有医生、营养师等；同时升学通路不完善和学科建设不足导致人才缺失，并间接影响到企业端、医疗端和政策端。专业人才紧缺是辽宁省特殊医学用途配方食品行业将要应对的主要挑战之一。

三 辽宁医用食品品牌的发展优势

（一）临床营养机构布局已初见成效

随着"健康中国"正式升级为国家战略，大健康产业的发展成为关系到国计民生、百姓福祉的国家级大事。国家卫生健康委办公厅发布的《关于印发临床营养科建设与管理指南（试行）的通知》明确指出："二级以上综合医院以及肿瘤、儿童、精神等专科医院设置临床营养科。"2022年6月10日，由沈阳市卫健委和市营养质控中心组织的"加强医院临床营养运营建设与管理"座谈会在辽宁沈阳召开，市属医疗机构院长，医务科、营养科负责人等80余人参加了会议。会议围绕临床营养建设与管理规范、医院营养运营建设提升等内容展开解读、探讨与分享，共同规划临床营养未来发展蓝图，真正把医用食品产业作为辽宁省新的朝阳产业。

截至2022年底，大象营养供应链管理有限公司已经与国内62家临床医疗机构进行了合作（辽宁省内44家），其中沈阳市第六人民医院、沈阳市第十人民医院、朝阳市第二医院、朝阳市中心医院、锦州医科大学附属第三医院、锦州市妇婴医院等14家临床医疗机构率先搭建了"临床营养组织架构运行体系"、"临床营养诊疗服务体系"和"院内医用食品管理体系"三大体系，并安装了"临床营养诊疗管理集成系统"（NHIS）信息化管理工具。可以说，大健康产业将成为辽宁发展潜力巨大的未来产业，而作为医用食品产业头部企业的大象集团引领集聚作用已经凸显，万亿元的蓝海市场在辽宁正在酝酿形成。

（二）头部企业具有国内引领作用

营养治疗是与手术、药物治疗并重的一线治疗，根据2020年对美国116万患者的研究结论，医用食品可以增强临床治疗效果、促进康复、缩短住院时间、改善患者生活质量，起到改善临床结局、节约医疗费用的双重作用。欧盟采用荷兰全国社区疾病相关营养不良患者研究数据显示，口服营养补充可节省医疗费用，节省幅度为18.9%。国家医保局最新公布的2021年全国基本医疗保险基金（含生育保险）收入2.88万亿元，支出2.4万亿元。在医保庞大的支出及当前疫情给国家卫生系统所带来的经济高压下，按欧盟统计口服营养补充可节省医疗费用18.9%计算，患者通过医用食品进行营养干预治疗直至康复，可减少国家医保基金支出4536亿元，带来的实际经济效益和社会效益不可小觑。

营养治疗离不开医用食品。为了辅助医院开展临床营养科室建设工作，坐落在沈阳的全国医用食品产业供应链航母企业大象营养供应链管理有限公司，是国内唯一打造医用食品产业渠道建设和产业生态体系建设的高技术、创新服务企业。集团基于S2B2C商业模型理论，根据医疗行业变革的底层逻辑，以创新服务为核心，以数字化为载体，预测医用食品产业的发展轨迹，用信息工具和商业模式进行卡位，依托首创的信息化系统和SPD服务体系，成为医院医用食品集中供应服务商。该集团打造了国内首个"医用食品临床管理服务方案"，集信息化服务、SPD服务、经营管理服务、机器人服务于一体，实现营养诊疗闭环、医用食品溯源闭环、经营管理合规化和医疗服务智能化，帮助医院规范临床营养科建设和管理，提升临床营养诊疗能力和服务水平。

（三）龙头企业数字化和智能化特征显著

作为引领辽宁医用食品新朝阳产业的大象营养供应链管理有限公司，从

2018年以来投巨资，打造了全国唯一的"临床营养诊疗管理集成系统"信息化管理工具和"临床营养组织架构运行体系"、"临床营养诊疗服务体系"和"院内医用食品管理体系"三大体系，高度契合2021版《特殊医学用途配方食品（FSMP）临床管理专家共识》的管理标准，是国内唯一的医用食品数字化管理渠道，帮助医院解决医用食品合理、合法、合规经营的难题，让医用食品像药品一样在院内规范化流通，从根本上解决了影响医疗机构临床营养行业发展的痛点和难点。大象集团搭建的医用食品网络智能化和数字化供应链平台也是国内首家通往需求侧产品供应链渠道和平台，集聚了全国各地的医用食品产品［包含特医食品、特膳食品（功能食品）、中药食品］，截至2023年3月31日已经收集相关数据千万条。业内评估此平台形成的数字经济直接价值过10亿元，间接经济价值超过百亿元。到2023年底，平台的数据量将超过亿元，企业评估经济价值将超过百亿元，引导大健康产业形成间接数字经济价值将超过千亿元。2022年10月大象集团自主研发的医学营养智能服务平台被辽宁省工信厅认定为第六批"省级服务型制造示范平台"。

（四）集聚效应逐渐显现

龙头企业大象营养供应链管理有限公司以医用食品服务运营体系为载体辐射全国，通过发展智能化和数字化医用食品产业平台，激发并带动新兴产业链经济发展，其中包括大健康产业、物流行业、智慧医疗、医疗康养、金融保险、康养行业、临床医疗科技研发等，带动临床营养医护人员培训和教育产业发展，促进物流增量和收入增加，形成产业链金融。借助辽宁省相关产业、科研技术和科教人才优势，以促进现代服务业与先进制造业融合并进为手段，以服务业集聚区和高新技术开发区为载体，以研发、物流、营销等产业高端环节为重点，以扶持政策和科学规划为保障，以优化全省综合环境为突破，加快培育壮大辽宁省总部经济新业态优势。现在该集团已在全国范围内形成初具规模的医用食品产业链运营生态，通过信息化中台服务，连接供应端（全国生产企业与经销企业）与需求端（医疗机构与患者）。未来可将占市场零售额60%的中间环节即医用食品经销企业吸引到辽宁落户，进而强化产业集聚，提升品牌影响力。

（五）率先建立"产、学、研、销"一体化发展模式

辽宁医药院校和医疗机构众多，人才资源丰富。据艾媒智库数据中心统计，截至2020年12月31日辽宁省医院数为1359家。另据复旦大学医院管理研究所发布的《2022年全国100强三甲医院排名》，中国医科大学附属第一医院排名第15，中国医科大学附属盛京医院排名第41，沈阳北部战区总医院排名第80。综合考量辽宁省医疗水平稳居东北地区首位。同时，辽宁拥有中国医科大学、辽宁中医药大学、沈阳药科大学、大连医科大学和锦州医科大学等13所实力较强的医药类高校，其中大部分院校和相关医院都已经与大象集团建立了"产、学、研、销"一体化推进医用食品产业快速发展的模式。此外，辽宁省政府相继出台《辽宁省"十四五"卫生健康事业发展规划》和《健康辽宁行动实施方案》，把加强公共卫生体系建设摆到更加突出的位置，以"构建强大的公共卫生体系"为目标，做好公共服务体系建设。可以说，辽宁发展医用食品产业所需的支持体系已经完备，其丰厚的医疗研究、医疗临床、医疗教育、医疗市场一体化条件在全国亦处于优势地位。

四 辽宁医用食品品牌发展趋势

如果说营养产业是一个朝阳产业，那么特殊医学用途配方食品产业就是一个"黎明产业"。其一，医用食品产业在我国属于新兴产业，虽然起步较晚，但我国老龄化进程的加快助推医用食品未来巨大的蓝海市场发展，未来医用食品产业发展需要依靠理念创新、技术创新、产品创新。医用食品产业的发展也代表着临床治疗与临床营养干预全方位的整合，代表临床医疗已经步入2.0时代，因此，在一定条件下医用食品产业可演变为辽宁省的主导产业甚至支柱产业。其二，医学营养大数据中心是大健康产业的发动机，这个

概念完全符合《"健康中国2030"规划纲要》和《"十四五"国民健康规划》的指示精神。专业的医学营养大数据中心是辽宁省大健康产业发展的关键支撑，如同一台机动车的心脏，需要产业链和供应链上下游相关环节的支持和保障，从而带动大健康产业全面发展。其三，面向未来，辽宁应充分发挥地理位置、高校科研和科教人才优势，积极发挥行业龙头企业引领作用，将辽宁打造成"全国营养大数据产业融合发展先行区"和"健康中国示范城"。其四，加强医疗机构与医用食品生产企业的融合，以产业扶持政策和顶层科学规划为保障，以优化辽宁省大健康产业综合服务环境为着力点，发挥头部企业集聚效应，举办大型行业峰会，积极吸引外资总部经济体和大批营养供应链上下游企业入驻产业园，推动优化产业结构调整，使得营养食品产业链和供应链上下游相关企业协同发展，形成一批具有集聚带动作用的大健康产业集群。其五，强化省内龙头企业的配套集成能力、共生发展能力和综合竞争实力，提升龙头企业研发创新水平，维护营养产业链和供应链的安全和稳定，确保营养产业链和供应链关键核心技术实现自主可控。

五 辽宁医用食品品牌可持续发展的路径

（一）政府层面

辽宁医用食品产业品牌建设处于起步阶段，政府的政策引领和帮扶作用至关重要，也是医用食品产业品牌建设成功的关键因素。

1. 加大资金扶持力度，健全服务政策

一是完善辽宁医用食品科技创新平台建设。依托全省医学院校、医疗机构科研院所、博士授权点、国家重点实验室、国家中医临床研究基地、国家药物临床试验机构等专业技术资源，布局或完善辽宁医用食品创新服务平台建设，加强医用食品宣教、医护人员临床营养培训等创新服务体系建设，充分发挥辽宁营养头部企业大象营养供应链管理有限公司的科技创新和示范引领作用，积极发挥财政资金的引导作用，出台相关医用食品政策，鼓励企业技术创新、产品创新、科研创新的投入,在省内建立医用食品产业园区,让更多的具有竞争力的医用食品企业入驻产业园,促进辽宁省医用食品产业健康可持续发展。

二是率先组建国家级营养大数据研发中心数据库。充分利用辽宁各方面资源优势,加快筹备由部委、省、市共建签约的"国家医学营养大数据中心"。这不仅是落实国家大数据发展战略指示精神,也是适应国家医疗体制改革的创新举措。其一,充分利用互联网、云计算、区块链等技术,建设国家医学营养大数据中心,提高临床营养大数据应用水平,最终实现临床营养数据资源的统一、规范、完整、开放和共享。其二,完善医学营养大数据标准规范体系,规范医学营养大数据应用领域的准入标准,建立大数据应用诚信机制和退出机制。建立统一的医学营养诊断编码、临床医学营养术语、检查检验规范、医用食品应用编码、信息数据接口和传输协议等相关标准。其三,借鉴国家相关大数据中心建设模式,"国家医学营养大数据中心"建成后,形成可推广和复制的模式,在全国范围内实现推广。其四,积极争取国家卫健委、辽宁省政府相关政策支持和工作指导,确保辽宁省乃至全国的医学院校、医疗机构进行深度合作,给医学院校和医疗机构赋能,扩大营养大数据中心辐射范围,提升地区竞争力,实现共赢。其五,国家医学营养大数据中心在辽宁省建成后,将有力推动辽宁省乃至全国营养产业的发展,有助于推动辽宁省医用食品和大数据产业延链融合发展,打造营养管理数据新模式,为消费者提供个性化、差异化的终端产品和专属解决方案,使医学院校、医疗机构、供应链企业与营养供应链上下游企业深度融合,实现全面共赢的新发展格局,进而全面提高医学临床营养大数据在医疗领域的应用和医疗服务水平。

2. 加强市场监督管理,营造良好的营商环境

政府在发挥引导作用的同时,要加强对医用食品是否合理、合法、合规运营进行指导和监管,尤其是对院内和院外销售医用食品的渠道是否规范进行严格审查。利用行政、司法等各种手段营造辽宁医用食品良好的经营环境和产业发展环境,严厉打击医用食品产品各种违法销售行为和市场不正当竞

争行为。同时，相关主管部门还应坚持信息公开，及时向企业、经销商、服务商和临床医疗机构通报行业信息，保证医用食品供应链上下游的企业、经销商、医疗机构及时准确把握医用食品产业市场发展动向，建立行业考核机制和奖励机制，完善行业服务监督制度，树立行业诚信，倡导公平竞争，保障消费者的各种合法权益。加大医用食品制备过程中的产品质量安全检查力度，提升医用食品规模化生产能力，生产出更多、更好、更安全的适合国民的优质医用食品。

3. 健全医用食品院内外市场营销体系

医用食品产业作为伴随医疗而衍生的新兴行业，有望突破千亿元的市场前景，吸引众多入局者，因此，需特别注意健全医用食品院内外市场销售体系。未来，医院等临床机构将成为医用食品主要的销售渠道，如何完善销售保障医用食品在院内外合理、合法、合规地经营，需要做好以下几个方面工作。一是必须有一套合规的院内外营销体系。大象营养供应链管理有限公司历经四年沉淀，打造出国内首套营养供应链运行体系和营养NHIS，解决了临床营养医疗机构经营医用食品的痛点和难点。二是相关主管部门协同联动指导工作。药品食品监督局、税务局和临床医疗机构要共同通过出台相关医用食品经营的政策法规，打通医用食品营养供应链"最后一公里"。三是医用食品经营销售渠道要畅通。医用食品的经营必须在各级各类医疗机构中进行。四是加大对医患的医用食品宣传和教育。多角度多层次宣传医用食品在健康中国中的作用，提升临床医生和患者对医用食品的认知度，在临床营养师指导下，确保患者正确使用医用食品。

（二）行业层面

1. 发挥行业优势，发挥好纽带作用

加强头部企业宣传，培育壮大新品牌影响力，系统推进医用食品科普宣教与政策保障制度建设，确保企业与政府之间沟通协调渠道的畅通，加大各级政府部门、生产企业、医疗机构和消费者对医用食品在临床营养诊疗作用认识的培训和宣传力度，加强医用食品营养供应链上下游相关企业对相关政策正确解读和执行。制定医用食品从研发、注册、生产、监管、进院、使用等全链条可追溯、可操作、可执行的政策，激励企业加大研发资金投入，开展各项生产活动。在保证医用食品规范、健康发展的前提下，积极建立企业、科研机构、公共卫生服务机构、临床医疗机构等利益共同体，降低企业成本支出，利用大象集团头部企业的引领作用，聚焦医用食品供应链上下游企业协同发展，形成医用食品产业集聚效应。

2. 正确解读"健康中国"政策，健全医用食品营销体系

《"健康中国2030"规划纲要》提出，要努力实现从以治病为中心向以健康为中心转变，从以"治已病"为中心向以"治未病"为中心转变，从疾病治疗向健康营养转变。"健康中国"行动要从政府、社会、家庭等三个维度协同推进，倡导全社会各方面积极行动起来，形成政府指导、全民参与、共担责任、长期坚持的氛围，促进全民健康，最终实现"健康中国"宏伟蓝图。

一是理念上，向"积极健康乐观向上的生活方式"转变。做好全民营养健康思想的科教普及，通过现代新媒体等多种形式，学习和掌握营养健康知识与医用食品知识，了解有关临床营养干预重要作用，让医用食品概念、营养干预作用和营养诊疗技能成为国民具备的基础素质和能力，倡导积极向上的健康生活方式，让每一个人都能把自己定义为"健康第一责任人"，都能主动关心百姓生活行为方式、生产生活环境和医疗卫生服务问题，努力营造全民健康快乐生活环境，提高生活品质。

二是行动上，向"顶层设计全员参与的方式"转变。坚持"大卫生、大健康"理念，从供给侧（生产企业与经销商）和需求侧（医疗机构与患者）两端发力。《健康中国行动（2019—2030年）》指出，合理膳食是健康的基础，并给出膳食指导建议，提出政府和社会应采取的主要举措。为了把文件精神在行动中落到实处，强化全社会整体联动机制，调动全社会的积极性和创造性，加快制定医用食品扶持政策，实现政府牵头负责、社会积极响应、个人参与担责，真正把健康中国"共建共享"的基本路径落到实处。

三是宣传上，向"多角度多维度多层级传播的方式"转变。整合国内相关科研高校的学术力量，整合医疗机构医疗和相关企业的科研力量，从多

角度、多维度、多层级开展临床营养、医用食品宣教活动，充分利用各种新媒体传播学术思想，开展营养健康科普和教育培训，推动人才培养，大力宣传医用食品在临床医疗营养干预的临床价值、社会价值、经济价值，让国人在医用食品宣传科普过程中，提高对营养健康、良好生活方式的认知，转变思想，促进"健康中国""健康辽宁"建设。

3. 加强产业规划部署与"产、学、研、销"协同创新

医用食品产业作为未来的朝阳产业，辽宁应充分利用省内医科大学、科研院所、专家学者和学术资源，搭建国内一流的医用食品产业学术交流平台，开展医用食品的科技创新、学术研究、成果转化、高端人才培养和创新企业孵化等课题研究，为辽宁卫生医疗建设献言献策，为医用食品供应链上游生产企业、代理商及下游医疗机构服好务。同时在行业主管部门的监督下，在科技管理部门的指导下，充分发挥大象营养供应链管理有限公司引领作用，在辽宁率先构建全国首个医用食品大数据中心，形成国内外医用食品产业集聚平台和促进医用食品产业"产、学、研、销"一体化模式。围绕医用食品运营体系、临床营养干预等方面的核心问题和关键技术，开展联合攻关，打通医用食品"进院难""最后一公里"的瓶颈和难点。大力推动医用食品产业数字化和数字产业化，促进辽宁与国内生物医药和大数据产业延链融合发展，以此助力辽宁医用食品产业生态环境良性循环发展。

（三）企业层面

1. 强化企业自主知识产权观念意识，加大研发投入

医用食品产业自主创新开发的基础就是企业研发投入，品牌的研发、创新必须与高科研经费的投入成正比，这样才能激发企业内部的创新活力；同时将自主知识产权创新发展作为医用食品全链条上游的所有企业和下游的临床医疗机构整体发展的重要战略目标，建立企业内部自主知识产权的管理制度和相关办法，增强医用食品产业品牌的综合竞争能力，切实有效地防止自身知识产权权益被侵犯和滥用，维护自主知识产权创新品牌的优势地位。

2. 加强医用食品专业人才队伍建设和培养

充分利用辽宁省医学院校、医疗机构众多及医药人才资源丰富的优势，从多角度、多维度、多层级开展医用食品专业人才队伍建设和培养。

一是学科建设方面。其一，拓展医用食品相关学科建设、学术梯队建设、科研建设和科研成果转化渠道，积极与企业对接，推进校企合作，为毕业生提供就业机会和实习基地，促进"学教研"一体化创新模式发展。其二，锻炼科研队伍，培养科研领军人才。以医用食品产业发展为主导，帮助科研人员拓宽视野，提高科研素质，发展科研问题，进而凝练出若干重大学术方向，培养相关学科的科研领军人才。其三，创新协同发展模式，实现校企互惠互利。建立校企共同参与、紧跟产业发展、适时调整结构的专业动态优化机制，推动校企人才双向交流，实现校企全方位人才培养。

二是医疗机构方面。开展临床诊疗全科室营养培训，快速提高临床营养的意识。国家卫健委发布2021年我国卫生健康事业发展统计公报，截至2021年底，全国医师数已达到428万多人，千人口医师数达到3.04人，数量接近发达国家医师配置水平。在对这些医师进行必要的继续教育的同时，还要开展临床营养的"在岗培训""不脱岗培训"等多种形式的培训教育，提高医师所必需临床营养的知识、技能和认知水平，建立医疗、教学、科研一体化工作模式，更好地为患者提供全方位的营养支持。

三是生产企业方面。搭建医用食品生产企业、科研机构人才沟通交流平台，通过开展医用食品课题研究，培养我国医用食品产业领军人才。完善生产企业之间、企业与科研院所之间的人才交流机制，开展企业科研技术误题研究，完善医用食品从业认定和职称评定制度，完善从业人员培训体系和从业人员准入退出机制。

3. 强化产业园区建设，发挥行业组织作用

一是筹建辽宁省医用食品营养产业园区。积极吸引外资和大健康产业上下游企业入驻产业园，形成医用食品产业集聚效应。其一，积极招商引资。充分利用大象集团打造的全国唯一医用食品运营渠道的话语权，吸引日韩医用食品企业来沈阳落户，为辽宁省招商引资服务赋能。其二，发挥企业作用。

利用辽宁省头部企业大象集团的集聚效应，吸引医用食品产业供应链上下游企业来产业园区落户。其三，提供优质服务。为入驻医用食品产业园区的企业提供优质、全程式、专业化服务，实现产品和技术升级，提高市场竞争力。

二是充分发挥协会引领和指导作用。其一，做好医用食品行业的引领者，助推辽宁省医用食品产业体系上的创新、政策上的创新、技术上的创新，协助引领和指导辽宁省临床营养诊疗与医用食品产业发展方向。其二，做好政府与企业沟通的纽带和桥梁，使医用食品供应链上游生产企业、下游医疗机构与政府部门沟通交流渠道畅通。其三，开展业务监督和指导，对医用食品产品的研发、生产、流通、进院、使用等环节进行监督和指导，维护行业信誉，打击违法、违规行为，避免不当竞争和经营。其四，开展标准化体系建设，从多角度、多维度开展医用食品产业的标准化建设，开展医用食品与临床营养干预的价值研究，参与咨政建言。其五，培养专业人才队伍，积极参与辽宁省临床营养诊疗、医用食品等领域专业人才、科技人才、管理人才队伍建设工作，促进辽宁省医用食品"产、学、研、销"一体化新的发展模式。

参考文献

王文月、徐鑫、徐同成、张辉、贾敬敦：《我国特殊医学用途配方食品产业现状与政策建议》，《食品工业科技》2019年第5期。

赵兵辉：《特医食品成了"香饽饽"》，《南方日报》2018年6月27日。

石汉平、王昆华、徐希平：《价值营养治疗——从价值医疗看临床营养》，《肿瘤代谢与营养电子杂志》2021年第6期。

《我国特医食品迎来发展机遇》，中国食品报网，2019年5月15日。

《关于健康中国行动有关文件的政策解读》，中安健康网，2019年7月16日。

耿黎明：《健康中国，此行有你有我》，《健康中国观察》2019年第11期。

王佳、赵艳茹：《论临床营养科在临床治疗中的作用》，《肠外与肠内营养》2017年第6期。

陈亮：《直销行业发展策略研究——基于改善直销行业形象的视角》，《中国商论》2017年第26期。

B.11
辽宁省非物质文化遗产品牌发展报告

刘宝凤*

摘　要： 非物质文化遗产突出体现了地域特色，辽宁作为多民族省份，拥有的丰富的非物质文化遗产分布较为广泛，具有较高的旅游价值。非物质文化遗产保护应该以"文化"为核心，通过技术的介入，制造、营销不同形态的文化产品，从而实现文化多样性和多元化的立体保护，达到标准化、专业化、规模化和连续化，也就是产业化。形成产业化保护是非物质文化遗产保护的发展趋势，是既符合其文化自身发展规律，又能充分挖掘其市场潜能的平衡点。本文通过实地调研与访谈，探究辽宁非物质文化遗产现有利用形式与现状，基于调研结果，从区域联动发展、丰富展示种类、发挥载体作用、提高核心竞争力、促进配套产业发展、打造立体化宣传等方面提出辽宁非物质文化遗产活化对策，以期对辽宁非物质文化遗产发展提供有效建议。

关键词： 非物质文化遗产　品牌构建　活化研究　产业化　辽宁

自20世纪中期以来，海外开展了对非物质文化遗产（或简称"非遗"）的保护研究。从顾军和苑利的《文化遗产报告》、王文章的《非物质文化遗产概论》可以看出，目前在世界范围内公认的有关非遗的定义、分类、保护措施和意义，均以联合国教科文组织于2003年通过的《保护非

---

* 刘宝凤，东北大学艺术学院，研究方向为视觉传达设计、品牌建设。

物质文化遗产公约》为依据。尽管不同国家的遗产保护工作不尽相同，但其基本思想和实践原则都具有一定的共同性，并在一定程度上形成了具有国际性、普遍性的保护模式。

近几年，随着全球非遗普查工作的深入、全面开展，很多亟须保护的珍贵非物质文化遗产逐步进入国家级、世界级的保护名单，中外学者纷纷对辽宁特定的非物质文化遗产保护项目展开了针对性的研究。其中，非遗的保护、开发和利用是人们所关心的重点。非物质文化遗产保护的关键就在于"在传承过程中，在不断创新这一传统文化遗产的过程中，同时赋予其自身的历史内涵与人文价值，由此推动文化多元化与人的创造性"。学者在介绍自己国家的遗产保护工作的同时，也经常会对非遗资源的开发和利用提出一些建议。例如，韩国学者郑义淑在其《韩国无形文化遗产的保护与传承》一文中就提出，"民间节庆"是反映人们生活变迁的最佳方式，也是韩国发展和运用非遗的一种有效手段。当前保护非遗的主要措施有：加大宣传力度、将长期计划和逐步行动相结合、完善立法保障、政府领导下与社会各界合作。

一 辽宁非物质文化遗产构成及品牌构建方式

（一）非物质文化遗产类别及分布

辽宁省居住着许多少数民族，非物质文化遗产资源充足，具有鲜明的区域特征。截至2021年5月，辽宁省已有国家级非遗名录76项、国家级非遗项目传承人45人、省级非遗名录218项、省级非遗项目传承人99人。①

其中，曲艺、传统美术类的代表性最强，总体上分布在沈阳、锦州、鞍山、大连，同时，调研发现，辽宁省的非物质文化遗产大多集中在传统村落。传统村落具有特殊的民俗习俗、源远流长的历史内涵以及丰富的人文景

---

① 数据来源于辽宁省文化和旅游厅官网。

观，承载着历史与发展。截至 2023 年 3 月，辽宁省共有 45 个[①]村庄被列入全国传统村落名录，抚顺市、阜新市、朝阳市、葫芦岛市都拥有具有地域特色的非遗品牌。辽宁省有着众多国家级、省级、市级非遗，同时也有众多尚未申报的人文资源，这些资源具备鲜明的区域特征与积厚流光的文化底蕴，共同构成了辽宁省多元化、特色化、品质化的文化生态体系。辽宁省有众多少数民族，伴随历史的前进，辽宁人民在建筑、服饰、饮食、礼仪等方面留下了丰富的非物质文化遗产。这些非物质文化遗产是辽宁人民的精神寄托，是辽宁独特的地域特色、精神气质和文化特质。

（二）辽宁乡村非物质文化遗产品牌构建方式

1. 节庆活动

经过对乡村非物质历史文化遗产活动的研究，可以发现，乡村非物质历史文化遗产的旅游发展是以节庆活动为主，而规模较大的节庆活动更加具有文化魅力，也能更好地展示和体现非物质历史文化遗产的吸引力。新宾赫图阿拉村是我国第三批民族传统村庄，拥有大量的非物质文化遗产，如满族剪纸、满族秧歌、满族神话等，并且在当地政府的大力支持帮助下，每年都会在赫图阿拉村、赫图阿拉古城等著名景点举办相关的节日庆典活动，以吸引周边地区的游人。

2. 文创产品开发

非物质文化遗产以实物形式展现和表现其精湛的技艺与内涵，凸显地方特征；发展旅游纪念品，是一种能够充分反映其自身价值的有效手段：剪纸、刺绣、根雕等非物质文化遗产，加工成工艺品，具有一定的观赏性和收藏性，是旅游纪念品发展的有利条件。

3. 互动参与

在非物质文化遗产项目中，重点建设具有高参与度的非物质文化遗产品牌，像传统手工艺、民俗活动等这些非遗项目可以使游客充分参与，而像传

---

① 《辽宁省 15 个村入选第六批中国传统村落名录》，金台资讯，2023 年 3 月 25 日。

统舞蹈、传统音乐这些非遗项目则可以给予游客非常美好的视听享受。因此，在旅游项目的开发中应更重视传统手工艺、民俗活动等非遗项目，游客在进行项目体验时，有更好的参与性与互动性，感受更加真实，能零距离地体验非物质文化遗产的独特魅力。

二 辽宁省非物质文化遗产品牌保护与开发

（一）辽宁省非物质文化遗产品牌保护原则

非遗是一种特殊的文化要素，它必须在一定的文化空间中存在。而合理、大规模的保护与发展，必然要走市场化道路，需要政府、传承人、企业等各方面的合作，更需要三大行业的合作。在保护过程中，应妥善处理原生与创造、整体与个别、政府与民间、长远与短期的利益等问题。要做到这一点，必须遵守以下几点。

一是分类对待。像在市场上没有可开发空间、与现在人们的生活联系不密切的非物质文化遗产，应交由国家来负责传承与保护。而像铁岭二人转、谭振山民间故事、沈阳评剧、海城高跷、满族绣花等，在市场上仍然具有一定的空间，市场是它们生存的土壤，是它们发展的平台，要让它们不仅被传承，还要被创新发展。

二是全方位参与非物质文化遗产的传承和保护。各级政府、科研机构、企事业单位、传承人等都要积极参与到非遗品牌的发展规划中来，不断更新发展理念，积极解决发展中的问题。

三是通过开展非遗项目，拓宽融资渠道，为实现文化资源的跨越式发展提供强大的推动力。要找到一种可以减小对文化资源保护力度的方法，同时要放宽对私人资本、外商投资等方面的限制。原则上，鼓励有实力、有条件的国有文化企业、私营文化企业加入相关产业，并动员全社会力量开展文化产业的保护工作。

四是以优质的文化资源为先决条件，以创新为核心，以标准化、科学化的赢利方式延伸产业链,以强大的运营队伍做大产业集群。非物质文化遗产是中国传统文化的精髓和缩影,它的文化价值并不明确,在逐步由物质消费向精神消费转变的今天,可以说,文化的价值越高,它的经济价值也就越高。非遗的发展得靠品质创新,传统文化是创新的源头,创新是传统文化的延续与传承,传承的核心价值就是技艺、文化精神,不能适应时代发展的传统,最终也难逃灭亡的宿命。而要保证非物质文化遗产的基本保护,就必须避免庸俗、盲从,所以必须要有质量、有数量地运营队伍,有赢利的模式,方能使产业化进程平稳且不脱离传统文化。

(二)辽宁省非物质文化遗产品牌保护与开发现状

辽宁省从制定政策、建立机构、加强资金支持和管理等方面,已经形成了一个完整的保护、传承和开发体系。2004年,辽宁省人民政府发布了《关于实施辽宁省民族民间文化保护工程的通知》,2005年省政府办公厅下发了《关于加强我省非物质文化遗产保护的通知》,为辽宁省的非物质遗产保护工作奠定了坚实的基础。辽宁省于2008年成立了"非遗项目领导小组",并设立了"辽宁省非遗项目专家委员会"、"辽宁省非物质文化遗产名录"评审委员会等领导、协调和咨询机构。全省14个市都成立了非遗保护工作领导小组、专家委员会、专家组。同时,政府还支出专门的经费来支持非遗的保护。自2005年起,辽宁省每年投入200万元,用于支持国家级和省级试点与国家级非物质文化遗产保护项目。2008年增加了300万元,到2011年,全省共投入1800万元。① 辽宁省在全国率先开展了国家级重点项目和省级重点项目的抢救工作,并通过奖励方式对设立的国家级重点项目进行资金、设备等方面的支持。除了经费的投入,辽宁省还积极组织推荐非物质文化遗产的代表性项目,进行非遗普查与宣传,并利用"文化艺术"项目来培育非遗传承人,促进非遗的保护与传承。目前,《辽宁省非物质文

---

① 《以点带面 全面推动——辽宁省"非遗"保护工作近况》,中国非物质文化遗产网,2008年7月15日。

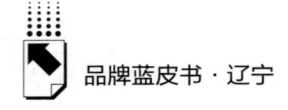

遗产名录》《辽宁省非物质文化遗产代表性传承人名录》《辽宁省非物质文化遗产名录概览》等图书的出版，为辽宁省的非遗推广工作提供了重要的参考依据。

自2009年至今，辽宁省在"世界遗产日"期间，举办了各种形式的非遗展览，让非遗走入人民群众的日常生活，并在社会上产生了广泛的影响。辽宁省还建立了大连的辽南非物质文化遗产展示基地、岫岩非物质文化博物馆等66个相关基地，这些博物馆、展览馆、传习所、训练基地等，对保护和传承非物质文化遗产发挥了突出作用。辽宁省在发展非物质文化遗产方面，目前已初步形成了以旅游为主的发展模式。另外，举办非物质文化遗产"大讲堂"并对市民开放，使辽宁省的非遗保护和发展更加深入、更加广泛。

（三）辽宁省非物质文化遗产品牌保护与开发建议

1.加强政府主导作用，提高全社会参与意识

非物质文化遗产品牌的开发侧重点在于激活其活力，但是非遗的分布一般比较分散，且大多聚集在农村，自我焕新的能力十分有限。尤其是当其所依赖的经济基础被破坏或变化时，依靠自己的力量将面临自我毁灭的风险。所以，在进行非物质文化遗产品牌保护与开发时，政府应占主导地位，同时应在专家指导下进行，公众共同努力。在这三个层面上，政府主要是倡导、组织，起着运筹决策、明确目标的决定性作用；专家主要将理论进行深度挖掘，并且提供专业性建设性的建议；公众是基础。要让政府、专家和公众各司其职、相互补充，使非物质文化遗产品牌不断前进。

2.构建健全的传承人才培养与非遗文化培育机制

非遗的鉴定、保护、传承和开发都要依赖于专业性人才，保护和开发非遗必须构建健全的传承人才培养与非遗文化培育机制，搭建高效的培养平台。在少数民族地区的中小学，要加强对民族非遗知识的宣传，培养中小学生对自己文化的认识和喜爱，并增强他们的认识和评估能力。辽宁抚顺清原满族自治县已经在部分区域开展了试点，将地方文化纳入义务教育，改变了当地

青年对民族文化缺乏感情的状况。辽宁省高等学校要增设与非遗有关的专业，以适应当前社会的文化需要。2004年，辽宁大学率先开办了"民间艺术"专业，全国非物质文化遗产保护工程"东北二人转"得以在全国范围内延续。在中小学开设非遗相关课程，可以建立起一个开放的民族文化传承体系，将民族文化在传承中创新，实现文化输出。在培养本土人才的同时，还需要学习法国、希腊、英国这些具有世界非物质文化遗产保护与发展的国家，借鉴它们的技术和管理经验。

3. 合理引进旅游市场机制，拓展非遗保护与发展方向

旅游市场在很大程度上激活了非遗品牌的生命力，在全球化背景下，这既是一种有现实意义的选择，也是一种可持续发展的必然趋势。在引进旅游市场机制时，必须避免盲目、无序和破坏性，不能因为眼前的蝇头小利而抛弃了非遗的可持续发展。从长远来看，既要拓展其保护和发展的方向，又要保护好其文化生态，这样才能实现可持续发展。

4. 制定并实施有关非遗产保护和发展的法律、法规

非物质文化遗产是经历了漫长的历史洗涤留存下来的文化资源，因此，要注重对其发展与开发的合理化。辽宁省根据地方的具体情况，结合相关的法律法规，对非遗品牌开发加强管理，并且明确非物质文化遗产的保护对象，继承人与文化遗产本身是处于同等地位的，要严格维护保护文化遗产的相关经济权益。注重增强继承者的法制观念，提高公众对非物质文化遗产保护的关注度，避免在发展和使用中出现不良现象，确立其在社会和文化生活中的法律地位。

三　辽宁非物质文化遗产品牌建设存在的问题

（一）分布较散，联动性较差

我国非物质文化遗产的分布呈聚集性，即东部比西部多，西部比中部多，"非遗"集中在西南、华北和东北辽宁。辽宁非物质文化遗产分散于辽

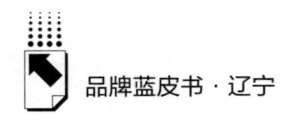

宁各地，受距离、演绎形式等因素制约，在发展中表现出单一性，区域间的互动关系不强。

（二）忽略非遗传承人才的重要性，传承受阻

调研发现，传统的非物质文化遗产人才以老年人居多，年轻人数量偏少，导致传统的传承困难；而一些传统的非物质文化遗产传承，则是以团体的方式进行的，这就给非遗的传承带来了困难。由于城市化和工业化的发展，传统村落这一非物质文化遗产的载体遭到了严重的破坏，而传统村落传承环境的损害使传统村落的传承更加困难。因为大部分的非遗传承人都是上了年纪的人，很有可能会因为传承人的消失而导致某个技能传承的消失。而如今的年轻人，不愿做非遗传承者。而且由于传承者"传内不传外""传子不传女"的传统观念，导致很难找到合适的传人。还有教育部门对非遗的重视程度不够，对其价值认识不足，与其形成了脱节的关系。从小学、中学到大学，对非遗知识的教育一直严重短缺，不仅无法培养出优秀的民间管理人员，而且还会让年轻人与自己的民族传统文化产生隔阂。在下一代的情感上，若没有得到认同，就会产生断层，非遗将面临生存的危机。

（三）部分地方政府机构保护和发展理念落后，民众参与意识弱

一些政府机构将保护和发展作为一项政绩工程，对其保护和传承缺乏一种自觉的认识和重视。"以文化为基础，以经济为舞台"，其真正的目标仍然是"经济"。但以经济利益为驱动的保护和发展，明显不利于保护、传承和发展。辽宁省部分地方政府机构对非物质文化遗产的保护与利用意识依然淡薄。随着人们的生活方式发生了巨大的变化，人们的生活已经远离原本的自然生态环境。在物质极其丰富的今天，在缺乏文化气氛的情况下，人们无法得到精神上的满足，对传统的文化娱乐和传统的传承技术渐渐失去兴趣，也就不奇怪了。

（四）非物质文化遗产保护与发展失衡

辽宁的非遗项目数量众多，但底子厚薄不一、知名度不一，保护和发展

的情况也是千差万别。辽宁的非遗保护和发展要注意整体性，不能有偏颇。目前，辽宁省的部分非物质文化遗产受到了广泛关注，其保护和发展势头很好，已经形成了很大的社会效益，比如，东北二人转、秧歌等。但也有一些项目仍然缺乏关注与重视，比如东北大鼓、长海号子。并且在整体发展失衡的同时，非遗项目内部也出现了不均衡的情况，如鞍山评书、营口评书、本溪评书等发展势头就大为不同。然而，由于各种因素，保存和发展过程往往过于注重宗族、地域的划分，而忽视了整体的价值与研究。

（五）旅游产业急功近利，片面追求经济效益

在旅游业中，随意滥用、无序开发和过度开发，以求获得最大的经济效益，这不仅会误导旅游者，还会损害传统文化遗产的完整性。由于市场需求，一些拥有非物质文化遗产的村落通常会被作为旅游景点来吸引游客，虽然其知名度与日俱增，但由于生态平衡被打破，村落的生存环境也在不断恶化，从而导致其变质、异化甚至消亡。

（六）有关非遗保护与开发的法律不健全

虽然《中华人民共和国非物质文化遗产法》自2011年6月1日起正式实施，但是目前辽宁省尚缺乏相应的地方性法规。非物质文化遗产都具有当地独有的区域特点与文化内涵，应当根据具体区域和具体工程的具体条件加以保护和发展。目前，辽宁省还存在一些问题，如传承者合法身份缺失、专项基金缺乏、传承人培养经费不足、非遗资源滥用、知识产权未得到有效保护等。如果不能突破政策和法规上的瓶颈，传统非物质文化遗产的传承就会难以为继。

四 辽宁省非物质文化遗产品牌发展对策建议

（一）统筹协调各方利益，区域联动发展

在保护和发展过程中，要合理地维护不同利益方的权益，促进非遗保护

与均衡发展。同时，不仅要对非遗本身进行保护，还要关注其所依赖的结构环境，以求在保护和发展中找到切入点。辽宁省的非物质文化遗产分布较为零散、相互关联不密切，根据调研的结果和市场需求，辽宁非物质文化遗产的需求存在很强的相关性，应当以区域联动的方式，深入挖掘辽宁非物质文化遗产，把营利性与非营利性有机地结合起来，既要考虑到经济与文化的价值，又要把分散的非物质文化遗产集中起来，扩大其影响力。

（二）丰富展示种类

辽宁省的非物质文化遗产十分丰富，但其表现形式比较单一，大部分以静态的方式呈现，民间自发组织的节庆活动内容单一，缺少政府主办的节庆活动的丰富与隆重。在非遗项目的建设中，应突出"过程"、"参与"和"体验"三个方面，形成重体验的旅游发展模式。

（三）发挥载体作用

目前，非物质文化遗产的激活方式是"民间村"，这对保护和传承具有很大的促进作用。在已有研究成果的基础上，对非物质文化遗产的激活途径进行探讨。近年来，我国政府越来越重视传统村落的保护和发展，将其作为非物质文化遗产的载体，使其在某种程度上提高了知名度，而传统村落则是其自身文化和基因的载体，既要实现两者的融合，又要实现保护和利用。以新宾满族赫图阿拉村为例，它有着深厚的文化资源和丰厚的非物质文化遗产，但是现存的非物质文化遗产与传统的村落结合还需要进一步完善，在传统的乡村公路中，新宾剪纸作为新宾的代表性非物质文化遗产，通过印刷的形式呈现在乡村墙壁上，这种表现形式不能很好地反映出它的价值和属性，在村庄建筑的活化中，要有效加强村落与非物质文化遗产的融合。

（四）以市场为标尺，以辽宁特色为核心竞争力

辽宁有很多非遗项目，但是市场潜力不大，大众基础也不均匀，名气也

不同。工业化的保护是一种市场化的行为，不能盲目地开发和投资，必须遵循市场的规则，以政府的引导为辅；长期的经济效益是第一位的，短期的是次要的。要把握好有群众基础，便于产业化生产的项目，同时又要能体现辽宁的文化特点，使之具有无可取代的竞争力，进而带动辽宁相关产业的发展。综观辽宁非遗项目，东北二人转、海城高跷、满族刺绣等，一些非遗项目已在市场上站稳脚跟，并且影响力持续扩大。由此可见，发掘和定位辽宁的特色，是要经过市场检验的，而经过市场检验的必然是具有鲜明特征的文化工程。

（五）以非遗作为文化符号，持续充实产业链要素，促进相关配套产业发展

非物质文化遗产的产业化运作，即优化文化资源分配，促进文化资本的迭代。辽宁可以借鉴国内外的新形式，不断促进人文价值与精神内涵的发展，提炼非遗核心文化符号，带动各行各业的发展，从而达到产业化的目的。要尽量使产业链中的要素更加丰富，产业链涵盖的领域越广泛，越具影响力，越能推广，越有价值。要实现产业链的协同与衔接，就必须要有一个规范化、科学化的运作模式，政府和市场监督的实施，要有主次，要有优先顺序，不要盲目扩张。要以一种文化为基础，持续注入相关的产业模式，配合发展，达到规范化运作。例如，以东北二人转、锡伯族和满族文化为题材的旅游景区、博物馆等，都是一种易于操作的有形项目，而非遗则是以文化为主体，将餐饮、交通、演出等产业进行主题化包装，既凸显了非遗的文化符号，也能实现规模化、专业化和可持续性。

（六）强力打造非遗立体化宣传

很多国家的非物质文化遗产都设立了专门的网址，不但可以收集和整理数据库，而且还为全国甚至世界范围内的人们提供了一个良好的平台，让他们认识非遗，从而产生了巨大的社会影响力。在辽宁，要充分发挥东北名人的影响力，还要加大对非物质文化遗产的宣传力度，如进一步加快非物质文

化遗产保护的数据库建设，开设专题电视节目和报纸专栏，印制非物质文化遗产图典，设立重点特色项目门户网站，非遗项目进高校课堂等，为非遗的开发与利用献计献策。

（七）民间音乐、舞蹈、戏剧、曲艺类非遗项目最适合实行产业化保护

辽宁具有较大的特色优势，适宜工业化经营，其中东北二人转发展势头很好，产生了很大的经济和社会影响，这其中既有知名二人转艺人的名气带动，也有影视、商演等产业化经营的作用。通过东北二人转的成功实践，可以看到，好的节目是根本，好的运营是重要环节。和东北二人转一样，辽宁还有很多发展势头很好的非遗项目，比如，凌源的皮影戏。凌源有众多的非遗项目，可以利用凌源榆州鼓乐、凌源剪纸、凌源高跷秧歌等国家级重点保护项目，将其包装成凌源特有的地方文化产品，面向广大群众。要使传统文化与当代文化有效结合，必须先开办传承班，主要负责传授皮影制作技术和观念，并在传承班中培养一部分学生，进行必要的包装、展览、巡回表演等。此外，要有一个信息传播的网络。开设专题网站、平面媒体专栏、电视媒体专题栏目，召开学术讨论会，建立音像档案。最后，也就是更高层次的工业化运营，需要有大量硬件支持，比如，发展影像图书产品，建设特色主题景区。它适合于海城秧歌、奉天落子、东北大鼓、满族刺绣、锡伯族民俗等非遗项目。总之，辽宁可以选择一些特色工程作为试点，逐步推广。另外，民间文化活动作为一个具有自身特色的项目，也是有利于工业化保护的项目。民间活动也可以像传统节日那样，通过自身的保护和使用，使相关的文化活动得到相应的保护和利用。这是一种工业化的开始。辽宁蒙古勒津婚俗、祭敖包、旅顺放海灯、锡伯族庙会等非遗项目，都可以通过主题文化节、旅游观光等形式，使传统文化穿上符合现代人需要的"外衣"，从而达到可持续发展的目的。

参考文献

唐胜天：《从设计生态的视角看非遗创新之争议——建立手工艺类非遗保护的新观念》，《工业工程设计》2021年第6期。

王焯：《辽宁非物质文化遗产产业化保护模式探究》，《文化学刊》2009年第6期。

沈亚婷、胡文静、刘兴双：《辽宁非物质文化遗产活化研究》，《当代经济》2017年第30期。

孙雅坤：《河北省非物质文化遗产传承发展研究》，河北经贸大学博士学位论文，2014。

周毓华、邹莹、周紫东：《2001—2013年中国非物质文化遗产保护出版成果研究》，《贵州师范学院学报》2017年第7期。

王奇、胡若飞：《非物质文化遗产经济价值诉求与实现》，《资源开发与市场》2014年第1期。

杨晓博：《沈阳市非物质文化遗产的保护和产业化研究》，《芒种》2015年第2期。

B.12 辽宁老字号品牌发展报告

王 晗*

摘　要： 2022年，辽宁省秉持改造升级"老字号"、深度开发"原字号"、培育壮大"新字号"的结构调整方式，挖掘潜在市场商机，增强文化自信，赓续传承，守正创新，以激发辽宁老字号发展活力、展现工匠精神与品牌魅力为目标，不断拉动市场化需求，调动企业积极性，为奋力开创辽宁全面振兴新局面贡献力量。本文通过对辽宁老字号品牌发展现状和特点的剖析，详细阐述了在与国外老字号品牌相比存在品牌价值差距大、缺乏工匠精神和严谨的质检制度、不注重科技改革和拓展市场等方面的问题；与中华老字号相比存在含金量不足、品牌创新跟不上时代需求、复合型人才紧缺等问题。总结出要促进辽宁老字号企业发展需完善老字号名录体系，保护老字号文化遗产；加大政策支持力度，拓宽资金支持和融资渠道；继续加强现代营销，注重线上线下融合发展；建立"老字号"人力资源培训平台，深挖品牌核心价值等相关策略。

关键词： 老字号　中华老字号　辽宁老字号

老字号是指历史悠久，拥有世代传承的产品、技艺或服务，具有鲜明的中华民族传统文化背景和深厚的文化底蕴，取得社会广泛认同，形成良好信

---

* 王晗，东北大学艺术学院视觉传达系讲师，研究方向为视觉传达设计、书籍形态学、品牌学、可视化信息设计、创意思维方法。

誉的品牌。辽宁是中华民族和中华文明的发祥地之一，汉满民族文化及其他民族文化在这里进行了一次彻底的融合，多种文化的碰撞和融合，孕育出很多宝贵的老字号品牌。新中国成立初期，辽宁省是我国工业的摇篮，有着"共和国长子""东方鲁尔"的美誉。至今，经商务部或辽宁省商务厅认定的老字号品牌，辽宁已经有省级以上老字号企业165家，其中"中华老字号"企业34家、"辽宁老字号"企业131家。①

一 辽宁老字号品牌发展现状及特点

（一）辽宁老字号品牌发展现状

1. 34家"中华老字号"企业

自2006年以来，商务部先后开展两批次"中华老字号"认定工作，全国共认定"中华老字号"企业1128家，其中辽宁拥有34家。2006年4月，商务部发布了《"中华老字号"认定规范（试行）》"振兴老字号工程"方案，并以中华人民共和国商务部名义授予牌匾和证书。辽宁第一批荣获"中华老字号"的企业有9家。2011年4月，商务部在杭州召开全国中华老字号会议工作，时隔五年公布了第二批"中华老字号"名录。辽宁省有25家企业荣膺"中华老字号"称号。

辽宁有34家"中华老字号"企业，数量位列全国第九。除上海、北京、江苏、浙江等老字号比较集中的区域外，辽宁省是"中华老字号"企业相对较多的省份，与福建数量相同。全国位列前十的省（区、市）"中华老字号"具体数量如图1所示②。

2. 131家"辽宁老字号"企业

经辽宁省商务厅2012年、2017年和2020年先后三批次开展"辽宁老

---

① 数据来源于辽宁省商务厅。
② 数据来源于中华人民共和国商务部业务系统统一平台、中华老字号信息管理官网。

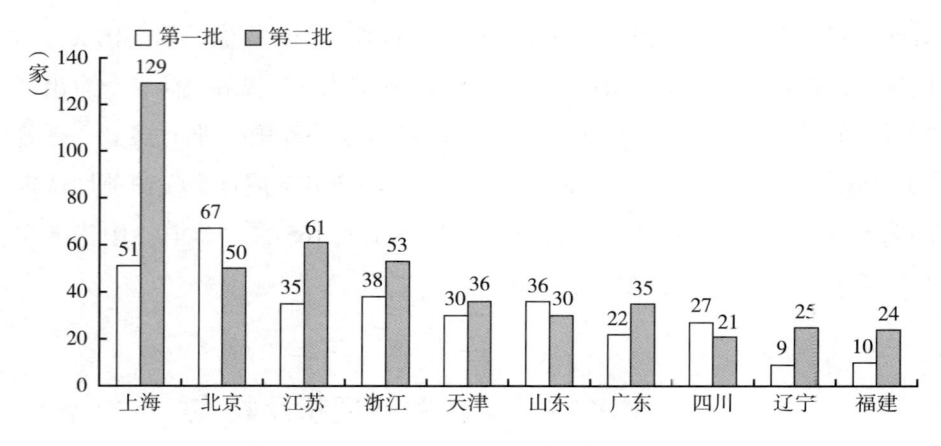

```
         ■ 第一批  ■ 第二批
(家)
140        129
120
100
 80
 67                    61
 60  51        50            53
            35     38        36         35
 40                   30  36 30       27          25   24
                                  22        21        
 20                                        9    10
                                              
  0  上海 北京 江苏 浙江 天津 山东 广东 四川 辽宁 福建
```

图 1 "中华老字号" 2022 年在全国位列前十的省市

字号"认定工作,共认定"辽宁老字号"企业131家。2012年下半年以来,辽宁省服务业委在全省组织开展了"辽宁老字号"认定工作。以公平、公正、公开为原则,在各市服务业委初评推荐的基础上,组织相关行业专家进行了认真评审,并进行了网上公示,最后认定了38家企业为第一批"辽宁老字号"。

2017年底,辽宁省组织开展了第二批老字号认定工作,在各市申报59家的基础上,经评审共认定了42家老字号企业,并于2018年10月26日以省政府名义举行了隆重的颁奖授牌仪式,暨"中华老字号辽宁老字号"商品展开幕仪式。经过多重认定程序,42家企业被认定为第二批"辽宁老字号"。

2020年7月初,为加强老字号品牌建设,振兴辽宁自主品牌,引导辽宁具有自主知识产权、传承民族传统文化和技艺的老字号企业加快创新发展,辽宁省商务厅在全省开展了第三批"辽宁老字号"认定工作。根据《"辽宁老字号"认定规范(试行)》有关要求,本着公平、公正、公开的原则,在各市推荐的基础上,经专家严格审核、厅党组会审议,2020年12月23日拟定了第三批"辽宁老字号"名录,51家企业被认定为第三批"辽宁老字号"。

目前辽宁省共有省级以上老字号企业165家("中华老字号"34家,

"辽宁老字号"131家），平均年龄145岁，百岁以上企业85家，涉及餐饮、医药、酿酒、商贸服务、食品加工等多个领域，其中餐饮类32家、医药类20家、酿酒类37家、商贸服务类26家、食品加工类39家及其他类11家。16家老字号企业生产经营场所被评为A级景区，75家老字号企业的生产（服务）技艺被列为非物质文化遗产，沈阳萃华珠宝、东北制药、大连大商集团3家企业成功在A股主板上市。[1]

近年来，辽宁老字号事业得到了长足发展，大商集团、萃华珠宝、中街冰点、康福食品、老边饺子等一批老字号企业突出品牌特色，树立品牌形象，拓展服务功能，提升服务水平，获得了社会各界的普遍认可。大连大商集团通过提升店铺品质、开发优品、发展线上业务、创新业态，由传统零售商逐步迈向产批零全产业链发展新模式，2021年总销售额实现3500亿元。沈阳萃华珠宝通过企业转制，为企业带来了资金和科学的管理机制，并在深圳证券交易所成功上市，目前总市值超过35亿元。沈阳天益堂药房、沈阳稻香村公司分别与国大控股、苏州稻香村公司开展股权合作，获得了更加充足的资金用于企业扩大生产经营，并采用现代企业管理机制，提升了管理质量效果。据调查，全省省级以上老字号企业整体运营平稳，处于赢利状态的企业占78.8%。

（二）辽宁老字号品牌的发展特点

1.地域特色鲜明

现阶段辽宁老字号各品牌间发展程度参差不齐，多数与人民生活密切相关的行业发展态势良好，如食品加工业、餐饮业、酿酒业和零售行业等。因为中国人强烈的地方区域观念，各城市的老字号品牌大多数在本地较为知名，老少皆知，多数品牌有明显的地域性。始建于1981年的"龙山泉"啤酒厂，2002年转制民企后，始终走品质路线，以高品质赢得市场。在沈阳，"嗦啰鸡架喝龙山泉啤酒"，正在成为饭店食客的标配。可惜的是，"最好的

---

[1] 数据来源于辽宁省商务厅。

啤酒"只能在辽宁品尝,行销全国尚待时日。

2. 经营方式更加现代化,顺应时代发展

大部分老字号企业经营方式已由原来的作坊式单体经营转变为现代连锁或集团化经营。老边饺子在全国拥有近120家连锁店,现代化的经营理念,融入"国潮"时代元素,促使老边饺子第五代传承人郑春香根据中国的二十四节气特点,研发出二十四节气饺子,一经推出,深受市场欢迎,特别是受到年轻消费者的宠爱。

品牌的生命力不仅在于坚守,更在于创新。人类历史是一部不断推陈出新的历史,没有时代感的产品就不会有生命力。创新的发力点是在研发、制作和营销全过程融入时代元素,与时代同行,这是"老字号"品牌得以延续的关键。任何一种产品如果不能够被顾客接受,就会失去实际意义。因此,创新的目标是实现价值。顾客接受的一定是时代所接受的。

3. 设施建设、服务意识和竞争意识显著增强

在设施建设方面,对老旧设施应及时改造升级,使生产制造、展陈售卖等空间规范、统一。在优化硬环境的同时应关注软环境,加大力度对员工进行培训、教育和管理,规范服务标准。双管齐下,共同扶持品牌发展。

老龙口酒厂传承至今,见证并经历了辽沈乃至整个东北地区350多年的历史变迁,古井、窖池和工艺是"老龙口"的三宝,制酒工艺("老龙口"白酒传统酿造技艺)被列入国家级非物质文化遗产名录。2002年,老龙口酒厂筹资建设了一座复古式酒博物馆,馆内有收藏的文物,还有我国酒文化的资料、老龙口酒业的发展历程及传统酿酒器具。在这种独特的环境下展示酒文化,可以大大提高人们对老龙口酒业的兴趣,促进我国酒文化的传承与发展。无论是店面的修缮,还是博物馆的建设,都能使品牌视觉形象、文化内涵深入人心。硬件环境设施的改造升级为更好地服务于人、增强品牌竞争意识奠定了坚实的基础。

4. 经营理念发生新变化

老字号的"老",代表着悠久的历史、优异的产品质量、深入人心的品牌形象。应紧跟时代步伐,注入新的经营理念,使品牌焕发新的生机和活力、延长品牌生命周期。创建于1946年的中街冰点城，是国内最早、最专业的冷饮食品企业，也是现阶段国内屈指可数的冰激凌专业制造企业之一，拥有数家同名直营连锁冷饮店——"中街冰点城"（在国内冷饮企业中尚属唯一）。

中街冰点在东北地区颇受欢迎，其不满足于此，走出东北在上海成立上海冰洁有限公司，并推出堪称"高端版中街冰点"的中街1946品牌。2016年，中街1946正式在天猫上线，当年"双11"便以250万元销售额拿下冰激凌类销售冠军，2017年蝉联同类目第一，是名副其实的"网红雪糕"。

中街冰点在销售渠道体系搭建上，以全网销售为基准，重点开拓罗森、711等优质B类连锁渠道和社区团购平台新通路，并积极发展直播带货等新模式。2022年，中街冰点品牌焕新升级——品牌重塑升级、渠道拓建升级、消费场景优化、销售管理与服务精细化等，推出七大生产线、10余款新品。

5. 技术革新持续深化

"对老字号最好的保护传承，就是推动其创新发展。"商务部副部长王炳南指出了老字号保护发展的必由之路和根本之路。技术革新是品牌创新发展的核心需求。辽宁老字号在维护原有技术的基础上，进一步加大技术革新力度，提高产品的质量，降低运营成本，并根据市场需求不断研发、推出新产品，从而进一步提升品牌优势和知名度。

2017年，东北制药为满足出口需求，决定投资3000万元建立吡拉西坦产品智能化生产线，这是全球最大的吡拉西坦生产线，几乎没有经验可循。项目确定后，东北制药便立即签约国内顶尖的、有智能化经验的设计企业，着手建立集自动化、信息化、智能化全要素于一体的原料药生产线。智能化系统可以确保生产安全可靠、降低生产运营成本、稳定提升产品质量，并提升了扁平化生产管理水平，降低了由人员操作失误导致偶发性偏差的可能性。建成后的生产线智能化覆盖全工序，投运率达到90%以上。作为全国第一家原料药智能化生产线，该项目树立了"智能制造"行业标杆。

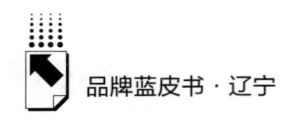

二 辽宁老字号品牌发展存在的问题

（一）与国外老字号品牌相比存在的不足

在历史发展的长河中，不少国内外知名企业创造了辉煌的战绩，以其企业独特的个性、文化和良好形象，长久地存在于消费者心里。德国企业的工匠精神与诚信精神，日本企业对科技与创新的孜孜不倦探索与追求，中国企业对品牌的升级改造等宝贵经验都为辽宁老字号企业探索在新媒体信息时代下的品牌传承与创新提供了最佳的经验。

在经济迅猛发展的今天，全球化进程不断加快，越来越多的国际资本、国际产品、国际品牌来势汹汹地抢占中国市场，虽然为我国经济发展提供了一定的机遇，但也使我国老字号品牌面临着严峻的挑战和经营的困境。与此同时，在国内消费者生活品质逐步提高、消费需求日益增长、消费理念日渐更新的情况下，市场需求发生深刻变化。老字号企业再也不能只局限于当地或本国，更应做好品牌向全球化进军的准备。

企业之间相互竞争的核心内容便是品牌，品牌的国际化、全球化必然成为一种发展趋势。品牌国际化更是企业参与国际市场竞争的一种重要手段。中国市场是国际市场的重要组成部分。现今不但中华老字号有必要进行品牌国际化，辽宁老字号企业也应以中华老字号企业为学习标杆，向品牌国际化努力。

1. 在品牌价值上与外国老字号品牌差距较大

由国家市场监督管理总局指导，经济日报社、中国国际贸易促进委员会、中国品牌建设促进会联合发布了"中国品牌价值评价信息"榜。在2022年中华老字号品牌排行榜中，佛山市海天调味食品股份有限公司、漳州片仔癀药业股份有限公司、山西杏花村汾酒集团有限责任公司分别以品牌价值562.28亿元、370.19亿元、232.66亿元位居前三（见表1）。2021年，华润雪花啤酒（辽宁）有限公司、沈阳中街冰点城食品有限公司、辽宁每日农业集团有限公司,品牌价值分别为49.31亿元、4.61亿元、2.96亿元,位居辽宁老字号品牌价值排行榜前三(见表2)①。

表1 中华老字号品牌排行榜前十名(2022年)

排序	企业名称	品牌强度	品牌价值(亿元)	品牌	城市
1	佛山市海天调味食品股份有限公司	928	562.28	海天 广中皇	广东 佛山
2	漳州片仔癀药业股份有限公司	931	370.19	片仔癀化妆品 皇后片仔癀药业	福建 漳州
3	山西杏花村汾酒集团有限责任公司	932	232.66	汾酒 杏花村酒 竹叶青酒	山西 汾阳
4	广州王老吉药业股份有限公司	896	228.18	广药 王老吉	广东 广州
5	稻香村食品集团股份有限公司	904	182.77	稻香村 稻香私房	江苏 苏州
6	东阿阿胶股份有限公司	849	167.66	东阿阿胶 DEEJ 桃花姬	山东 聊城
7	安徽迎驾贡酒股份有限公司	811	128.31	迎驾贡酒	安徽 六安
8	山东扳倒井股份有限公司	846	120.17	扳倒井	山东 淄博
9	九芝堂股份有限公司	869	106.81	九芝堂	湖南 长沙
10	马应龙药业集团股份有限公司	912	89.64	马应龙 马应龙八宝 马应龙护理	湖北 武汉

---

① 中华人民共和国商务部业务系统统一平台、中华老字号信息管理官网。

表2　辽宁省品牌价值评估前十名·老字号（2021年）

排序	企业及品牌	品牌强度	品牌价值（亿元）	城市
1	华润雪花啤酒（辽宁）有限公司	935.9	49.31	沈阳
2	沈阳中街冰点城食品有限公司	889.3	4.61	沈阳
3	辽宁每日农业集团有限公司	880.4	2.96	盘锦
4	大连圣诺食品有限公司	818	1.17	大连
5	辽宁省东西辽河酿酒有限公司	808.5	1.02	沈阳
6	本溪市双花熟食品有限公司	806.5	0.84	本溪
7	大连御圣园酒业有限公司	755.8	0.71	大连
8	辽宁忠华酒业有限责任公司	791	0.70	葫芦岛
9	葫芦岛市大魏酒业有限公司	752.3	0.69	葫芦岛
10	铁岭市大牛乳品有限公司	834.1	0.61	铁岭

老字号间的品牌价值有着天壤之别。2021年Brand Finance全球品牌价值500强的第39名可口可乐品牌价值为331.66亿美元（人民币2387.95亿元），是中国老字号品牌排行榜榜首佛山市海天调味食品的4倍多，是华润雪花啤酒（辽宁）有限公司的48倍多，是沈阳中街冰点城食品有限公司的近518倍。

品牌价值含金量不高，一些企业认为品牌价值评选结果对其业务扩展或品牌宣传没有任何推动作用，评估过程中反倒需要投入过多人力、财力、精力，得不偿失。品牌价值评估权威度不高，有的企业因为上交材料、数据不全面或其他方面因素最终品牌价值评估所得数值过低，反而影响了品牌声誉，起到了负面宣传效果。中国暂时没有专业、权威、受各行业一致认可的品牌价值评审机构，一般所谓的品牌价值都是由各大媒体及各行业的研究组联合评定的，评定的标准不一、范围较小。全球范围内各个国家企业更认同Interbrand、Brand Finance、Future Brand、Young & Rubicam、World Brand Lab（WBL）五大品牌价值评估机构，但这些机构评价费用不菲。

2. 在工匠精神和质检制度上与外国老字号有差距

奔驰在2022年全球品牌价值排行榜（Interbrand）中排名第八。奔驰被视为世界上最成功的高档汽车品牌之一，完美的技术、过硬的质量、推陈出新的能力以及一系列的经典轿/跑车款式令人惊艳。奔驰的工匠精神、坚持制度与追求完美的态度更值得我们学习。

工匠精神铸造品质，德国老字号奔驰汽车，在铸造产品过程中和售后服务上都体现出极致的匠人之心。以匠人情怀赋予机械灵魂与情感，以严格的培训机制再结合匠人之心成就非凡品牌。奔驰在全球范围内都遵循统一的培训体系，每位汽车诊断技师都要经过长久的在线培训和面对面培训及五年以上的维修实战经验。检查制度更是苛刻，汽车每一个生产制造环节都有专人监督和检查，生产的每个组装阶段也均有专人检查，最后技师审查签字，汽车才能出生产线。

3. 在注重科技改革、拓展海外国际市场方面有差距

龟甲万公司是一家有390多年历史的日本家族企业，于17世纪在日本一个小村落以酿制酱油而起家，如今发展成为全球第一的日本食品佐料制造商兼供应商，拥有2000多种酱油相关产品，成为全球营销业界领袖。龟甲万重视科技、保护传统文化、多元化经营的路径为今天的企业经营者树立了良好典范，对现在辽宁老字号企业而言，更是弥足珍贵的学习榜样。

龟甲万作为一家家族式企业经营着传统行业产品，完美地将传统与现代结合在一起，对微生物领域、杂交植物和基因工程等方面深入涉猎，在药剂、食品工业方面颇有建树。龟甲万注重保护传统文化，为所在城市留下了诸多弥足珍贵的文化资产，出资兴建酱油博物馆等，博物馆内收藏着龟甲万完整的酱油相关物品及史料。人们在参观酱油博物馆的同时领略了龟甲万的历史与文化，极大地增强了龟甲万在消费者心目中的品牌内在魅力。龟甲万广泛投资各种产业，包括制药、餐饮等；同时重视海外市场，积极推广产品到海外各地，根据当地实际情况策划推广方案并选择合适的营销策略。

目前，一些辽宁老字号生意惨淡，中华老字号不断减少，各地市面对老字号的发展，应该集体思索未来的出路，汲取身边成功老字号企业及国际知名老字号企业的成功经验，取长补短，寻求一条在新媒体时代新一代消费群体崛起下的发展之路。

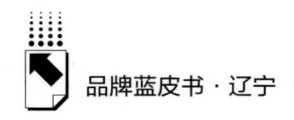

（二）与中华老字号品牌相比存在的不足

从全国中华老字号地区分布来看，北京共有中华老字号117个，在全国省（区、市）排名中，仅次于上海。明清以来商贸最为繁荣的长三角地带——江浙沪有367个中华老字号。具体来看：上海商贸体系较为发达，近1/3老字号企业属于批发零售业，全国四成加工制造老字号企业都在上海；北京以餐饮食宿为主，百年企业居多；粤浙医药老字号较多，仅广州医药集团麾下就有12个老字号；山东、江苏、河北、浙江均有逾10家老字号酒企；酱醋调料老字号企业最多的不是山西、江苏，而是四川。①

与其他省（区、市）相比，辽宁老字号的经营状况不是很好。无论在认知度、知名度上还是在美誉度上都有一定的差距，具体体现在如下方面。

1. 辽宁老字号含金量亟待提升

"老字号"能够流传至今，最大的竞争力是品牌承载的传统文化和传承人坚持的品质路线。有专家考证，中国饺子的发源地在沈阳，所以，来沈阳必到老边，在老边吃的不仅仅是饺子，还有中国的历史文化。虽然目前老边饺子已经在全国拥有近120家连锁店，但是知名度最高的仅限于沈阳的总店，省外城市分店的认可度仍待提升。因此，品牌的生命力、影响力和规模化、国际化乃至资本化都是增加老字号含金量的关键点。

2. 增强品牌创新，全过程必顺应时代发展需求

创新是"老字号"不老的秘籍。在"国潮"流行的趋势下，越来越多的"老字号"顺应潮流变化，近年来，传统"老字号"企业纷纷转型来迎合年轻消费者的需求，掀起复兴中国"老字号"品牌的国潮风。有着400年历史的"老字号"广生堂，自制养生茶替代饮料，并将中药养生之道推广给更多的年轻人。"老字号"中街冰点融入现代文化，在产品顶端添加了稳定别致的1946浮雕，打造1946高端品牌。中街冰点的汤圆则在外包装上加入水墨画设计，增添了产品传统与文化底蕴的质感，就这样，"老字号"

---

① 中华人民共和国商务部业务系统统一平台。

成功受到追捧国货的年轻消费群体的钟爱。

3. 家族企业核心团队急需复合型人才

辽宁大多数民营企业最大的痛点就是人才问题，没有人才就没有活力，人才匮乏是"老字号"面临的困境问题之一。"老字号"的团队大部分是家族企业，一些企业还抱有"不放心"将企业交给"外人"经营管理的心态，导致缺乏优秀的职业经理人和专业的研发技术团队，也就更加不太敢冒险走出辽宁去开拓市场。缺乏人才正是"老字号"走不出辽宁的一个主要因素。"老字号"更需要复合型管理人才的加入来推动老字号企业管理现代化，帮助企业做好未来的发展规划。

4. 品牌亟须升级，加强品牌扩张

"小富即安"的思维限制了"老字号"的发展。辽宁老字号民营企业多数规模小、竞争力弱，品牌不够响亮，并且不会遍地开花，也不会像大企业那样稍有变化就会引起全国的关注，虽然拥有较好的口碑和信誉，但仍然是区域品牌。部分老字号对品牌定位缺乏时代色彩，难以应对市场的变化节奏，没有融入现代文化，就很难吸引到年轻的消费群体。在互联网的推动下，老字号也应该向多元化发展。沈阳稻香村作为一家老字号企业，自从开通了线上直播后，销量节节攀升，2022年初的一次汤圆直播带货，一场竟卖出30万袋。值得注意的是，辽宁很多老字号仍然吃的是名气饭、情怀饭和手艺饭，仍然是单一的手工作坊。辽宁"老字号"急需完整的品牌扩张策略以及产品横向拓圈、技术纵向升级，手工作坊须向工业流水线发展，还需多维度营销。这些企业品牌的知名度仍然不高，想在全国铺开，产品就亟须升级！

三 辽宁老字号品牌的发展策略

传承老字号精神、推进老字号发展是各级政府部门新时期肩负的重要历史使命。在市场竞争越来越激烈的今天，辽宁老字号面临着品牌数字化升级、管理模式现代化转型、品牌重塑等一系列问题。为了改变老字号现有的状态,需要国家、省市各级政府及相关管理部门加大政策支持力度,不断加大老字号工作力度,推动老字号企业在建设自主品牌、全面促进消费、坚定文化自信方面发挥更多作用;企业自身也要自练内功、创新发展,提高企业经营管理水平,更好地满足人民美好生活需要,这样才能振兴辽宁老字号品牌。所以,厘清其在发展中存在的问题并对此提出相应的解决策略便有着重要的现实意义。

(一)进一步完善老字号名录体系,保护老字号文化遗产

继续推进辽宁老字号认定工作,建立动态管理机制,定期调整、公布辽宁老字号名录。深入开展老字号普查工作,全面掌握老字号发展历史和现状,跟踪监测老字号发展情况。探索建立辽宁老字号档案库,大力挖掘整理老字号文化资源。运用建立数字化老字号档案库的方式,归纳、梳理和保存老字号的传统技艺和发展史料,利用现代科技优化老字号文化遗产的保护与传承。

对符合条件的独特技艺工艺给予政策倾斜或资金上的扶持,优先考虑纳入非物质文化遗产保护体系。支持老字号传统技艺申报非物质文化遗产代表性项目,特别是积极推荐一批具有辽宁特色、历史价值较高的"老字号"非遗项目(已被列入省级项目的),积极争取纳入国家级非物质文化遗产代表性项目行列。将一些熟练掌握老字号核心技艺、积极培养后继人才的大师或民间艺人认定为非物质文化遗产代表性传承人。加大对老字号商标的保护力度,及时查处老字号商标违法行为,并将行政处罚信息录入全国企业信息公示系统予以公示。

(二)加大老字号政策支持力度,拓宽资金支持和融资渠道

可设立专项资金支持老字号发展,支持老字号企业技术改造、产品升级、连锁经营等;对一些濒临破产但有独特工艺的老字号企业给予一定额度的资助,帮助其脱离难关、焕发青春。鼓励银行在风险可控的前提下,通过商标专用权质押贷款等形式,根据老字号企业特点量身定制金融产品,支持

老字号发展。

  2022 年，辽宁省财政厅已将辽宁老字号纳入 2022 年度省促消费专项资金支持范围，专门列支 870 万元对中华老字号、辽宁老字号企业在提升消费品质、升级改造消费环境、加大品牌推广力度等方面予以支持。沈阳市先后对萃华珠宝、鹿鸣春饭店、天益堂药房等中华老字号企业给予补助资金近 700 万元。今后应继续积极争取将老字号纳入省促消费专项资金支持范围，不断完善推动老字号企业创新发展的资金扶持政策。鼓励金融机构加大对老字号企业的金融支持力度，积极开展老字号领域银企对接，发挥金融对老字号企业的支撑保障作用，打破老字号企业融资瓶颈。

（三）继续加强现代营销，注重线上线下融合发展

  在做好品牌传统产品的基础上，应加快产品创新，开发适应现代市场和年轻消费群体所喜爱、需要的，富有品牌历史文化内涵、品质上乘的产品或服务。后疫情时代，应主动探索适合网络媒体平台宣传和销售产品。加大力度开发和丰富适合旅游市场的老字号纪念品、文创产品、伴手礼等相关品类，扩大品牌知名度，增加品牌附加值，进而带动品牌产品销售。

  在技术开发上应加大投入力度，加快技术革新，推进智能化改造升级，创新传统工艺。在增强品牌自主创新能力的同时提升新产品的研制水准。

  互联网技术对品牌的加持，更有效地拓展了品牌知名度、渠道建设、终端助销的新营销体系。积极进行线上线下融合发展，支持老字号与电商平台对接，鼓励电商平台设立老字号专区、官方旗舰店，集中宣传，联合推广。加强线上新媒体推广，利用微博、微信以及抖音、小红书等媒介或网站投放广告进行宣传。线下实体门店开通线上直播间卖货。如有非遗技艺的品牌可以让非遗传承人来直播间介绍产品的"非遗技艺"。同时，合理控制直播频次，把直播常态化、工具化。提升品牌影响力。鼓励老字号发展在线预订、网订店取（送）和上门服务等业务，通过线上渠道与消费者实时互动，为消费者提供个性化、定制化产品和服务。

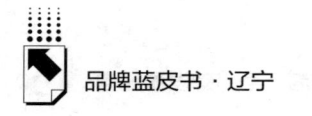

（四）建立"老字号"人力资源培训平台，深挖品牌核心价值

辽宁省老字号品牌众多，传播、推广不足，消费者认识度不高，品牌价值无法发挥。品牌企业家和员工对"老字号"品牌认识不足，管理观念落后，营销手段单一。老字号品牌推广的主体是企业工作人员，他们在品牌推广过程中起到至关重要的作用，因此，为提高品牌知名度和深挖品牌价值，必须从企业内部抓起，让企业内部所有人都重视品牌推广，转变管理思路，创新品牌营销手段。根据各高校专业优势和特点，教育厅组织高校与企业建立培训平台，对企业家和员工进行品牌知识培训。培训有以下几种形式：高校进修、企业讲座、论坛和沙龙。高校进修，走进高校进行一段时间的集中脱岗学习，学习系统的品牌知识。企业讲座是高校定期选派优秀教师深入企业内部，对企业全员进行短期的培训。论坛和沙龙是邀请高校知名学者与企业家进行座谈，提高企业家对品牌推广的认识。通过培训，老字号企业提高了对品牌保护和推广的认知，认识到品牌核心价值，展现了品牌推广的迫切需求。

（五）实现校企合作，发挥高校文化传承优势

实现高校与老字号品牌企业的精准对接，最直接的手段就是学校与企业合作，调动各高等院校的积极性。一方面，院校的相关专业知识得以实践落地，通过企业平台最大限度地转化校方科研成果。另一方面，企业也向校方学到了相关的品牌保护、管理、传播甚至为其品牌延长生命周期的方法。两者相辅相成、互相扶持，是校企双赢思维的一致契合点，体现理论与实际的有益结合。可以根据老字号品牌企业所属的行业、专业领域，选择与其匹配的高等院校，对老字号品牌进行市场调研，发现问题，剖析并解决问题，最后制定严谨合理的整体品牌维护方案，让消费群体对品牌价值有深刻的感悟与认知。同时，将品牌建设作为实践创新项目引入院校的专业教学当中，吸收新生设计力量的新观点和新方法，为老字号品牌建设的转型助力。

（六）成立品牌建设专家团队，助力老字号事业发展

为使辽宁老字号品牌建设更有效，提高品牌形象，加大品牌文化的传播力度，实现消费者与品牌之间的情感共鸣，企业应聘请了解各家企业品牌内涵、优秀的专家学者组成整体品牌维护团队。成立品牌专家团队后，对品牌进行监督和规划，对品牌定位、品牌设计、品牌保护与管理、品牌传播推广等进行一系列指导。统一策划全省老字号品牌形象的标准，同时注重各自品牌的个性化发展，势必能使老字号品牌建设与推广得到加强，使品牌建设整体形象也得到提高，进而使品牌深入人心。

组织成立省市各级老字号协会，充分发挥协会功能，为老字号发展搭建交流合作的平台，及时帮助一些老字号企业解决在技术、信息、融资、项目合作等方面遇到的现实困难和问题，共同推进老字号事业发展。

充分发挥专家学者的重要作用。实现校企合作、联合发力、相互成就。运用高校专业的品牌整合知识增强辽宁省老字号品牌核心理念，延长品牌生命周期，创新品牌形象。

老字号管理者应积极倾听和吸纳专家的意见和建议，提高管理水平。加强国内外同业间的交流与合作，学习借鉴国内外同行业的先进经验，扩大与同行业间的交流与合作，走出辽宁，拓宽视野，推动辽宁老字号不断发展。

参考文献

王焯：《辽宁老字号发展现状与振兴战略研究》，载《2018年辽宁经济社会形势分析与预测》，社会科学文献出版社，2018。

王俊峰、马越：《辽宁老字号品牌发展研究》，《商场现代化》2019年第11期。

杨珩：《中外老字号企业经验与典型案例研究》，《经济师》2017年第7期。

区域品牌篇

B.13
盘锦河蟹品牌发展报告

谢津翰*

摘　要： 盘锦河蟹是东北地区重要的淡水饲养农产品，经近20年的发展已经成为河蟹市场上的特色产品。但盘锦河蟹品牌的建设也略有不足，本文通过对盘锦河蟹目前品牌建设、产业发展和市场营销的分析，进一步提出了合理的可持续发展建议。盘锦河蟹品牌建设需要从技术上改善河蟹的整体质量、拓展产品的多元化，并拓宽市场营销渠道，同时引进先进的管理经验，还需紧跟消费升级，提高售后服务质量。

关键词： 盘锦河蟹　特色农产品　品牌建设　品牌管理

科技的不断发展带动养殖技术的更新与进步，螃蟹这一美味且富含

---

* 谢津翰，东北大学艺术学院，研究方向为品牌学。

营养的养殖水产品逐渐成为大众餐桌上常见的食物。无论是在螃蟹出产成熟的旺季，还是在团圆的佳节，螃蟹都是深受大众喜爱的佳肴。优越的自然资源条件，使盘锦地区成为中华绒螯蟹的主要产地之一。盘锦河蟹，体型短粗厚重，蟹壳为青黑色，四肢较短且肉多。每年9月开始黄满膏肥，进入市场。湿地河蟹个体大、蟹黄多，有盘锦地区独有的河滩味道，吃后唇齿留香，使人难以忘怀。截至2021年，盘锦河蟹形成了培育、养殖、饲料生产、深加工及餐饮等产业发展的新链条，不仅带动了盘锦地区的经济发展，同时还创造了许多新的就业岗位，最终使盘锦河蟹产业成为盘锦市对外交流时一张重要的名片，为盘锦和辽宁当地经济发展带来了新活力。

一　盘锦河蟹品牌发展历程

盘锦河蟹官名中华绒螯蟹，经济价值高，养殖条件简单，是中国淡水水产资源中非常重要的经济养殖水产品。盘锦河蟹肉质鲜美、营养丰富。自20世纪80年代盘锦市河蟹人工培育蟹苗获得成功以来，盘锦河蟹产业经历了"七五"起步、"八五"腾飞、"九五"稳定、"十五"巩固、"十一五"发展、"十二五"跨越、"十三五"飞跃、"十四五"扩张的发展历程。2007年，国家质检总局对"盘锦河蟹"实施地理标志产品保护。自此之后，盘锦河蟹产业成为盘锦地区农业结构改革的试点。盘锦市以提高农民收入为出发点和基本点，不断完善发展理念，使河蟹产业发展不断登上新台阶，立足自然资源，合理布局产业，带动盘锦就业和当地居民收入增长。在盘锦市政府的带领下，盘锦河蟹产业蒸蒸日上，受到学界和社会的广泛关注。无论是在中国北方还是南方，盘锦河蟹的品牌战略都得到了青睐，成为水产产业当中十分优秀的品牌建设案例。根据盘锦市统计局的数据，2021年盘锦地区河蟹养殖面积达到180万亩，其中成蟹150万亩，扣蟹30万亩；河蟹产量8万吨，其中成蟹6.0万吨，扣蟹2万吨；河蟹产品产值60亿元，河蟹产业产值130亿元；河蟹出口3700吨，创汇2700万

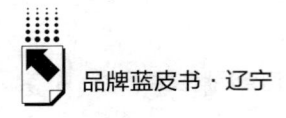

美元。①

从农业技术上看,盘锦地区的水产养殖和育种技术有了明显的进步,除了丰富多样的水产产品外,盘锦地区的水产养殖也有了长足的发展,从技术上看,已进一步扩大了水产养殖的可控性规模。盘锦是我国河蟹产量最大的地区之一,该市拥有辽宁省第二大养蟹面积,占全省养殖面积的20%左右。这样的发展规模离不开盘锦当地养殖户和农业技术人员的辛勤付出。此外,盘锦河蟹肉质鲜美,受到众多消费者的喜爱。经众多的河蟹品种选育,盘锦河蟹品种不仅抗病能力强,且肉质鲜美,饲养成本相对较低。优良的河蟹品种,为建立具有特色的河蟹产品品牌打下了坚实的基础,在农业技术上保证了品牌发展的可靠性和长远性。

从基础设施上看,盘锦市有较为完善的交通运输系统,盘锦河蟹的鲜美、产业化的实现都离不开运输环节。盘锦市拥有发达的交通运输线,有多条快速干道和货运站,这些交通运输线连接市内各个城区、相互交汇。盘锦是辽宁省高速公路最多、公路网密度较大的城市。截至2021年底,普通公路里程达到近4000公里,盘锦市高速公路通车里程达到229公里,干线公路通车里程达到517公里,乡级公路通车里程达到1161公里,村级公路通车里程达到1541公里②,构建了盘锦通往锦州机场、营口机场的快速通道,缩短了主通枢纽水平距离。盘锦市年货运量达到13423万吨。③ 盘锦河蟹的销售紧紧依靠盘锦的基础设施。完善的基础设施使得盘锦河蟹可以在运输半径内以新鲜的品质送至消费者手中,保证了产品的新鲜和质量,提高了盘锦河蟹的口碑。

从政策扶持上看,2019年初,由盘锦市政府牵头成立盘锦河蟹产业联盟,自组建以来,该联盟以实现盘锦农业高质量发展为目标,积极探索管理集团化,推动河蟹产业的发展。此外,盘锦市政府多次主办中国盘锦河蟹节暨国际河豚鱼产业发展论坛,并多次牵头省机关事务管理局及全国知名餐饮

---

① 《我市冬储河蟹成为产业发展新引擎》,盘锦市人民政府,2022年1月18日。
② 盘锦市统计局:《2021盘锦统计年鉴》。
③ 盘锦市统计局:《2021盘锦统计年鉴》。

企业——顺峰餐饮酒店管理有限公司、北京弘景餐饮管理集团等单位与盘锦市河蟹养殖企业签订合作协议，着眼发展现代农业，始终保持盘锦河蟹等地标产品的监管力度不减，立足服务业提档升级强化旅游、物流、商贸业标准管理和品牌建设，为产业结构优化升级和发展方式转变提供应有的保障。政府对市场的监督使河蟹市场上"以次充好，鱼目混珠"的现象有了根本性的改变。

二 品牌当前效益与发展前景

盘锦位于辽宁省西南部，地处辽河三角洲中间地区。优越的地理位置与丰富市场资源的支持推动着盘锦河蟹的发展，先进的物流运输条件和政府支持创业的政策进一步推动了盘锦河蟹品牌的市场化。

从社会效益上看，2021年盘锦市河蟹养殖主体3万多个，河蟹产业从业人员20余万人，实现全市农业人口人均增收4000元以上。[①] 盘锦河蟹的品牌发展，增加了盘锦当地和产业链上下游的就业，使农村养殖产业的发展红利实实在在地带动了盘锦的民生发展，此外，在现代农业和品牌建设上的先进经验对全省乃至全国的"三农"事业发展都有着借鉴作用。

从经济效益上看，盘锦市为推动河蟹产业健康发展，2019年组建盘锦河蟹产业联盟以来，坚持创新"产业联盟+新型农业经营主体+基地+农户"发展机制，让当地蟹农与企业共享盘锦河蟹的发展红利。规模化养殖使盘锦走上规模化养殖河蟹的道路，推动了当地的产业升级，提高了当地农民收入。规模化养殖、标准化生产、品牌化经营，河蟹育种工程、河蟹水稻共生模式的推广，养殖技术输出等，促进了盘锦河蟹产业高质量发展，促进农民增收，为乡村全面振兴、全方位振兴提供产业支撑。

从生态效益上看，盘锦市所采用的独特的"种稻养蟹"的河蟹养殖模式是可持续发展在现代农业中重要的应用和发展，一方面，有规划、不盲目

---

① 盘锦市统计局《2021盘锦统计年鉴》。

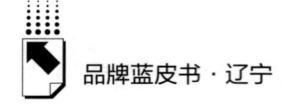

的生产规模发展保护了当地的湿地资源，不仅起到了涵养水土的作用，而且还保护了当地的生态多样性；另一方面，这种较为完整的生态闭环养殖模式，推动了新蟹种的选育工作，同时也在生态环节上筑牢了食品安全的底线。

目前来看，盘锦河蟹的品牌发展在政府和市场的双重作用和推动下，正沿着科学有序的道路快速发展。随着国家的发展和国民收入的提高，居民对饮食的要求必然会逐步提高，对有机、健康、绿色、新鲜的食品需求量会逐步加大，盘锦河蟹品牌应紧紧结合党的二十大后新时代的建设和发展趋势，努力打造成为中国北方的重要"蟹品牌"，做好新时代食品行业发展的先行者。

三 品牌发展面临的问题

经过多次产业发展和调整，盘锦河蟹产业生产水平已经显著提升，但随着盘锦河蟹地理品牌的发展，许多问题也接踵而至，这些问题不仅制约了盘锦河蟹品牌形象的建立和发展，而且影响到已经建立的产品口碑，使得产业的发展受到严重制约。只有解决了品牌发展存在的问题，才能推动盘锦河蟹产业进一步发展。盘锦河蟹品牌存在的问题主要包括以下几个方面。

（一）养殖与深加工技术相对滞后

从农业技术角度来看，滞后的方面主要集中于养殖、蟹种培育和养殖环境建设。随着知名度的扩大，盘锦河蟹的养殖规模一直在扩张。从盘锦河蟹的品种来看，因为河蟹的规格较小，大个体稀缺，所以"大蟹"的价格反较苏沪的大闸蟹的价格更贵一些。所以，应通过深化优良个体的选种技术和现代农业水产饲养技术的加持，来培育优良的盘锦河蟹，保证河蟹优良品种的多次筛选和基因样本库。在河蟹养殖中要对水质予以把控，需要把控好水质的更换时间和质量，为河蟹的生存提供良好的生长环境，保证河蟹养殖质量。

此外，盘锦河蟹的配套深加工产业一直发展不成熟，在这一条件的限制下，盘锦河蟹多年来的养殖规模一直无法扩大。从河蟹的自然生长条件上看，盘锦河蟹的上市日期一般是每年的8月中旬或9月初，上市的日期比南方河蟹要提前1个月左右。八九月相交的时节，天气还相对较热，如果是处于半死亡或死亡状态下的河蟹，其体内会产生大量的对人体有害的毒素，所以盘锦河蟹的深加工技术发展刻不容缓。盘锦河蟹产品的深加工技术无论是与国外海产事业较为发达的国家相比，还是与国内苏沪地区相比，依然存在一定的差距，大部分的养殖户或商家依然停留在"冷藏""麻醉"的初级阶段，而这种低级加工的模式不仅影响了产量，而且对河蟹的质量和新鲜程度也有潜在影响。深加工技术对盘锦河蟹的产业化发展带来了不小的影响。低级加工的模式适用于小作坊，而地区化的产业升级需要机械化的养殖技术和标准化的深加工技术。同时物流的保存技术与运输半径决定了河蟹产品的销售半径，所以水产深加工技术的滞后已经成为目前盘锦河蟹品牌进一步发展的重要制约因素。

（二）地理河蟹品牌建设不足

全国多个省市纷纷推出自己的河蟹产品，加上盘锦河蟹产量的不断增加，给盘锦河蟹的市场品牌建设工作带来了全新的发展问题。同时竞争的加剧与产品同质化的趋势一定程度上促进了河蟹市场的健康良性发展。对于河蟹产品市场而言，河蟹的单蟹重量和新鲜程度是评价河蟹质量优劣的重要指标。而盘锦河蟹在重量、体积方面与江苏、上海产的大闸蟹相比并不占优势，这一产品定位长期以来已经在消费者的心中成了固有印象，盘锦河蟹在消费者心中并非第一位的优质河蟹选择，所以盘锦河蟹往往很难获得更高的价位，限制了其产业整体效益的提升。

盘锦当地存在众多的中小商家通过注册自己的小品牌，通过自己小作坊对河蟹进行生产、加工、销售，使自己品牌的销量增加并培养一批忠实度较高的消费者。这样的消费和生产现状虽然使众多小品牌进行内部竞争，提高了盘锦河蟹内部的整体加工水平，但因为是小品牌加工、销售，销售的渠道只能面向个体和较小的零售商家，不利于发挥品牌效应，长期来看更不利于

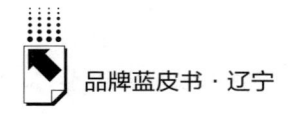

盘锦河蟹的整体品牌建设。品牌众多反而成为影响品牌建设和营销的最大阻碍。

此外，当今的盘锦河蟹产品市场依然存在"同牌不同质""同质不同价"等质量参差不齐的现象。这类质量问题，会让消费者心中的品牌形象大受损伤，对于"盘锦河蟹"的品牌发展有消极影响，也会影响"盘锦河蟹"品牌资源整合和宣传的力度。

（三）市场和渠道未能形成产业化

市场化的销售渠道和管理经验在以农业为主的盘锦河蟹品牌建设中并没有大量的应用，成为制约盘锦河蟹品牌进一步发展的重要因素。现代水产市场中，水产类产品的分销渠道主要分两部分，一部分是大批量的批发后再分销，另一部分是较为小规模的零售，这其中也包括目前较为火热的线上零售模式。在分销渠道中，批发市场最重要的优势在于产品和服务更加集中和规模化。批发市场需要构建完善的基础设施以及高效销售服务的有关功能。但经过详细的市场调研，盘锦水产类批发市场的规模相对较小，基础设施部分也有许多欠缺，市场的整体管理制度还较为僵化。"盘锦河蟹"面对许多已经成熟的水产品牌，在营销上明显后劲不足，对于销量的推动作用也较为有限，所以盘锦河蟹在市场分销渠道上有着明显的劣势。

此外，循环分布的管理模式对于盘锦河蟹来说是相对不合适的。从利弊两方面来看，个体小微企业的发展在这种模式下受到了很大的限制。这在盘锦河蟹品牌建设面临市场压力较大的情况下，显然是不合适的。

（四）市场营销方式单一

长期以来，盘锦河蟹虽然拥有较高的产品质量，但其产品定位一直存在模糊现象，例如，盘锦河蟹在中高端的定位仍然缺乏消费者足够的认可，而在礼品领域，同类的大闸蟹采用了"蟹券"的销售方式，将不可长期保存的大闸蟹变为一种可以随到随取的礼品，使得大闸蟹成为高端礼品。此外，因为盘锦河蟹的地理品牌建设滞后，导致盘锦河蟹的品牌形象相对模糊，以至于消费者对盘锦河蟹的印象更多的是农产品而非一种优良的产品，这也正是因为其并未通过系统性的品牌设计。此外，除了上文提到的盘锦河蟹中许多企业管理经验不足、管理方式落后，销售渠道落后也是不能忽视的。河蟹属于季节性的农产品，如何在相对短的时间内销售掉所有的产品是对销售渠道的一个巨大考验，落后的销售渠道不仅仅会影响今年的销售与获利，更重要的是会影响明年乃至未来几年的河蟹养殖规模和资本投入力度，所以拓宽销售渠道是目前重要的困难之一。此外盘锦河蟹网上消费量占比不大，说明盘锦河蟹在互联网营销方面尚未发力，无论是现在时兴的"直播带货"还是通过社交平台的"种草式"推广，加大线上营销力度是许多河蟹品牌企业发展的重要途径。

四 盘锦河蟹品牌的未来发展途径

（一）产研结合以技术驱动品牌竞争力

河蟹育种、养殖和深加工技术的发展是改变盘锦河蟹品牌最重要的手段，良好的产品质量有利于品牌的推广。先进技术的研究推广是当前的重中之重，其中，河蟹的优良品种育种、顾好生态养大蟹、优质饲料的开发和生产、养殖水域的调控等方面应作为重中之重。通过建立优质河蟹种苗冬储基地，有效解决优质扣蟹冬储量不足问题，提高河蟹种苗越冬成活率；与农业高校建立深度合作关系，将研究带到田间地头，将实践中的农业问题带入实验室，创造更加高效的生产方式，满足北方地区冬季对优质大规格河蟹种苗的需求，从而在中国北方地区建立起独有的河蟹品牌。同时，建立辽宁省最大的优质河蟹种苗生产供应基地，加快辽河水系中华绒螯蟹的苗种繁育体系建设，提高野生大规格河蟹产量，促进产生良好的经济效益和社会效益，将时间线放长、产业链放宽，上下游共同推动河蟹养殖育种的发展。

河蟹是季节性农产品，往往一年的销售时间只有1~2个月，在这和条件下，河蟹产业发展到一定规模之后，水产品保质期较短的问题就暴露出来了，此时"深加工"产业的发展和建设就显得尤为重要。一旦鲜活市场饱和，谁拥有了"深加工"，谁便拥有市场的话语权，谁就可以将自己的产品突破水产运送的半径。可以说，"深加工"是突破盘锦河蟹品牌"天花板"的关键、开辟更大线上市场的必由之路。深加工技术的利用可以逐步解决河蟹销售时间紧、任务重的问题，从社会效益上看，可以增加当地就业，使得在盘锦河蟹的生长期仍然有效地提高当地蟹农的收入，有利于扩大盘锦河蟹的生产规模，为河蟹品牌多元化发展做好铺垫。

（二）建设多元化的河蟹品牌

盘锦河蟹的地理品牌虽然得到国家的认证、消费者的认可，但在市场竞争的条件下，无法忽略其他品牌的压力。所以盘锦河蟹的品牌建设是重中之重，要加强品牌的塑造与传播，进一步提高盘锦河蟹的声誉，在北方市场上逐步扩大影响；加快品牌整合，使小企业的个体生产逐渐演变为大企业的规模化生产。地理标志产品的管理是盘锦河蟹品牌建设的重中之重，让盘锦河蟹走出辽宁、走向全国，使"蟹"产品走向世界、盘锦"蟹"文化成为中国文化的一部分。在品牌建设的过程中，盘锦市政府应该主动担起责任，为盘锦河蟹品牌保驾护航。监督应由政府牵头，全面从严监管盘锦河蟹的食品质量安全问题，在市场监管过程中，应重点打击假冒伪劣、以次充好的行业，这样才能将盘锦河蟹品牌建设成为一流品牌。

突破单一的盘锦河蟹品牌要"立足河蟹，跳出河蟹"，发展河蟹休闲旅游市场，走多元化经营道路，以养殖业为基石，以旅游业为辅助。河蟹养殖另一个热点是休闲蟹业，即从消费者单一的吃蟹发展为农家乐、钓蟹、观赏蟹景。可以建立拍蟹摄影的旅游景观，通过移动互联网来进行营销，这种以文化为载体的养殖、休闲、餐饮和旅游相结合的多元蟹文化营销模式，会吸引更多的消费者来进行各种形式的消费。确立好河蟹盘锦品牌的"定位"，是目前河蟹品牌发展的关键，例如，以质量为主要特色和品牌发力点，从售前和售后两个方向，售前强调质量为盘锦河蟹的主要特点；从售后角度，把控质量是重复获得消费者的关键，"回头单"靠质量和口碑，品牌建设的关键在于定位。注重差异化的品牌建设方法,将众多子品牌的发展进行差异化的矩阵分布,利用不同特点和不同品牌之间的关联性,建设多元化的盘锦河蟹产品矩阵,促进盘锦河蟹品牌发展。

(三)引进先进管理经验规范品牌发展

由政府带动,以市场为主体引进先进的企业管理经验并做好市场的监管,拓宽市场销售渠道,抓住季节性的农产品上市窗口,深耕深加工业,扩大河蟹产品的品类。加大河蟹市场建设扶持力度,加快盘锦地区现代化的河蟹市场信息平台建设,规范市场营销管理体系,完善服务功能建设,建设集交易、仓储、加工、配送等功能于一体的现代化的河蟹批发交易市场。通过交易市场内的良性竞争,推动中小企业个体商户的规范化经营,将众多小品牌纳入盘锦河蟹这一大品牌下,形成依靠主品牌影响力进行推广、众多小品牌竞争的多元化的良性局面,以批发交易市场为依托,进行外包装、品牌形象设计的多元化探索,依靠市场竞争,完善品牌化建设的整体流程,最终把盘锦河蟹品牌建设作为东北地区富有地域特色的农产品品牌建设优秀案例。此外,销售端引入成熟销售管理机制,推动销售的专业化和服务化,强化销售流程。发力新媒体销售渠道,引入专业的直播带货团队,推动短视频、直播等销售新形式作为传统互联网网店和线下渠道的补充。此外,注重宣传方式的转变,从"盘锦河蟹"产品转变为"盘锦河蟹"品牌,注重品牌的宣传和声誉维护,重点宣传主题,加大投入,深入宣传,在短视频平台等新媒体渠道下功夫,在消费者心中树立盘锦河蟹的品牌。

(四)加强监管与增强营销双管齐下

商家调研数据显示,不少消费者认为盘锦河蟹品牌知名度较低,因此,优化河蟹营销策略,加强河蟹品牌建设,提高河蟹品牌知名度很重要。做大河蟹品牌,首先要保证盘锦河蟹的优质生产。良好的产品质量是有效营销的先决条件。通过加强河蟹生产基地建设和管理,完善河蟹质量保障体系,从河蟹养殖到销售全过程保证产品质量,严格控制养殖过程,严格质量标准,强化全过程质量保障。加强品牌建设，要突出河蟹品牌特色，倡导形成有特色、差异化发展的品牌建设路径，防止品牌单一、缺乏特色。其次要规范品牌管理，提高品牌建设标准，真正打造优质河蟹品牌，防止拥堵导致品牌混乱和假牌现象。此外，还要鼓励现有河蟹品牌继续完善品牌管理制度，做好广告宣传，利用消费者口碑和网络媒体做好广告宣传，利用各种媒体技术提高品牌知名度。在品牌营销战略方面，应加强以农产品品牌营销为重点的战略，提高品牌知名度。不仅要关注品牌商标申请，更要关注农产品的品质，在打造农产品品牌的过程中，要充分体现农产品的优势和特点，利用实际机会实施品牌营销和消费者参与战略。同时要将品牌建设贯穿于盘锦河蟹品牌发展的全过程，保护品牌，高度重视品牌的营销策略。

在具体的营销策略方面，一是强调科学、经济的营销策略。二是利用现有的线上直播销售方式，打造线上销售门店，利用线下和线上联合销售模式，优化营销策略。随着互联网的飞速发展，利用互联网制定农产品营销策略具有极大的优势。这不仅可以化解客服与消费者之间的时空矛盾，还可以有效解决农产品保质期短、贸易环节过多等问题。采用电子商务营销策略，可以减少消费者的疏离感，让消费者通过互联网更直接、更全面地了解农产品信息，同时提高农产品的售后服务水平。方便客服随时沟通，这有利于提高盘锦河蟹产业的整体发展水平，实现良性循环。

五 结语

盘锦河蟹品牌是建设新时代社会主义新农村的优秀案例。在党的领导下、在无数基层干部的带头努力下，随着养殖和生产技术的发展、养殖规模的不断扩大、盘锦河蟹品牌的不断建设，盘锦河蟹得到了前所未有的发展。盘锦河蟹品牌价值已跨过百亿元市值大关，成为中国北方水产行业的独角兽品牌。盘锦河蟹自被授予国家地理标志产品以来，有效带动了盘锦地区就业，促进了"一乡一业"的实现，为辽宁省的脱贫攻坚工作作出了突出贡献，为"十四五"征程贡献了力量。作为我国水产行业龙头品牌，盘锦河蟹坚持质量第一，大力建设优秀品牌，不断扩大市场规模，为全面推动民族的伟大复兴贡献力量。

参考文献

杨宇：《盘锦河蟹营销策略研究》，大连海洋大学硕士学位论文，2022。

李恒臣：《地方特产营销策略研究》，延边大学硕士学位论文，2021。

张丽、巴福阳、刘娟、王艳华、张华：《浅谈盘锦河蟹产业发展与未来思考》，《现代农业》2020年第8期。

吴羡：《盘锦河蟹供销企业物流业务发展对策研究》，《劳动保障世界》2016年第32期。

B.14
沈抚示范区数字经济品牌发展报告

洪佳滢[*]

摘 要： 随着世界科技的快速发展，数字经济成为我国实现高质量发展和建设社会主义现代化强国的关键所在。为此，沈抚示范区率先利用其自身资源优势在辽宁省快速推动数字经济发展，并采取产业带动、集群发展、人才培养、产业培育等多重措施，促进沈抚示范区数字经济品牌迅速成长，助力推进辽宁"数字蝶变"，实现"数字辽宁，沈抚先行"的战略目标。沈抚示范区运用其核心竞争力加速辽宁数字经济一体化融合发展，以科技力量推动辽宁数字经济创新发展，并为全国数字产业发展提供了全方位的保障。

关键词： 数字经济 品牌发展 融合创新 沈抚示范区

辽宁省沈抚改革创新示范区着力推动辽宁省数字经济发展、打造"数字辽宁、智造强省"，大力推广数字技术，积极开展数字经济创新项目，深植数字基因，加快辽宁数字蝶变。自 2021 年 9 月辽宁省沈抚数字经济育成中心揭牌成立以来已经投入近 5000 万元的省、区两级专项资金用于支持企业发展。随着项目的不断启动，沈抚示范区不断支持并促进了数字经济、信息技术及装备、新材料和氢能、现代服务业等众多领域项目及企业的发展，为辽宁省数字经济产业日后的发展搭建了广阔的平台，在产业发展中不断衔

---

[*] 洪佳滢，东北大学艺术学院，研究方向为虚拟现实与信息可视化、品牌学。

接辽宁省内外优势资源，将其清单化管理、项目化实施、产业化落实。沈抚示范区的建设为辽宁省数字经济发展提供了基础支撑，也使得数字经济企业快速向沈抚示范区聚集。沈抚示范区数字经济，推动辽宁向着加快建设成为国内一流数字产业集聚发展创新高地、国内知名数字经济创新发展高地、国内领先水平数字经济融合与应用创新高地目标持续迈进。

一 沈抚示范区数字经济发展现状

（一）沈抚示范区数字经济品牌发展历程

沈抚示范区坐落于辽宁省沈阳市与抚顺市的连接带上。沈抚示范区早期由沈阳市三环以东、浑河以南69平方公里和抚顺区域102平方公里共同构成，占地面积约为171平方公里。① 2018年，《沈抚改革创新示范区建设方案》经国务院批准之后，沈抚示范区正式投入建设。2020年，原属于抚顺的高湾经济区被纳入沈抚示范区范围，由此沈抚示范区的实际占地面积扩展至278平方公里。沈抚示范区立足辽宁省，把握数字经济功能定位，在早期发展时坚定不移地走改革创新之路，使数字经济产业在快速发展的同时集中优质数字经济发展项目和高质量数字经济创新成果，努力构筑全国数字经济创新发展高地，建设数字辽宁"样板间"，将沈抚示范区数字经济带动的作用辐射全国。2018~2021年，沈抚示范区企业产值年均增长8.4%，社会固定资产投资总额年均增长31.7%，一般公共预算收入年均增长28.4%，政府税收收入年均增长27.3%，各项主要经济指标均保持高速增长。②

沈抚示范区经过多次改革创新不断推动数字经济产业在全国范围内快速崛起，以改革为辽宁省数字经济发展赋能，积极探索和建立数字技术新的产

---

① 王晓玲：《国家级新区区域融合协同发展研究——以沈抚改革创新示范区为例》，《城市》2021年第2期。
② 高磊、董翰博：《建设制度创新高地 打造数字辽宁样板》，《辽宁日报》2022年5月25日。

业、新的业态、新的模式，重塑数字经济发展新格局，积极推动实施"数字辽宁、智造强省"的建设。随着数字经济发展的路径走向越来越趋于清晰，沈抚示范区出台了《数字沈抚建设规划（2020—2025年）》。沈抚示范区确定着重打造以人工智能技术为代表的新型信息技术、以现代生产性服务业为重点的主导产业，重点建设数字经济产业、信息技术应用及装备、智能制造、生命健康、新型材料和氢能、现代服务业等主要新产业聚集区。2021年3月，沈抚示范区数字经济园区在沈抚示范区内成功揭牌创建并投资运作。根据"一园一策、错位发展"的思路，围绕云计算、物联网、大数据、人工智能、工业互联网、区域链等细分产业方向建设了6个数字经济产业园。沈抚示范区的快速发展也让示范区内的传统制造企业见到了借"数字"之力进行转型的新曙光。

（二）沈抚示范区数字经济发展成果初显

五年来，沈抚示范区持续建设制度创新高地，奋力打造数字辽宁"样板间"。自2018年以来，沈抚示范区各类创新主体实现大幅增长，高新技术企业从38家增长至130家，累计增长242%；科技型中小企业注册数从49家增长到204家，累计增长316%。主要经济指标增幅继续领先全省，固定资产再生产投放年均增长31.7%，基本公共预算总收入年均增长28.3%，政府税收收入年均增长26%。近年累计签约项目达376个，协议投资额达3580亿元。为推动"数字辽宁、智造强省"重大工程建设，坚持着眼数字技术发展最新前沿、政策重点扶持行业方向，把数字经济产业、信息技术应用及装备、智能制造、生命健康、新型材料和氢能、现代服务业等6个重点产业领域作为主攻方向来进行重点行业的规划布局和产业布局，促进和建立起具有竞争力的现代创新型数字产业系统。随着示范区数字基础设施的不断完善，数字企业的加快聚集，数字经济有效赋能传统产业效果日益凸显，沈抚示范区数字经济正朝着既定的战略目标不断前进。

随着沈抚示范区数字产业的不断变迁，沈抚示范区内先后签订中软国际解放号（东北地区）数字经济协同创新基地项目、阿里云（辽宁）双碳赋能中心及生态园区建设项目、腾讯云（辽宁）工业互联网基地项目、数字辽宁—西门子赋能中心、西门子辽宁双碳赋能中心、施耐德电气（中国）辽宁双碳创新中心项目、国家网络安全产业基地重大基础设施群工程暨360东北地区企业总部项目等98个数字企业服务领域的建设项目，已累计投入资金超过146亿元。① 沈抚示范区内多家数字企业已开始走出沈抚示范区，在全国各地分享数字技术经验、开展产业赋能。值得一提的是，塔吊林立项目摘牌即开建，从沈抚示范区正式挂牌至今，域内建设启动速度快、执行效果好，塔吊林立，施工节奏快。截至当时7月底，按照6月底新入库项目塔吊的数量和已完成的项目数量计算，每台塔吊带动新入库项目投资837.7万元，实际拉动GDP180.9万元。②

（三）坚持以改革创新为核心，凸显品牌发展成效

沈抚示范区自建设以来坚持以习近平新时代中国特色社会主义思想为三导，全面落实国务院批复的《沈抚改革创新示范区建设方案》中的建立东北地区改革开放先行区、优化投资营商环境标杆区、创新驱动发展引领区和辽宁振兴发展新引擎"四大定位"。沈抚示范区作为辽宁省改革开放的"实验田"，为落实推进数字经济产业高质量建设，助力辽宁省及周边省市实现"数字蝶变"，达到"数字辽宁、沈抚先行"的目标，要着重于"新字号"数字产业建设。沈抚示范区本身是辽宁省发展培育新产业、活跃数字经济增长点的重要试验田，又是各级政府部门积极吸引高层次人才、民营企业留住高层次人才创业的一个重要平台。沈抚示范区将以现有六个数字经济园区为基础，发挥为数字产业赋能的"老字号""原字号"的功能，推动一大批"新字号"快速发展，进而培育出一批高质量数字产业，促进沈抚示范区数字经济高质量发展。

---

① 郝晓明：《沈抚示范区："字母"串起数字经济发展未来》，《科技日报》2022年1月18日。
② 高磊：《辽宁沈抚示范区："数字经济"起跑即加速》，《国际商报》2021年8月9日。

（四）沈抚示范区创新型产业体系日趋成熟

沈抚示范区在内部六大数字产业园区的建设带动下加速发展。自示范区建设以来，数字产业项目数量已超过 200 个。伴随 6 个产业园区的逐步建成投入使用，示范区还将持续引入数字辽宁—西门子赋能中心、华为（辽宁）计算机研究管理中心等 57 个"新字号"数字产业。[①] 由于近百个不同数字企业的入驻，示范区数字经济的聚集效应得到彰显。沈抚示范区进一步强化了"新字号"对于"老字号""原字号"的科技赋能，比如引入国家蛋白质中心沈抚生命科学园等前沿数字化项目，建设辽宁省肿瘤医院新院区第一批医疗机构。位于沈抚示范区的沈阳鹏悦科技有限公司，通过国家有关部门审评，成为创新医疗器械企业，填补了东北地区创新医疗器械领域的空白。公司研发的低温心脏除颤设备，作为东北地区首个三类创新医疗器械产品，进入国家药监局绿色审查通道。在生命健康领域，示范区未来将着重布局生物医药、精准医学、健康食品和健康管理等重要行业，并着力形成完整产业链体系和全生命周期的健康产品生态圈，通过大力推进生命健康产业规模化和高端化发展，打造区域性医疗中心。

（五）沈抚示范区着力品牌学习，创新基地建设

对标先进孵化"新字号"，本着让数字产业建设享有较好的发展环境的原则，沈抚示范区从加强服务着手，给六大产业园区明确提出总目标和主要建设内容。同时示范区在品牌学习上先后引导示范区的管理人员去不同地区向当地发达数字产业学习产业建设经验。通过广泛的学习调研，示范区管理层看到差距，也同样看到了沈抚经济示范区广阔的产业发展机会。项目从正式启动到建设发展运营之初，就要求项目领导一起去产业集聚发展的成熟示范区学习经验。沈抚示范区建设需对标国内顶尖产业园

---

① 王官波、高磊：《数字经济成辽宁沈抚示范区新引擎》，《中国县域经济报》2021 年 8 月 9 日。

区，既要让数字产业享受到优越的发展条件，也要深耕数字技术，将数字产业规模做大、数字化项目做强。自沈抚示范区建设起项目管理层北上南下，为加速沈抚示范区产业建设不断努力。沈抚示范区建设起步时，数字经济建设虽然有些迟滞，但在示范区工作人员实施项目带动、群体成长、人才新业态培育等措施后，数字产业规模迅速发展壮大。沈抚示范区将为辽宁老制造业企业的转型升级赋能，也将为老工业基地创新建设提供重要支持。未来沈抚示范区将依旧着重品牌学习，并在持续摸索中逐渐找到创新发展的新途径。

（六）沈抚示范区数字经济发展不断创新科技手段

2020~2022年沈抚示范区数字企业立足沈抚、辐射东北，带动辽宁数字经济发展，赋能辽宁区域数字产业转型升级，并采取产业带动、集群发展、人才培养、产业培育等手段促进沈抚示范区数字经济的迅速成长，助力辽宁沈抚示范区加快推进辽宁的"数字蝶变"，实现"数字辽宁、沈抚先行"的战略目标。就沈抚示范区数字辽宁—西门子赋能中心项目而言，其最核心的任务就是共同建立工业互联网赋能技术平台系统和智能医院设备平台系统，根据计划将用三年时间完成智能工厂的建设，共同推动示范区建立国家产业信息化示范试点工程项目和国家示范性工程。沈抚示范区还表示将充分依托西门子的数字化技术专业人才资源优势，进一步调整完善沈抚示范区的人才结构，加快建立一个处于领先水平的智能沉浸式数字化技术主题互动与体验中心，并将利用西门子公司目前在国内外所拥有的21个技术研发中心超过5000名的研发人员和高级工程技术人员，以及约1.32万项的国际技术专利共同投资建设"产学研一体化"的具有国际领先水平的新一代人工智能实验室。①

---

① 郝晓明：《西门子数字化赋能中心落地　沈抚示范区大力发展数字经济》，《科技日报》2021年7月15日。

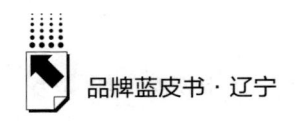

二 数字经济发展的优势与制约因素

（一）政府通过政策扶持，助力数字经济发展

沈抚数字经济产业的发展离不开政策的扶持，2018~2022年国务院针对数字经济发展出台了一系列扶持政策。结合落实国家关于数字经济产业发展的相关政策措施，对沈抚数字经济进一步发展提出更具政策指向性的支持举措，为数字经济建设过程保驾护航，比如，创造完善的融资保障，拓展融资渠道，扩大信贷品种，优化信贷程序，提高审批效率，及时发放贷款并在利息上给予优惠。沈抚数字经济产业在服务方面有更具个性化的需求，沈抚示范区需一事一议，具体提供定制性营商服务。沈抚数字经济在资金方面要鼓励不同的社会资本参投，使数字经济产业形成强大合力。对于沈抚数字经济未来发展，融资环境和目前的经济背景紧密相连，政策方向应该注重"去杠杆、强监管"，减少由加强融资环境监管而带来的市场经济波动。数字经济产业要充分利用辽宁省给予的政策扶持，不断扩大规模，打造属于辽宁省自己的大规模数字经济产业，打造沈抚数字经济产业新品牌，从而发挥沈抚数字经济产业的引领作用。

（二）利用沈抚示范区专业化优势，提升整体品牌质量

数字经济，首先根据市场地位确认自身的专业化优势建设方向，形成企业独特的差异化竞争优势，其次通过突出数字经济产业特色满足数字经济企业主要诉求和表达内容。数字经济产业以其超前的专业化优势提高整体服务质量。接着沈抚示范区数字经济在突出优势的同时形成区域数字经济完整的产业链，形成良好的口碑效应并有效增强沈抚数字经济的影响力和传播力。提升数字经济影响力，增加数字经济积淀，铸造文化品质，优化管理，提升数字经营体验。目前，沈抚示范区已布局重点项目，面向服务目标客户，结合科技研发等细分领域寻找还存在较大空白及短板的突破，有待发挥品牌

潜力。

以沈抚示范区产业数字医疗为例,沈抚示范区将有针对性地面向安宁疗护、养老健康服务等目标群体,打造集防治、护理、健康咨询服务及对普通日常病等的综合治疗于一体的业务,并且同步开展医疗研发、核医学治疗、干细胞研究等专业科研创新活动,弥补示范区生命健康产业链条中的短板与现有落地项目,形成优势互补的全产业链健康生态科技产业体系。该引进项目将作为示范区安宁疗养、照护康复细分医疗领域的核心项目,不仅面向沈抚示范区全域,其服务范围将进一步辐射沈阳、抚顺两市,覆盖大量养老、疗养、康复目标人口,计划发展成为两市一区范围内康宁医疗服务领域的中心及高地。通过引进康宁医疗服务,企业能够通过差异化利用医疗卫生资源,实现区域优化配置,进一步提升数字产业运营质量、扩大服务范围,从而促进医学发展并解决品牌内部存在的问题。

(三)加强品牌营销宣传,扩大示范区影响力

营销宣传是提高沈抚示范区知名度、促进沈抚示范区数字产业传播的重要手段。通过官网、官方公众号、官方 App 和线下多种渠道的营销宣传,利用沈抚示范区数字经济的特色优势加以快速传播,提高沈抚示范区在沈阳市、抚顺市的影响力和知名度。数字经济产业示范区在保持多渠道宣传的同时,通过承办不同的数字化展示活动或参加当地举办的数字产业科技展会等加强其在数字经济产业领域的交流。沈抚示范区数字产业应与当地政府项目紧密合作,引领当地数字经济行业不断发展,从而助力当地数字经济产业发展。沈抚示范区积极响应政府政策号召,加大对外宣传力度,精心组织,多管齐下,拓展宣传渠道,创新宣传形式,全方位、多层次、多角度地宣传数字产业项目发展态势,同时充分利用各项补贴政策,扩充数字经济产业示范区项目,积极协助政府构建"数字辽宁、智造强省",扩大沈抚示范区数字产业影响范围,增强沈抚示范区在辽宁省的影响力,从而扩大沈抚数字经济产业的规模。

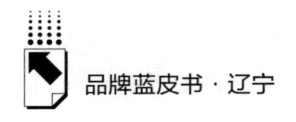

（四）强化基地建设，提高人员素质

沈抚示范区要培养出富有竞争力的辽宁数字产业，首先，要扩大沈抚数字品牌的影响力，加强沈抚示范区自身品牌建设。其次，沈抚示范区应继续坚持发展，进一步加快推动辽宁全省数字经济产业结构优化和升级，促进辽宁数字经济产业规模化发展和产业升级。围绕推进辽宁数字经济建设，深入推动改革，提升沈抚数字经济产业园区规模水平，打造区域性数字经济优势品牌群体和主要生产基地。再次，沈抚示范区应发挥沈抚数字经济引领优势赋能数字经济产业推进，充分发挥数字经济产业宣传、发展、交易等方面的作用。最后，人才是沈抚示范区发展的核心，对企业发展前景有决定性的作用。但目前，随着园区众多数字经济产业的入驻，辽宁部分数字经济产业还未形成成熟的品牌经营策略和品牌管理理念。数字经济产业建设存在人员缺口较大、从业人员队伍稳定性差、专业人员不足等问题，这些问题在一定程度上影响了沈抚示范区数字经济建设的脚步。

三 发展战略与路径分析

（一）立足品牌特色，强化区域产业融合发展

立足沈抚数字经济特点，深入推动已在沈阳市、抚顺市初步建立的"共管共治、共建共享"基本架构的实施，逐步发挥数字经济在推动区域产业融合发展中的重要功能。通过联合沈阳和抚顺两个地区，对数字经济产业制订规划，制定区域产业融合发展目标、各自任务和措施，完善沈抚数字经济融合发展的管理体系，进一步增强沈抚数字经济融合发展的统筹协调能力。沈阳市和抚顺市实施合作招商、错位发展战略，对引入的新投资项目根据不同的行业定位，明确了其空间分布。同时，对于已引进或者正在引入的主导产业，在产业整合过程中与沈阳、抚顺的先进制造业企业形成融合发展之势。如沈阳市正在蓬勃发展的智能工业和健康医药产业，抚顺市已初步建

立的智能装备工业等构成互动发展格局，并借助知名企业进入示范区与沈阳和抚顺的大企业合作，实现链条式快速蓬勃发展，借助行业链条上的相互融合，产生协同效果，从价值链、公司链、供给链和空间链等四大维度上进行战略合作，达到合作共赢。

（二）聚焦细分市场，完善数字经济产业链

沈抚数字经济要优化结构，深入挖掘并充分发挥其潜力。通过调整数字经济产业结构和管控模式，为沈抚数字经济发展夯实基础。就目前而言，沈抚数字经济处于创新驱动、提质增效的战略提升阶段，将重点围绕创新沈抚数字经济产业园区的营销模式、加大新兴科技研究与运用力度，进一步提升数字经济产业结构水平，提高产业利用率，为数字经济产业高速发展做好准备。由于新冠疫情带来的经济紧缩，沈抚数字经济产业正面临机遇与挑战并存的局势。沈抚数字经济产业应该聚焦市场，建立沈抚示范区、沈阳市、抚顺市三地联席会议机制，采取定期、不定期召开地区产业融合协作经济发展会议等多种形式，就项目管理协作、行业格局和面临问题等进行沟通，汇总辽宁省数字经济产业链融合发展中的成功经验，探索地区产业融合发展中的新机遇，并解决存在的风险，促进沈抚示范区数字经济产业与周边产业的融合。推动沈抚示范区数字经济产业在沈阳、抚顺地区实现依托产业链和供应商的共同发展，从而促进数字经济主导产业的产业链和供应链实现本地化、区域化。

（三）推进沈抚示范区数字经济多元化发展

在数字经济时代背景下，数字经济产业面对的市场生存条件和挑战将越来越严峻，为更好地提高数字产业效益水平和品牌可持续发展能力，沈抚示范区加快推进数字经济产业多元化发展战略已成为一个优势选择。沈抚数字经济产业以数字经济产业为引擎，整体规划周边数字经济产业，以辽宁沈阳为发源地辐射全国，着力打造辽宁省数字经济强省。目前中国的数字经济步入高速发展阶段，在建设智能城市、人工智能、大数据应用等多个技术领域

上均已达到全球领先水平。凭借数字技术带来的优势，沈抚示范区应该积极参与各省（区、市）数字经济领域的多方合作，顺应信息化、数字化、网络化、智能化发展趋势，优化数字经济社会环境，构建数字合作共赢格局。同时数字经济产业要紧跟我国数字发展要求，提高核心技术水平与服务质量，保持数字文化产业核心竞争力，为数字经济制造商夯实基础，加快新产业的拓展，通过自主开发、战略并购和合资合作等多种手段快速发展数字经济，加快向国际化转型，促进地区之间数字经济共同体的发展，推动品牌快速建设。

（四）加快数字经济复合型技术人才队伍的建设和储备

沈抚示范区需要建立科学培养人才、多渠道招聘的管理制度，完善当地人才培养机制，同时保障辽宁省人才队伍建设，加快辽宁省数字经济复合型人才的培养和储备。沈抚示范区数字经济产业作为新型数字化产业，需要聘请国内顶尖学府专业数字化技术人员，以此整体扩大沈抚示范区人才规模。利用辽宁省当地优秀教育资源如东北大学、大连理工大学、辽宁大学等高校开展数字经济校企合作项目，以数字化项目为基础与驻辽高校联合创立大学生创新创业实践基地，联合培养数字经济产业优秀人才，延用"引、育、用、留"全流程人才引进模式，全方位培养专业技术人才，包括科技创新人才、复合型品牌管理人才、市场营销人才等。全面实施招才引智，充分利用数字产业集群资源优势，吸纳国内知名的科研团队和领军人才，为数字经济企业引进优秀创新人才。在引入人才后，也需要通过给人才提供住房补贴、高薪福利、社会保障等优厚待遇为园区留住优秀人才，提高员工在园区工作的积极性，从而进一步提高综合素质和职业能力，为后期沈抚数字经济产业的快速发展奠定基础。

（五）升级数字化技术研发，提升数字经济核心竞争力

随着数字时代的快速发展，核心技术研发成为数字产业发展必须面对的难题。数字经济产业发展要不断提升数字化专业硬实力，从而形成沈抚数字

经济产业独特的数字文化。沈抚数字技术需要建立完善的管理体系，着重管理生产技术和核心产品研发。2022年以来，沈抚数字产业园立足新兴科技，合理配置产业园内部资源，让数字经济产业通过接单、生产、销售各个步骤合理配置、快速衔接从而形成合力，不断培养沈抚数字经济核心竞争力。未来应继续依托数字经济品牌、文化、产品的研发，以及产品质量的提高、品牌实力的积累和员工素质的提升方面，提升示范区在辽宁省的核心竞争力。通过技术创新与产业化、互联网体系建设、生态建设等，充分发挥自身优势，立足辽宁省数字产业市场，加速辽宁数字经济一体化融合创新发展。

参考文献

王晓玲：《国家级新区区域融合协同发展研究——以沈抚改革创新示范区为例》，《城市》2021年第2期。

郝晓明：《西门子数字化赋能中心落地 沈抚示范区大力发展数字经济》，《科技日报》2021年7月15日。

高磊：《辽宁沈抚示范区："数字经济"起跑即加速》，《国际商报》2021年8月9日。

王官波、高磊：《数字经济成辽宁沈抚示范区新引擎》，《中国县域经济报》2021年8月9日。

B.15
营口汽保品牌发展报告

李 艺*

摘　要： 营口市是全国汽保产品生产基地之一。汽保产业是我国汽车产业链上的一个不可或缺的重要环节，也是汽车产业发展的基础。本文通过对营口民营汽保特色产业做大做强的思考，分析其品牌建设发展过程中存在的问题，从政府和企业两方面查找原因，并给出相应对策。深入了解企业现状和生产需求，掌握存在的问题和困难，提出合理化建议，有针对性地实施精准帮扶，对政府决策和推动品牌发展具有重要的现实意义。

关键词： 汽保产业　品牌建设　沿海经济带　营口

辽宁省营口市以汽保产业而闻名，营口一直拥有"中国汽车保修检测设备摇篮"及"中国汽车保修检测设备生产基地"的称号，不仅如此，营口还是我国最大且最早的汽保设备生产基地。营口曾获得过我国汽保产业的多个第一：1966年，营口汽保尝试制造出我国首台汽车电器万能试验器；1990年，制造出我国首辆轮胎平衡仪器；2008年，营口汽保成功创建出属于中国的首个汽保产业公共技术研究服务平台；2010年，创建出我国首个汽保工业园区；2013年，科技部火炬中心为营口汽保工业园区颁发了国家火炬特色产业基地的称号。营口汽保在工业制造方面，具有得天独厚的优势，既具备老工业基地城市基础，又具备优越的地理位置，不仅配齐贸易物

---

* 李艺，东北大学艺术学院，研究方向为视觉传达设计、品牌学。

流相关要素，更具有地处沿海交通便利之优势。历经几十年时间的打磨，如今营口汽保产业已逐渐形成模式更加成熟的产业体系，能够提供所有的先进设备和生产材料，如铝材、下料、钢材等，形成了由设计至加工、由注塑至喷漆等环环相扣的完备的生产系统，一个前景广阔的汽保产业集群已初具雏形并崭露头角。[1]

一 营口汽保产业品牌发展历程

营口汽保产业发展至今已经有40多年的历程。1964年营口将德国公司的汽车电器万能试验器引入国内并在实践中对其进行了借鉴和学习，最终不负众望于两年后制造出属于我国自己的仪器，也是从此这一仪器厂变成营口市首个制造汽车维修设备的工厂，为之后的营口汽保产业开辟出一条全新的道路。1992年，经过长时间的积累，我国汽车年产量激增，营口汽保产业也迎来了突飞猛进的发展期，拥有120多家企业。经过历代汽保人的奋斗和坚持，20世纪80年代营口汽保产业实现了由粗糙仿制向自主创新制造并树立自身企业品牌的跨越，真正形成了以通达、大力、天为和光明等企业为首的产业集群。

2013年，营口180家汽保测试设备和专业支持企业的年总产值已达到126亿元，其中30家企业超过预计规模，4家企业超过1亿元；出口收入2.8亿美元，其中直接出口1亿美元，间接出口1.8亿美元（包括备件）。核心产品包括动态车轮平衡、四轮平衡、轮胎转换器和升降机以及其他15类共200种。国内市场重叠率超过85%，产品销往37个国家和地区，出口总额占中国车险产品出口总额的43%。营口汽保产业已经积累了280余项专利。

鉴于营口汽保产业这一趋势的影响，国家汽保机构管理部门给予营口三项倾斜措施：第一，中国汽保相关机构的国家标准主要基于营口汽保相关业

---

[1] 本文如果没有特别说明，数据均来自国家统计局。

务标准；第二，营口人当选中国汽车保修设备行业协会（以下简称"中国汽保协会"）副会长，在中国东北的老工业基地任职；第三，当时为了解决中国加入世界贸易组织的问题，中国汽保协会组织了一次关于汽车维修行业的研讨会，该研讨会从未在省内以下地区举行过。中国汽保协会的成员曾表示："如果想了解中国汽保的发展趋势，就应该看看营口。"营口已经获得了关于中国汽保设施的专业信息，也是发展的主要来源。自中国加入WTO 以来，营口市的汽保产品就开始进入国际市场。2005 年，营口和意大利建立了中意泰达营口汽保设备有限公司，成立了营口汽保领域第一家合资企业；2008 年，营口建立了中国第一个汽保行业公共技术平台；两年后，营口市建立了中国第一个汽保产业园，2013 年，产业园升级为国家产业基地；2014 年，营口市建立了中国首个汽保机构电子商务平台；2016 年 9 月，中国营口汽保产业园获批设立辽宁省著名汽保产业品牌示范区，并于 2017年通过检验，营口市建立了集创新、生产、贸易于一体的国家知名汽保园区。

二 营口汽保产业品牌发展现状

（一）品牌建设成效初显

现阶段中国汽保产业的产品种类繁多，其中知名的汽保设备品牌大多为营口汽保的产品品牌——大力、帮手、米达、玄豹等，共超过 60 个。2005年，营口在汽保领域拥有 60 多个知名品牌，拥有近 1 万名员工、超过 6 亿元总产值。可生产 7 大类 58 个系列 155 个主要品种 500 多种产品产品类别接近国际先进水平。生产类型占全国的 90%，在全国的市场份额超过 90%，产品在 20 多个国家和地区都有出口贸易。甚至一些国际汽保行业大国，如意大利和美国，也主动选择营口汽保企业合作。

根据相关数据统计，营口市共拥有 176 项汽车保险和销售业务以及 326项支持业务，6 月生产总值为 120.8 亿美元，出口额为 2.5 亿美元（包括备件）。已经建立了一系列产品系统，包括检测和诊断设备、起重设备、重税修理设备、疲劳灾难和装配设备、车身金属和着色设备等，这些产品已成为营口汽车保险行业的主导产品。产品的内部市场覆盖率超过 85%，产品销往 37 个国家和地区，出口总额占机械保险产品对中国出口总额的 43%。领先的公司中，如中意泰达、光明科技、大力汽保等已成为中国乃至世界知名的汽车保险公司。[1]

营口汽保产业一直保持稳定发展趋势，已经有 60 多个知名品牌、100 多家企业，近万名从业人员和近千款产品，其中举升机、动平衡仪等设备的技术已经达到国际领先水平，全球多个国/地区都有营口汽保出口产品。技术维修检测产业已成为营口市支柱产业和新的经济增长点。通过完善产业链，营口汽保上下游产业和整体经济都将得到进一步发展。

（二）以品牌建设推动企业成长

想要树立世界知名的品牌，就必须持续创造新产品，只有这样营口汽保行业才能始终领先。随着行业之间竞争越来越激烈，营口汽保行业正在实施"名牌、名业、名人"战略，以此来提高行业竞争力，给中国汽保企业进入国际市场创造了全新的机遇。营口人认识到，与信息技术、计算机技术和服务技术相关的技术革命是 21 世纪汽车工业最大的发展。营口汽保行业将创建一个与国际汽保设施发展趋势相适应的信息技术网络系统，制造环保、安全和节能的产品，以适应市场竞争并不断满足用户需求。

营口汽保设备行业拥有一套完整的生产系统，从先进的设计到生产设备，再到机械加工；从低压到喷涂；从电气设备到化学品；乃至到销售和运输。这一切都得益于前所未有的品牌辐射和文化扩展，汽保行业相关企业可以相互学习并借鉴经验。营口拥有 60 多个汽保的知名品牌，为了融入世界汽车业并加速向中国转型的新趋势，营口汽保行业积极推动其国际一体化。光明仪器厂现在已经为国际市场制定了目标。尽管作为 OEM（Original

---

[1] 李明福：《依靠创新促进汽保产业快速发展》，《科技资讯》2012 年第 15 期。

Equipment Manufacture，原始设备制造商），但产品的质量在国际上得到认可，为在未来国际市场上创建品牌奠定了基础。2022年，营口汽保部门采用了两种方案来恢复老工业基地和开放沿海地区，并启动建设中国（营口）汽车上市后的基地。上市后汽车产业基地位于辽宁（营口）沿海工业基地，占地50万平方米。它是为五个主要工业领域包括汽车保险、汽车零部件、物流、展览和二手车设计和规划的，预计将在五年内全部完成。所有园区公司的产值和总体效益均超过15亿元人民币，出口收入为5亿美元。目前，上市后的基地将成为全球最大的汽车保险产品的研发和生产基地，以及汽车保险产品中心和分销中心。

汽保商会组织了三个大型研究小组，即中国汽车注册联合会、日本零部件供应商和邯郸交通集团，以及50多家在英科的中外知名企业。营口还引进了深圳大来实业有限公司、山西太原艾迅汽车检测设备有限公司等国内部分汽保生产商。与此同时，营口汽保商会在国外开展了业务。营口汽保商会将未来的发展定位到更大的国际平台上，并将在全球汽保行业的发展中争夺更大的地位。2021年10月，大力汽保企业发起了一项倡议，参加拉斯维加斯国际汽车零部件和售后服务展览会，吸引了意大利和德国许多企业。四轮协调器和其他产品以高性价比迅速打开了意大利和其他国际市场。

三 营口汽保品牌发展优势

近年来，全球汽车产业的迅速发展也大力推动了汽保行业发展。营口市政府抓住时机，作出相应的决策：在已有的基础上继续发展汽保产业，将其做大做强，同时建立汽保产业园区，使企业之间联系更密切，由此推动汽保产业创新发展，实现规模化飞跃，加快汽保产业的集群建设，让营口从中国汽保产业的"摇篮"变成中国汽保产业基地。

营口汽保产业能很快发展起来并壮大，从而建立起环环相扣的产业集群链主要受益于当地政府政策支持和产业自身的合理规划。现如今营口的汽保行业早已不再是过去简单的小工厂生产，而是逐渐扩展到模式更加成熟、规模更加庞大的产业体系。投资者所有的设备和材料问题只需要在营口开设汽保厂就能够解决。这样一条完整的产业链使得营口汽保在国内甚至国际上都名声大振，并因此引起了北京、上海等发达城市的大企业在营口投资建立工厂，其中，上海汽保商会更是和营口当地政府签订了在园区建立上海汽保产业园的协定。从过去的简单仿造到现在的独立创新，营口汽保行业发生了翻天覆地的变化。自2008年以来，营口汽保行业的大力汽保与部分高校（如东北大学、吉林大学等）和数十家企业进行合作，建立了高新汽保设备公共研发有限公司，致力于研发更具技术含量的新产品新设备，这些产品皆具有自主知识产权，其中部分产品获得了国家专利，而营口汽保产业应用这些专利进行生产，从中获取了高出以前几倍的收益。这种双赢的模式对营口汽保行业的发展起到了助推作用。

四 营口汽保产业品牌发展存在的问题

虽然营口汽保产业已经从过往的小工厂逐渐做大做强，也取到了一些优异的成绩，但是在发展过程中仍然面临很多的阻碍和问题，限制着产业的进一步发展。首先，产业发展不平衡，导致现在产业中的硬件和软件条件仍然有着较大的差距。其次，产业的独立创新能力较为薄弱，缺乏竞争力。营口汽保产业虽然已经不再像过去那样进行简单的模仿，但是独立创新能力仍然存在不足，能达到国际汽保领先水平的企业还是占少数，这主要也是因为营口汽保的专利较少，从而导致竞争力不足以支撑产业冲击国际一流水平。最后，产业的协作能力弱，产业链短，集群配套能力不足，仍然没有形成完善且专业化、规模化的体系。这几年，虽然营口汽保已经初具规模，有较好的发展态势，但仍有这些问题需要解决。企业在发展时要面对较大的阻力，解决存在的较为迫切的问题，只有这样才能使产业突破难关，有更进一步的发展。

（一）独立创新能力不足

汽保产业创新能力不足主要是受到资金不足和人才稀缺的影响。技术创新是产业的重中之重，资金不足导致企业在创新方面无法取得进展。其次，汽保产业技术和设备研发缺少人才。在营口，大部分汽保企业工厂内都缺乏高级技术工人和技术人才，工作人员大多学历较低，技术人才的不足及大量流失导致营口汽保产业的创新能力不足。现如今，营口市汽保产业仍有很多工厂保持着多种类、小规模的模式，这种生产模式不利于汽保产业发展水平的提高。

（二）市场体系尚未健全，外部环境较差

我国东北地区的资源、信息、环境、技术等外部环境仍然不够健全、完善，从而导致东北地区无法形成健全的市场体系。此外，当地政府出台的关于支持和推动营口汽保产业发展的政策还不够完善，还存在信息滞后和缺失的现象，信息流通较慢，对于企业专业技术的指导也存在不足。外部环境较差，这也使得东北地区专业市场少。

（三）融资和经营困难

营口汽保产业一直以来都面临着融资难和企业经营难这两个难题。这些年汽保企业也存在经营困难的问题，一方面，由于一些产品原材料价格的上涨引起的企业利润下降；另一方面，由于企业员工的工资成本上涨，企业招聘员工难度加大，企业难以维系稳定的员工团队。

五 营口汽保产业品牌发展策略与建议

（一）发展策略分析

作为重要生产材料，汽保设备的运行时间应根据使用率和维修水平确定。根据国内大部分维修企业的生产速度，多数设备无法替代。所以，汽保

行业发展迅速,依托维修行业发展而发展。过去15年汽车维修和汽保市场的发展证明了这一点。最初并不严格的汽车维修市场在互联网和资本市场的刺激下已经变得清晰。自2016年以来,维修行业一直流传这样一个信息:中国有太多的维修企业,其中2/3以上的维修企业需要被筛选掉,以确保整个行业的高效和高水平发展。这一呼声在2017年继续,我国许多地方政府开始采取相关措施,关闭并处罚许可证和环境标准不完整的汽车服务企业。这些说明我国汽车维修行业正在进入震荡阶段,维修企业的数量将迅速变少。这也代表着,维修行业正在进一步减少对汽保设备的需求,在过去两年中,汽保市场逐渐变得更加消沉。①

目前,汽保市场原则上仍延续着以往的分销模式,从汽保制造商或一般管理公司授权的贸易商向终端汽车修理企业销售产品。尽管这种营销模式在后营销环境中是成功的,然而这种商业模式的各个方面都过于依赖人为因素,极易造成错误和纰漏。此外,这种交易模式在交易过程中会产生高成本,这对两边企业来说都是一种压力。对此,相关人士认为应以"互联网+"为理念,对汽保供应链系统进行更新,打造一个集汽保链、二手设备更换、设备租赁、金融服务、股票融资、供应商融资、设备保险于一体的平台来满足需求。在过去的供应链中,这种平台将促进自动化保险生产商渠道的管理和机构订单处理效率的提升,并可能继续促进业务发展;汽车保险机构(服务提供商)获得更多的采购信息和增加销售机会是合适的。一个跨行业的电子商务平台需要政府、投资者和行业研究专家等人的共同努力,才能实现巨大的产业效益。此外,该平台汇集了行业专家的各种资源,为汽车保险公司提供基于社区、协作、数字化和可测量的在线网络服务。

最近几年,营口汽保板块基于良好的产业基础和市场影响力迅速发展,在国内汽保板块的影响力大幅度提升。然而,同质化竞争激烈、产品附加值低、缺乏标志性公司和知名品牌等问题仍然存在。与此同时,营口汽保产业尚未建立标准的行业营销模式和业务营销模式。在该地区180家汽保企业里,

---

① 《营口汽车保修设备行业协会成立》,《汽车维修技师》2010年第1期。

有30家超过规定规模的企业，其中4家超过亿元，中小企业较多。公司"小而全"的发展模式，许多低附加值产品和太多的复制品，导致人为的价格博弈，限制了整个行业的发展和进步。由于营口市当地的研究机构较少，缺乏技术人才，难以调动高素质人才等，大多数企业缺乏自主知识产权和关键技术，这已成为限制汽保行业发展的重大挑战，对企业发展产生了重要影响。

（二）发展建议

1. 以研发平台为基础加快产业升级

营口汽保产业可以结合自身优势，依靠国家级示范生产力促进中心、营口市生产力促进中心和当地政府的政策支持，同时与东北大学、吉林大学、大连理工大学等多所东北地区的重点高校以及中科院自动化研究所、金属所等重点科研机构联合，构建营口汽保大型仪器设备共享平台和设备公共服务研发平台。在先进平台的基础上大力研发关于汽保产业的先进技术，这些重点院校和研究机构以及政府的扶持政策都能够在汽保产业进行研究、生产、培训等过程中给予企业大力的人才和技术扶持和支撑。这就是以研发平台为基础加速营口汽保产业的升级。

2. 以技术为依托推动产业发展

第一，推动汽保产业先进技术企业进步，带动产业发展。以营口大力汽车防护装备等六家高新技术企业为依托，通过政策扶持进一步培育和发展科研水平高、有培育潜力、成长潜力好的企业，使其进入高新技术企业阵营，承担行业领先的科技创新，发挥辐射和驱动领域发展的作用，大幅度提高营口汽保行业的整体质量。

第二，推动营口汽保产业基地建设，促进行业发展。抓住在国家火炬特色产业基地上完善中国营口汽保产业园区的机遇，大力提高基础设施的建设水平，提高园区的运输能力；并为其配备优惠政策和贴心的服务，将鼓励工作重心放到中小企业的发展上，建立中国汽保行业的研发中心，改进其渐进式研发，解决业务发展中的常见问题，创建最具活力的创新体系，开辟汽保行业可持续发展道路。

第三，研发项目的公共资金和区域资金皆倾斜于该产业，以提高研发平台和建设体系服务的能力，并在政策、资本、治理、服务等方面发挥领导作用。

第四，进行企业治理上的创新，将汽保领域传统商业活动的形式带入电子商务平台，在电子商务平台上进行产品的推广宣传，与国际市场连接，促进企业之间的沟通与合作。①

3. 以创新为驱动载体，引进人才

首先，应该建立科学合作关系，充分利用高校和研究机构的人才优势和技术优势，建立专家组，给予企业技术和人才上的支撑和扶持，实现向"智能"和"人才"学习的目标。

其次，为了留住技术型人才，汽保企业应该建立现代企业薪酬体系，由此激励公司根据其任务、职位和活动招聘专业的、技术水平高和高素质的工作人员，这样才能正确凸显出知识和人才的重要性和价值。

4. 以服务为支撑加强体系建设

在汽保行业领域，应不断推进和完善以财务担保、资产评估、信息咨询、物业管理、仓储物流、法律咨询、知识产权等为代表的中介事务机构。应始终探索和改进行业协会的作用，以确保对工业集团发展的大力支持；为提高企业生产经营的便利性，提高工人生活的便利性和舒适度，建立和完善以金融机构、公共交通、医疗等为代表的支持机构和设备。

参考文献

《营口汽车保修设备行业协会成立》，《汽车维修技师》2010年第1期。

李明福：《依靠创新促进汽保产业快速发展》，《科技资讯》2012年第15期。

陈金友、陈杏：《"互联网+"与汽车服务业的融合思考》，《经济师》2020年第8期。

---

① 陈金友、陈杏：《"互联网+"与汽车服务业的融合思考》，《经济师》2020年第8期。

B.16
丹东纺织业品牌发展报告

袁子宁*

摘　要： 中国是世界上最大的纺织产品生产国和出口国，纺织业在我国有着悠久的历史，同时，现代纺织业的发展对我国经济增长以及解决就业都有重要的意义。在我国传统的纺织城市中，丹东占据着重要的地位，千百年来的纺织文化积淀，铸就了其"中国防护纺织名城"的称号。但时至今日，由于产业集聚优势不显、配套不完善、企业同质化程度过高等，丹东纺织业较之以前呈现下滑趋势，竞争力大不如从前。如何让整个行业重新振作，是现在亟待解决的问题。对此，本文提出推动企业转型升级、加强政府和行业协会指导服务功能、加大人才培养力度、提高营销能力等策略促进丹东纺织业品牌创新发展。

关键词： 丹东纺织　产业集群　纺织业

丹东是辽宁省重要的边境口岸，具有悠久的历史和得天独厚的地理优势。纺织服装业作为丹东市传统优势产业项目，产业结构完整，具有实现高质量高效能发展的基础条件，曾几何时在国际市场上大放异彩，有着极高的声誉，为带动丹东经济发展作出了重要的贡献。近些年来，丹东纺织业利用现有成果在政策支持下不断扩大生产规模，丰富相关产业链条，整体有了较大的飞跃。但发展过程中所显露的问题也不可忽视，如产业结构不合理、产

---

* 袁子宁，东北大学艺术学院，研究方向为视觉传达与媒体设计、品牌学。

品创新程度不高等情况，同时，这些问题也在制约行业前进的脚步。在新时代发展的关键时期，丹东作为辽宁振兴乃至东北振兴不可缺少的一环，必须通过各方面共同的努力，加快丹东纺织业的快速转型，实现整体高水平的进步。

一　丹东纺织业的发展历程

（一）丹东纺织业的历史起源

丹东纺织业的历史可以追溯到300多年前的清朝。从清朝中期开始，东北柞蚕养殖逐渐形成规模，有史料记载，"奉省昔无所谓蚕利，前清嘉、道间，由鲁人流落于奉，窥见林中有柞，遂仿照齐鲁之法，放蚕多种，生息之繁，不减齐鲁。由此转相效法，渐次推广，竟开一亘古未有之绝大利源"。随后晚清的开放政策更是助推了东北柞蚕养殖业的发展，1877年法国人在辽南地区投资柞蚕养殖产业，向当地推广饲养培育柞蚕的方法，并收购柞蚕丝用于出口。得益于新资本与新技术的帮扶，辽南地区在1884年超过山东成为中国最大的柞蚕丝生产和出口地。这一时期，东北的柞蚕丝出口到欧洲以及东南亚地区，用于制作地毯、窗帘等丝织品。由此，柞蚕丝产业推动着一批以丝织工业为产业的城镇走向现代化，丹东就是典型代表。1914年丹东出现了全国最早的柞蚕丝厂，据记载，当时安东（现丹东）所产柞蚕丝大部分出口到了日本，在柞蚕和木材两大产业的支持下，安东一跃成为与沈阳、大连齐名的繁荣城市。

日军进驻东北后，日资也随之开始抢占纺织市场，日本在东北建立了多个大型纺织机械厂，主要包括：旅顺机业株式会社、满洲织布株式会社、满洲纺绩株式会社以及后来的安东毛绢纺织厂的前身满洲人造毛皮株式会社。同时，中资企业也呈现一片繁荣的景象，涌现出一批新成立的纺织企业，但中资企业大多资金少、规模小，很难与资金力量雄厚、使用新式设备的日资企业抗衡，纺织市场在这种不平衡的竞争下逐渐被外部势力所占据。这种情

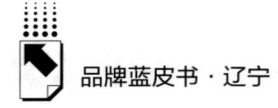

况在九一八事变后进一步加剧。日资趁此机会,在东北大肆活动,谋取利润,纺织业虽未受到大范围影响,但终究好景不长。日军发动侵华战争,使整个中国都陷入混乱,沦为日军军资供应地的东北更是如此。原本兴盛的纺织业产量持续下跌,遭受重创。

(二)丹东纺织业的衰落

时至新中国成立,辽宁地区的纺织业作为地区重点的工业项目,受到了国家的重点关注,丹东也成为重点轻工业城市,历史的轨迹得到延续。在当时"农工贸一条龙"的计划经济体制下,丹东纺织业得到了长足发展。直到20世纪七八十年代,纺织业成为丹东的支柱产业,达到鼎盛时期。1985年,丹东丝绸工业的年生产总值为4.49亿元,占全省丝绸工业生产总值的61%,利润总和7400万元,出口额达4000万美元。① 据资料记载,当时丹东每五位居民中就有一人从事纺织业。

进入20世纪90年代后,丹东纺织业由盛转衰。改革开放后,我国外贸体制发生改变,计划经济时期的统销统购已成为过去式,各行各业都开始自寻销路,这就要求企业单独寻找客户,这对大部分习惯了传统销售模式的国有企业来说,突然的改变无异于一次沉重的打击,销路打不开造成的生产和销售问题日益严重。与此同时,国家开展对林业制度的改革,为保护环境,针对柞蚕养殖作出了严格的限制,柞蚕养殖面积因此大幅缩减。

种种原因叠加,丹东众多国有纺织企业倒闭或濒临倒闭,虽然在此期间丹东涌现出大批私营企业,但这些企业规模较小,资金不充足,设备技术都比较落后。此后,丹东地区纺织业低迷的态势持续到21世纪初。2002年,国家提出振兴东北老工业基地战略计划,靠着深厚的产业基础以及国家政策的支持,丹东纺织业又重新得到较大的发展。

---

① 蔡若松、戴鸿丽:《辽宁柞蚕纺织产业集群发展的分化与协作》,《辽东学院学报》(社会科学版)2011年第3期。

二 丹东纺织业品牌发展状况

(一)丹东纺织业产业集群构成概况

目前,丹东市纺织服装企业数量众多,全市各个地区均有分布,根据数量从多到少分布依次为东港市、振兴区、振安区、凤城市、元宝区、宽甸县。行业产业集群经过多年发展已经初步形成规模,且主要集中在东港市的纺织服装产业园,仅东港市一处,就有相关企业数百家,其中主要龙头企业有丹东新龙泰服装实业有限公司、丹东飞利达针织时装有限公司、丹东华洋纺织有限公司等,在此形成了纺织、印染等加工链。

2020年疫情发生后,丹东市纺织业迎难而上,面对严峻的形势,依托雄厚的轻工业基础,鼓励企业从生产日常服饰转型为生产防护用品,迅速建立起从无纺布、熔喷布、防护服面料到口罩、隔离衣、防护服的完整防护纺织产业链,实现了从无到有的产业升级。全市现有相关企业114家,其中35家被列为国家级、省级疫情防控重点保障企业,口罩、医用防护服、隔离衣日产分别能达到100万片、30万件、100万件,在经济形势总体下滑的不利情况下,实现了社会责任与经济利益的双赢。在此基础上,丹东纺织业产业聚集效应又得到进一步增强,截至2020年,丹东共有纺织服装企业440多家,其中规模以上企业41家,防护用品生产量占辽宁省生产总量的80%以上,出口量约占全国的15%以上。[①] 在原有工业园的规模上,丹东形成了一个核心园区与三个基础园区的新格局,即防护纺织品产业核心基地、振安区纺织化学品园、振兴区功能纺织面料园、前阳服装成品加工园,形成了从原料、纺纱、织布、印染到销售一体的产业集合链。

---

① 刘红霞:《推动丹东市纺织服装产业实现高质量发展》,《地方经济》2020年第17期。

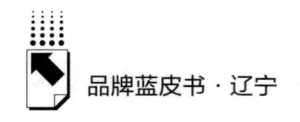

（二）丹东纺织业品牌国际影响力与日俱增

丹东市地理位置不同于其他城市，具有沿海、沿江、沿边三大优势，与朝鲜隔江相望，与韩国一衣带水，东北亚经济圈与环渤海经济圈都将其包含在内，其是极其重要的交汇点。同时，丹东是我国对朝鲜贸易的最大、最主要口岸，也是东北口岸最便捷的出海口和物流集散地。作为亚洲唯一具有边境口岸、机场、海港、河港、铁路、高速的城市，丹东可谓发展进出口贸易的绝佳之地。近十年来，丹东基础设施建设较以前有了很大提升，港口是其中的重点建设项目之一。

在全市的企业中，直接加工出口服装的工厂就有300多家，出口的产品已遍布全世界80多个国家和地区。很多品牌服装企业选择丹东的企业作为代工厂，丹东的纺织业企业具有一定的国际影响力，有超过百家企业年交易额在百万美元以上。中朝贸易往来由来已久，至今仍保持着良好的态势，丹东纺织业对外贸易中最大的特色是对朝鲜的出口，绝大部分企业与朝鲜都有面料、原料、成品服装的生意往来。2013年，丹东纺织出口基地集群被定为辽宁省重点产业集群，丹东市各级部门始终对进出口产业给予大力的帮助和支持，并将基地的建设作为重中之重，为纺织服装出口贸易的稳步前进打下良好的基础。

三 丹东纺织业品牌建设现存问题

（一）产业集群有待高质量发展

现在丹东纺织业形成了一定规模的产业集群，自身产业在不断壮大，产值逐年上升，但经济形势终究多变，想要在复杂的环境中站稳脚跟，还要不断对产业集群进行完善。

一是产业相关程度低。丹东纺织产业园区虽然形成了产业链，但是这种产业链都是相对独立的，并不完整。这些相同性质的企业因为税收政策以及用地情况而被吸引至同一空间，企业之间仅仅是一种生产配套关系，有很多企业都有能力完成从原材料处理到衣物成品制作再到销售的过程，但彼此之间并无联系，"聚而不集"是现阶段丹东纺织服装企业的显著特点。丹东缺乏协作优势的行业，本地化产业优势较弱，抵御风险的能力也较低，更难以在国内同行业中形成较强的竞争力。

二是企业同质化程度高。在有限的空间与市场内聚集数量众多的同行业企业，必定会导致大量重复化现象，造成区域内同类型过度竞争。丹东市纺织企业绝大多数为小规模的民营企业，以家族成员为主，这些企业规模小、资金少，缺乏科技含量高的技术以及高素质人才，发展理念不够先进，对于创新的能力要求较低，极易导致模仿大牌的行为，同一园区内的企业之间也会相互影响。同类的企业过多聚集就会造成更严峻的竞争形势，更有甚者会导致恶意压价、相互攻击等不正当竞争行为。

三是集群配套设施不完善。完整的产业集群光有企业的集合是远远不够的，产业相关的技术培训、教育优化、科研平台、信息流通、融资渠道、交通物流等方面都是重要的支撑部分。以融资渠道为例，对于还在发展的中小型企业来说，高效、流畅的融资平台能够给它们带来极大的帮助，但由于丹东资本市场的发育不全，担保机制更是无法满足市场需求，真正能够起作用的机构少之又少。中小企业资金不足抑制科技、创新等多方面的投入，从而影响整个产业链的发展。

（二）参与国际竞争短板明显

丹东进出口贸易伙伴主要为朝鲜、韩国、日本等距离较近的国家或地区，但近些年来受政治因素和地区局势不稳定的影响，丹东的对外经济已受到一定的冲击。

同时，丹东出口贸易中初级的原材料占比较大。尽管近些年丹东市大力发展高新技术产品并有了一些成果，部分高科技成果成功走出国门远销海外，但大部分企业仍属于劳动密集型产业，与其他发达地区相比，出口产品竞争力弱，产业结构不合理，缺乏核心科技。

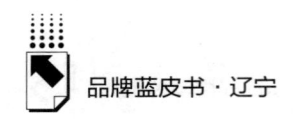

目前辽宁省内的外贸资源分布并不均匀，更多地分布在沈阳与大连两座城市，无论是先天的沉淀还是后天的提升，丹东还有省内其他地区都不占优势。

（三）品牌建设缺乏技术支撑

纺织服装产业一般都为大规模的劳动密集型产业，依靠大量的人力和低成本的优势起家。丹东大部分的企业都处于这种生产模式，缺乏纺织服装业基本的理论知识和专业的生产技术，对于高精尖技术人才的重视程度不够，企业中也不会启用大量资金进行创新研发。品牌建设缺乏技术创新的支撑。对于行业来说，龙头企业是其中的标杆，能够起到引领方向树立典型的作用。丹东纺织服装企业虽多，却极少有技术含量高、附加值高的企业，高新技术企业的缺位使行业长期处于初级的劳动密集型产业中，即使工人的工资有所提高，但是很多企业依旧存在不小的用人缺口，招不到人是企业的常态。

丹东企业目前存在的另一个显著问题是缺乏响亮的自主品牌，丹东的服装企业目前以原材料加工和贴牌生产为主。国际品牌企业也会选择丹东的服装加工厂代工，这就说明这里有成熟的技术和让人信服的质量。

四　丹东纺织业品牌发展前景

（一）企业把握住机遇，转型升级

高质量的发展是企业提升自我的根本途径。丹东市纺织服装企业需要抓紧时代洪流，从传统型向时尚型、现代型转变。劳动力可以是弊端，也可以是优势，低成本的劳动力为丹东市轻工业打下了良好的基础，这也是为什么前期丹东市纺织业能够平稳发展的重要因素。但劳动力优势只能维持短期的上升态势，面对信息化的市场，丹东纺织业显得有些后劲不足。对此，企业要把握机遇，明确改革方向，主动调整产业结构，实现转型升级。企业可以利用长期为国外企业代加工的经验，联通上下游企业，转型为国内企业加工,从而建立自己的品牌。这就要求企业做好品牌建设,从 OEM（Original Equipment Manufacture,原始设备制造商）向 ODM（Original Design Manufacture,原始设计制造商）、品牌营销转变。直到今天,丹东的纺织企业中也只有很少的数量拥有自主品牌,大部分都依旧处于贴牌代加工的模式,但在疫情期间,也有丹东本地的自主品牌发展势头呈现稳步增长的态势,比如新龙泰服饰拥有了国际品牌斯凯奇服装在中国乃至东南亚的研发、生产、终端销售权。所以,丹东的企业要充分利用劳动力充足的优势,维持竞争力；同时,也要"走出去",实现产业的升级转型。

（二）政府要加强引导,指明方向

丹东现有的产业集群规模远远不够,成熟度也不够。产业集群的发展很大程度上取决于政府,政府的职责是要为其提供良好的发展环境,除了创造良好的公共环境吸引企业来驻扎之外,还要在园区内提供有效的公共服务,如必要的基础设施、绿化设施等。行业的教育培训领域是一直以来被忽视的部分,但培养有技术的人才是提升行业整体水平的重要途径之一,政府要完善教育设施,在现有成果的基础上加强后续管理,且集中资源,合理做事,避免各自为政。

信息时代,最重要的信息流通业务,类似于收集行业相关的市场与技术信息,制定行业标准,这对本地企业的管理与规范有着推动作用。再者了解行业相关的前沿动态,也是帮助企业提升自我、攻克技术难关、制定集群发展远景与战略规划的有利一环。

丹东应主动融入"一带一路"建设,积极开发共建"一带一路"相关国家市场,将丹东的纺织服装优势产业尽可能推出去,政府应帮助企业尽可能争取国家层面的优惠与扶持,将政策落实到每一家企业、工厂,并开展境外投资专门培训,实现本地企业利益最大化,将风险降到最低。

（三）发挥行业协会的服务功能,提供保障

在行业集群发展的过程中,纺织服装协会同样也起到了举足轻重的作

用，协会以企业为主体，不断优化、规范行业秩序，引导企业遵守秩序、诚信化经营，有效保障基地内企业的合法权益。在此基础上，应继续发挥协会这种社会组织在政府、企业间的协调引导作用。协会应积极主动调动龙头企业发挥好带头作用，为中小型企业做好领头工作，为各个企业提供对外出口加工资源，将进出口外贸工作继续扩大。同时，协会要关照从事纺织服装行业的工人，丹东有大量在华务工的朝鲜工人，协会要做好沟通工作，关照工人的日常生活与工作状况，保障工人的生活安全。公共服务平台建设也是不可或缺的一部分，开展企业的服务运营工作，做好资源的合理配置，最大限度地发挥平台的人力资源、技术资源、社会资源优势。

五 新时代丹东纺织业品牌创新发展模式

（一）校企合作，吸引人才加入

地方经济的竞争归根结底是人才的竞争。企业有充足的资金，高等院校具有人才资源和技术资源，二者充分结合才会为地方经济提供足够的支撑。企业与高校是相互依托的合作关系。近些年，高校逐渐重视校企合作，拉近了企业和高校的距离，高校与企业有了更多的联系和纽带，企业既获得了与之相适应的人才资源，也减少了后期招人所要承担的培养费用。

随着经济形势的变化，企业的构成也在改变。有的企业有完整的加工链但没有研发部门；有的企业有生产、研发部门但没有销售部；有的企业五脏俱全但创新能力不足。因此，企业在选取高校进行合作时，也要根据自身需求。在企业进入学校的过程中，学校可以设置专业模块培养，通过分流，批量化、有针对性地进行授课，企业再精挑细选任用人才，这种模式是现阶段最为稳定与长久的合作方式。

在校企合作的过程中，企业除了为毕业生提供实习岗位、开展招聘会提供预就业之外，为了防止本地人才外流，企业也建立了实习基地，例如，丹东华洋纺织服装有限公司、丹东唐人服饰有限公司等。企业对人才培养的模式及课程改革都提出了有效的建议。同时，在平时的课程中，企业给出的项目由老师带领学生完成，最终的成果由企业的负责人进行点评，优秀的作品可以进入生产线进行生产并进入市场进行销售。优秀的作品对企业来说是新血液的进入；对学生来说，是学习成果的检验，也是对商业需求的一次探索。

（二）设计创新，构筑品牌形象

从企业的角度看，设计对其发展（商业成功）有积极的意义，并且在技术研发、商业模式开发、用户研究等各类活动及通过产品、服务、体验等载体（设计对象）驱动企业发展的过程中表现出媒介整合作用。[①] 所以说，设计是企业差异化的表现工具，能够帮助企业塑造产品品牌特色，在同质化竞争中占据有利地位。

中国的纺织服装品牌建设相较于国外起步较晚，很多企业都没有品牌意识，如今，整个行业都在逐步提升认知水平，但由于多种因素限制，品牌经营理念和管理水平与国外先进水平相比都有较大差距。唯有做好服装品牌的形象树立，让客户认可、接受品牌的理念和品牌的文化，才能提升企业的核心竞争力。现阶段，消费者不再满足于穿暖的条件，更追求服装的个性化，服装企业在保证品质的同时，要注意产品向现代化、时尚化、多样化更新迭代。因此，企业发展到一定规模就要注重产品研发与企业理念的提升，这是服装企业向数字化转型的必经之路。需要针对不同人群的年龄、职业、风格、身份，以及不同的季节、不同的地区进行产品研发，根据每个消费者不同的需求对面料、颜色、版型、款式进行个性化设计，是创新型企业的未来目标。

在企业引进设计概念后，通过对产品的改进打造了差异化的品牌形象，反过来助推企业进行高质量的发展。通过设计的推动，企业更加注重用户研究，进行市场调查、收集用户模型等信息，推动企业品牌形象的塑造，最终

---

① 李若辉、李蕊、林树麒：《设计创新嵌入服装企业高质量发展的路径研究》，《丝绸》2022年第9期。

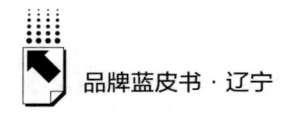

促进企业效益的提升，进一步体现设计活动对品牌定位和品牌价值生成的积极作用。

（三）上下结合，增强营销能力

线上营销模式早已成为人们消费的主要方式，线上渠道也已经成为服装品牌获取客户的主要方式，由此，纺织服装企业可以大力发展线上营销，在线上利用大数据等手段，精准推送，把握用户需求，找准目标群体。与此同时，线下销售要利用好企业与工厂的地理优势，快速准确调配货物，用最好的服务增加客户黏性与品牌忠诚度。值得注意的是，服装企业不可只重视线上营销，必须通过线上来为线下引流，让电子商务成为线下门店的辅助，二者相互融合、彼此呼应，为客户带来更好的体验。

在互联网的大背景下，品牌的宣传模式决定着未来的发展模式。抖音、快手、小红书等平台的兴起，为更多的普通人提供了展示的机会。丹东纺织企业也应该抓住时代所给的机会，在平台上增加话题量，吸引具有一定粉丝数量的网红，同时，在企业内部培养自己的带货达人，获取一定的流量后，直播带货是一个好的选择，联合平台以及大广告商，通过宣传来增加自身产品的卖点，提升品牌能见度，可以为公司在短时间内带来大量的粉丝和交易量，竞争力和识别度都会有很大幅度的提升。领先的企业可以看得到线上平台在未来的潜力与优势并提前参与其中，更好地为品牌与产品打好战略基础。

（四）利用数字技术，提升产业效率

互联网的应用不止在宣传，信息技术革命早就不再是局限于某个专业领域的独门绝技，它已经向企业、市场等应用技术领域迈进。信息技术的广泛应用，在快速变革经济社会的各类活动方式和经济社会机制的同时，也改变了公司运营过程中风险控制的传统思维和模式。如果企业不能转变模式来应对这种冲击，那就会对企业的经营和安全带来巨大的危害。虚拟世界每天都会产生不计其数的信息量，这些信息恰恰是经济社会发展所需要的价值资

源，对这种价值资源的追求，也促成了今天对大数据的重视与利用。

近些年，数字技术已经应用到纺织服装领域生产、销售、研发等多个环节，推动了中国服装业的智能化与升级。在产品研发的过程中，大数据有着广阔的应用前景，它的使用大大缩短了产品从图纸到样品再到最后上市的时间，设计师利用虚拟现实技术在线上完成设计的修改，从而减少反复打印修改的过程，也减少了前期成本的投入。通过数字化、智能化的工业模式，服装产业的制造能力和节能减排能力都得到了极大的提升。丹东纺织业今后应尽快推进数字化复合型人才的培养，逐步解决当下企业缺少计算、数据人员的情况，只有提升人工智能、大数据应用计算能力，这样才能有效实现数字化与纺织服装行业的更好结合。

参考文献

蔡若松、戴鸿丽：《辽宁柞蚕纺织产业集群发展的分化与协作》，《辽东学院学报》（社会科学版）2011 年第 3 期。

刘红霞：《推动丹东市纺织服装产业实现高质量发展》，《地方经济》2020 年第 17 期。

李若辉、李蕊、林树麒：《设计创新嵌入服装企业高质量发展的路径研究》，《丝绸》2022 年第 9 期。

企业品牌篇

B.17
辽河油田品牌发展报告

田 晔*

摘 要： 石化产业是辽宁省的支柱产业之一，其中，辽河油田是辽宁石化产业的主力军和著名品牌。辽河油田分公司在50年的艰苦创业过程中，勇于担当、团结奋斗，积极发挥国有骨干企业品牌引领作用，积极主动采取多种措施，助力地方经济社会发展。未来，辽河油田将通过加油增气、提升产品价值、优化产销结构、推进绿色赋能、坚持市场主导等途径，打造品牌竞争优势，加快品牌高质量发展。

关键词： 辽河油田 品牌 科技创新 石化产业

---

* 田晔，辽宁社会科学院经济研究所助理研究员，研究方向为国民经济学。

一 辽河油田品牌的社会贡献

石油被誉为现代工业发展的血液。作为炼化企业的原料产地，50年来，辽河油田分别向锦西石化、锦州石化、辽河石化、抚顺石化及辽宁民营炼化企业输送高凝油、稠油等特色原油产品，源源不断地支撑着辽宁炼化产业的发展，形成了辽宁省的特色支柱产业。同时，辽河油田以各种形式与地方企业合资建立了一批企业，帮助盘锦市加快石油综合利用和石化产业的发展，形成新兴的石油化工基地。辽河油田还通过直接的税费支持地方经济社会发展，辽河油田建成50年累计上缴税费近3000亿元。近年来，随着国家加大油气勘探开发力度，辽河油田每年固定资产投资均在100亿元以上，不断增加的开发投资直接拉动地方建筑、运输、制造等行业的发展，也带动了地方就业。[①]

半个世纪的峥嵘岁月，辽河油田累计为国家贡献原油4.8亿多吨、天然气880亿多立方米，全面建成我国最大的高凝油、稠油生产基地，打造了世界级石化及精细化工产业基地，辽河储气库群的建设不仅可为地方提供稳定、清洁的能源保障，还将进一步带动炼化、基建、运输、装备等天然气下游产业链的发展，在"我为祖国献石油"的宏伟事业中作出了贡献。

辽河油田的多种经营企业也为地方经济社会发展作出了突出贡献。统计资料显示，辽河油田多种经营企业每年上缴税金数亿元，安置社会化用工近8000人，已经成为盘锦地方经济中的重要力量。近年来，辽河油田还先后在建昌县、朝阳县、北票市、阜蒙县、义县等地区大力开展民生扶贫、产业扶贫、精准扶贫，每年都要投入数百万元。同时选派驻村干部，帮助这些地区脱贫奔小康，助力辽宁打赢脱贫攻坚战，实现辽宁的全面振兴、全方位振兴。

---

① 本文如无特殊说明，数据资料均由辽河油田提供。

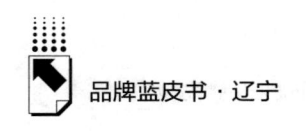

二 辽河油田品牌发展历程

辽河油田是以石油、天然气勘探开发为主，以油气深加工等多元开发为辅的国有特大型企业，发展到今天，其勘探开发领域横跨省内和内蒙古自治区的13个市34个县（旗），包括辽东湾海滩区域，总面积约为10.43万平方公里。50年来，辽河油田从无到有、从小到大，始终把多产油气作为最大责任和使命担当。1955年，辽河盆地开始进行地质普查，1964年钻成第一口探井，1966年钻探的辽6井获工业油气流，1967年3月大庆派来一支队伍进行勘探开发，称为"大庆六七三厂"。1970年经国务院批准开始大规模勘探开发。企业开始名称为"三二二油田"，1973年改称为辽河石油勘探局或辽河油田。1980年1月29日，《人民日报》在头版以《我国又建成一个大型油气田辽河油田》为题，向国内外宣布了辽河油田建成的消息。这一年，辽河原油产量跃升到500万吨以上。1986年，辽河油田原油产量突破1000万吨，成为我国第三大油田。1994年原油产量达到1500万吨，天然气产量达到17.5亿立方米。1995年原油产量达到1552万吨，创历史最高水平。1999年油田重组改制、分开分立前，共有职工13万多人，拥有固定资产原值313亿元，净值149亿元。重组改制前，在全国500家大工业企业中位居前列。

"十一五"以来，辽河油田技术稳产路径逐渐清晰。到2019年底，辽河油田连续34年保持千万吨规模稳产，创造了东部老油田的"不老"神话。同年，油田制定了建设高质量"千万吨油田、百亿方气库"的发展战略，提出了打造全国最大的储气库群、形成东北及京津冀地区天然气调峰保供中心的宏伟目标。

辽河油田的开发建设在为国家作出重大贡献的同时，也推动了地方经济的发展，昔日的"南大荒"变成美丽的石油城。1990年，辽河油田所在的盘锦市已逐步形成了"油气头、化工身、轻纺尾"的工业格局，在全国36个达到小康水平的城市中名列第20位。

三　辽河油田品牌发展现状

辽河油区位于辽河下游、渤海湾畔，是一个具有多油品性质、多油气藏类型、多套含油层系、地质情况十分复杂的大型复式油气区，面积174平方公里，是我国陆上第九大油田。目前，辽河油田已经形成了油气业务突出，工程技术、工程建设、燃气利用、炼油化工、生产辅助和多种经营等各项业务协调发展的格局。其主营业务如下。①加工制造。石油机械加工制造业务能够制造适应油气生产各个环节需要的专业设备。重点产品包括稠油热采装备、石油专用特车、钻机及钻具等。目前钻机、抽油机、隔热管等产品出口到美国、日本、哈萨克斯坦、巴西、印度等。石油化工业务利用现有资源，积极延伸产业链条，发展化工深加工业务，重点产品是煅烧焦、聚丙烯、甲醇等。②生产贸易服务。生产贸易服务为石油企业提供全方位的生产服务和贸易服务，主要包括供水、发电、供电等，确保用户满意。③能源开发与综合利用。辽河油田从装备、技术等多方面长项入手，通过多种途径进行能源开发与综合利用，多年来为国家提供各种能源产品。按照"互利双赢、优势互补、共同发展"的原则，以开发长停井、难动用储量为重点，积极推进油气合作开发向深层次、宽领域发展。以自产气为资源基础，充分抓住LNG、CNG市场快速发展的机遇，加快发展天然气深加工及销售业务。以矿权入股等方式，积极开展煤层气、地热、油页岩等油气以外资源的合作开发或自主开发。

在持续、稳定、高效发展油气生产的同时，辽河油田"一业为主、多元发展"，石油化工、建材、机械制造、现代农业、第三产业五大支柱产业初具规模，形成了一批骨干企业和拳头产品，合资企业、多种经营企业迅速发展，生产产品200余种。在全国主要城市和沿海地区建立了10个工贸公司，在美国、加拿大等国设有驻外公司，扩大了对外经济技术合作与交流。辽河油田努力开拓国际业务，积极与国际著名石油企业、石油工程企业及其他企业进行各种形式的合作。目前已有钻井、物探、井下作业等几十支专业

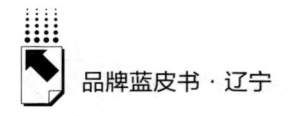

工程技术队伍，分别进入北非、中东、中南美、中亚等许多国家和地区进行施工作业。

进入新时代以来，辽河油田成功应对勘探开发难度增大、暴雪洪水等极端天气频发的现实挑战，全面经受新冠疫情突发、油价断崖式下跌的双重考验，积极适应企业改革发展向纵深推进的形势要求，走出了一条底色更亮、成色更足的不平凡发展之路。

（一）富有科技含量

辽河油田始终把科技兴油作为第一发展战略，不断加大科技投入，提升科技含量，已累计取得科技成果4426项，获得国家授权专利512项，获得国家科技进步奖和发明奖20项，获得省部级科技进步奖196项。油田现已形成一整套勘探开发复式油气藏和断块油田的地质理论及工艺技术。稠油开采技术达到国际先进水平，高凝油开采技术居世界领先地位；丛式井、水平井的钻井和测井技术、油藏数字模拟技术、地震资料采集和处理技术、地面工程技术达到国内先进水平。

在重视科技的同时，油田更重视对人才的支持和培养。油田现有专业技术人员3万多人，其中很多优秀的科研人员既是生产和科研的中坚力量，也担任了各级领导职务。在各二级单位领导班子中，专业技术人员占班子成员总数的90%。为了加强后备人才力量，油田努力为青年专业技术人员创造良好的成才环境和发展空间，在承担项目、进修学习、攻读学位、职称晋升、出国考察等方面给予重点安排和照顾，以使他们尽快成为具有较高石油科技知识和管理水平的新世纪专业技术人才。

辽河油田历年来通过分开分立、改制上市、重组整合等多次重大的内部改革，使企业管理体制和运行机制不断优化，创新活力和发展潜力有效释放，形成了专业化管理、集约化经营、一体化发展的新模式，整体综合实力和核心竞争力显著提升。截至目前，辽河油田累计生产原油4亿多吨、天然气800多亿立方米，为国家经济建设、能源安全和地方繁荣发展作出了重要贡献，彰显了国有骨干企业的责任担当和时代价值。辽河油田先后获得"全国五一劳动奖状""中国企业管理杰出贡献奖""全国精神文明建设先进单位""中央企业先进集体""国安康杯竞赛优胜单位"等多项荣誉称号。

(二)注重技术创新

辽河油田深刻领悟"四个面向",创新动能被有效激发。辽河油田学习贯彻习近平总书记关于科技创新"面向世界科技前沿、面向经济主战场、面向国家重大需求、面向人民生命健康"重要指示精神,突出油气田属性,巩固企业创新主体地位。辽河油田以国家、集团重大科技专项为依托,勘探理论认识、老油田持续稳产、储气库高效建设等一批关键核心技术取得重大突破。中深层稠油开发、潜山勘探开发技术达到国际领先水平,国家能源稠(重)油开采研发中心全面建成并通过国家考核评估。物联网建设稳步推进,数字化水平逐步提高。同时,辽河油田还完善"生聚理用"机制,实施30项人才强企措施;持续健全科技体制机制,精准激励,促进项目管理齐头并进,"双序列"深入推进,成果创新和推广应用的评选与激励机制更加完善。辽河油田创新能力和员工素质持续提高,进入集团公司科技先进行列,获得省部级以上科技成果49项,培育省部级科技人才83人,培育油田技术专家和一、二级工程师600余人,61人在国家和省部级大赛中摘金夺银,一大批操作技能员工在行业技术比赛中名列前茅。

(三)强化质量安全,落实环保节能

辽河油田全面践行"绿水青山就是金山银山"理念,安全清洁发展步履坚实。辽河油田学习贯彻习近平总书记"绿水青山就是金山银山"发展理念,坚持生态保护、生产安全一起抓,运用法治思维落实安全环保主体责任。将安全环保重大事项纳入两级党委议事程序,全面实施安全生产专项整治三年行动,投入16.5亿元推进重点项目整治,综合治理、"三违"整治成效明显,千人轻伤率降幅76%;深入开展污染防治攻坚战,锅炉燃料结构调整、污水油泥达标处理、清洁作业施工、保护区退出等重点举措统筹推

进；落实"双碳"目标要求，部署实施"绿色低碳613工程"，节能减排和新能源业务发展全面提速。从严落实疫情防控措施，总体形势可控受控。辽河油田质量安全、环保节能工作基础不断夯实，连年保持QHSE体系B1级良好水平，5家单位17个矿权入选国家绿色矿山示范企业名录，能耗总量下降6.14%，全员安全环保意识、行为安全能力大幅提升，绿色发展动能更加强劲。

（四）打造高质量发展的员工队伍

辽河油田牢固树立"一个导向"，组织建设持续加强。辽河油田学习贯彻习近平总书记"坚持大抓基层的鲜明导向"重要指示精神，建班子带队伍、抓基层打基础、重融合促提升。好干部"五条标准"和国有企业领导人员"20字"要求得到有力贯彻，中层领导人员队伍更加精干，总量下降144人；突出政治标准和专业素养选干部配班子，实施年轻干部"115"培养工程，40岁以下中层领导人员占比提高5个百分点，班子功能结构持续改善。落实集团公司党建工作部署，形成"446315"、党建促发展等思路，探索推进"五个融合"新机制，创新实施"党建+"、党建联盟、党建项目化，促进深度融合。党组织书记抓基层党建述职评议实现全覆盖，基层党建"三基本"建设持续加强，党支部标准化规范化建设扎实推进。落实"四同步""四对接"，加强改革过程中党组织建设，出台托管企业党建工作实施意见，健全党建工作制度25项。辽河油田现有100个集体和234名个人获省部级以上表彰，党建品牌走在中国石油和全省企业前列。

四 辽河油田品牌的形成保障与启示

辽河油田经过50年的拼搏奋进，取得了辉煌的成就，成为我国和辽宁省石化行业著名品牌，在社会主义现代化强国建设中发挥着不可替代的作用。艰难的发展历程令辽河油田人感悟深刻，在辉煌发展历程中，辽河油田人通过持续学党史、悟思想，追溯党领导革命、建设、改革的非凡历程，新中国石油工业的发展历程，辽河油田勘探开发的实践历程，令辽河油田人对党领导下国有企业品牌发展壮大的规律性有了更加深刻的认识与理解。

打造新时代辽河油田石化品牌，必须坚持党的领导、加强党的建设，一定要深刻领悟"两个确立"的决定性意义，充分发挥党委把方向、管大局、促落实作用，积极融入强国战略，增强"四个意识"，坚定"四个自信"，做到"两个维护"，确保品牌的服务方向和政治使命担当。

打造新时代辽河油田石化品牌，必须坚持服务生产经营不偏离。这是国有企业党组织工作的出发点和落脚点。一定要紧紧把握资源型企业的价值所在，突出勘探开发主营业务，强化效益导向，推动深度融合，提高发展质量，增强竞争实力，实现国有资产保值增值，确保品牌高质量发展。

打造新时代辽河油田石化品牌，必须坚持推动改革创新、提高经营管理水平。这是国有企业品牌做强做优做大的必由之路。一定要把改革作为关键一招，把创新作为第一动力，坚持依法合规治企，大力推进管理水平提升，深化公司治理体系和治理能力建设，激发企业动力活力。

打造新时代辽河油田石化品牌，必须坚持党管干部、党管人才。这是发挥国有企业与品牌发展的独特优势的重要保证。一定要坚持党组织对选人用人的领导和把关作用不能变，锻造忠诚、干净、担当的高素质专业化干部人才队伍。

打造新时代辽河油田石化品牌，必须坚持继承弘扬优良传统作风。这是石油事业薪火相传的不竭精神动力。一定要弘扬伟大建党精神、赓续红色血脉，在传承石油精神和大庆精神、铁人精神中彰显辽河精神，努力为国创业、为油创新、为企创优、为民创效。

打造新时代辽河油田石化品牌，必须坚持发展为了员工、发展依靠员工、发展成果惠及员工。这是贯彻以人民为中心发展思想的有力体现。一定要尊重员工的主人翁地位，情系于民、计问于民、利惠于民，凝聚推动事业发展的强大合力。

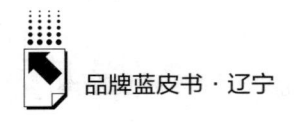

五 新征程辽河油田石化品牌高质量发展策略

党的二十大启动了向实现第二个百年奋斗目标的新征程。辽河油田集团公司着眼履行国有骨干企业"三大责任",致力发挥"四个作用",面向"十四五"及今后一个时期,锚定高质量发展的品牌战略,着力打造"基业长青"的世界一流企业、一流品牌,明确"两个阶段、分三步走"战略路径,制订品牌发展长远规划,通过创新、资源、市场、国际化、绿色低碳等重要抓手,统筹推进"发展、调整、改革、管理、创新、党建"总体工作布局,确保品牌发展稳中求进、乘势而上。

(一)坚持产业报国,努力加油增气

始终牢记习近平总书记"保障国家能源安全"重要批示精神,立足中国石油国内上游业务发展大局,主动扛起加油增气的神圣责任,切实增强高质量油气供给的志气、底气、骨气。自觉加压打好勘探开发进攻战。坚持"立足辽河、加快外围、常非并重、加油增气",强化风险勘探,深化老区精细勘探,加快开鲁、宜庆地区整体勘探,突出稀油、高凝油、天然气高效勘探,加快低渗透油藏开发,确保开鲁地区产量翻番、宜庆地区快速增储上产;突出天然气发展,力争2025年整体产量突破20亿立方米。坚持调峰保供与提高采收率协同,推进新库建设、老库扩容,尽早建成安全高效、质量过硬、效益优良的一流国家级调峰中心。聚焦关键,打好科技进步攻坚战。围绕"优势领域保持领先、赶超领域快速提升、前沿领域超前储备"总体思路,推进科研生产项目化管理,加快开展新区新领域高效勘探、新一代稠油开采方式、稀油高凝油提高采收率、非常规油气效益开发、复杂类型油气藏建库等核心技术攻关,推行"大平台、工厂化"等高效建产新模式,助推资源接替、效益开发、提质增效、储气库安全高效建设运行;推进信息技术与业务深度融合,广泛应用云计算、物联网、5G、大数据、人工智能等技术,建成勘探开发智能研究、生产运行智能管控、经

营管理智能决策、安全监督智能监控的应用平台。整体联动打好增储上产协同战。增强"产量至上"共识，抓牢"生存之基、发展之本、效益之源"，推动勘探开发、生产经营、投资成本、地质工程、科研生产"五个一体化"，强化机关与基层、本部与外围、上市与未上市、主体单位与股权企业工作互动；坚持归核化发展，做强做优勘探开发、储气库、工程技术等业务，做精做专电力保障、特车服务、物资供应、石油化工等业务，构建全面增储上产格局。

（二）坚持实力强企，提升业绩贡献

全面落实"国有资产保值增值"工作要求，兼顾政治责任与经济责任，统筹经济效益与社会效益，注重产值规模与利润贡献，助力国有经济与国产品牌，增强竞争力、创新力、控制力、影响力、抗风险能力。优化产销结构，实现产品价值最大化。落实深化供给侧结构性改革要求，结合辽宁实际情况，深度开发"原字号"大文章，坚持稀油增量提效、稠油减量提质，常规油产量提升70万吨、稠油高成本产量压减50万吨；坚持储气库调峰、城市燃气运营与天然气增产同步推进，提高天然气在油气产品中的利润比重；坚持市场营销工作方针，跟进油气产业补链、延链、强链，以分质分销为抓手，协调联动应对市场，提升油气产品价值。强化企业管理，实现投入产出最大化，深化提质增效价值创造行动。学习借鉴脱贫攻坚经验，严格落实帮扶责任，限期挂牌督战，确保按期完成亏损企业治理任务。坚持依法合规治企，严格标准化管理，加强重大涉法事项全程把关，有效防范各类经营风险。深化推进管理提升三年行动，围绕"抓基础、消风险、提水平、创一流"综合施策，促进对标提升。严格落实公司治理体系和治理能力现代化实施方案，持续健全完善企业运营机制，把制度优势转化为治理效能，打造治理现代、经营合规、管理规范、诚信守法的法治企业。总结评价、巩固提升国企改革三年行动成效，深化未上市业务改革；持续推动机构精简，加大数字化转型、智能化发展工作力度，搭建扁平短精组织架构。

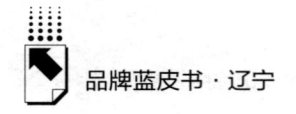

（三）坚持绿色赋能，加快转型升级

学习贯彻习近平生态文明思想，以骨干企业的责任，维护安全环保大局，以石油企业的担当，助推能源产业革命。构建安全环保自主管理体系，抓好安全环保法律法规宣贯。巩固拓展安全生产专项整治三年行动成果，健全责任体系，强化隐患治理，严控各类风险；实施基层站队"百千示范工程"，推动自主安全管理。加强生态环境保护，推进绿色油田建设行动计划，深化绿色矿山建设，推广清洁生产技术，全面提升污染防治水平。抓好健康企业创建，推进"健康辽河2030"行动；加强洪水隐患长效治理，提高油田安全度汛能力。积极构建减排降碳协同发展模式。积极落实"双碳"目标要求，系统推进"绿色低碳613工程"，推动能耗结构优化减量。在采油单位推进低碳零碳示范区建设；加快低碳工艺革新应用，2025年单位工业产值能耗和碳排放指标达到国资委考核标准。构建新能源业务战略接替格局。把握清洁替代、对外供能两个方向，坚持"统一布局、规范运作、效益优先、拓展业务"原则，稳步发展风电、光伏、地热、伴生矿、光热等项目，推动新能源业务优质高效开发，提升对外清洁能源生产供应能力。谋划氢能利用、煤气化、电热熔盐储热、干热岩发电等项目储备，培育新的业务增长点和效益增长极。

（四）坚持市场主导，打造竞争优势

充分发挥市场在资源配置中的决定性作用，运用市场化机制、市场化平台、市场化手段，推动资源的有效配置，探索矛盾有效化解途径，增强发展的韧性和耐力。要坚定不移推进市场化。坚持"依法合规、竞争择优、创造价值"，统筹公司各类业务逐步与市场接轨，对标行业先进水平，不断提高运营水平和创效能力。完善内部利润中心建设，理顺结算关系，营造公平的内部市场环境；推动外围区工程施工市场化，提高效率效益；退出非主营、非优势业务，持续改善经营质量。依托市场推进项目化。围绕生产经营关键、科技创新瓶颈、重大工程项目，充分利用市场资源，集中优势兵力，组建项目组或工作专班；完善科技攻关"揭榜挂帅"等行之有效的运行模式，发挥技术专家、管理干部业务专长，专职专责抓实专项工作；赋予应有的决策建议权、技术主导权、资源支配权、运营管理权，严格项目设计、建设、验收、考核程序，立"军令状"，明确目标任务，压实工作责任，完善精准奖励政策，确保项目优质高效运行。开拓市场走向高端化。持续优化市场布局，注重用外部市场资源破解企业内部矛盾。突出效益回报，通过做优做精做专工程建设、城市燃气、技术服务和生产运维、新能源等业务，形成技术优势，打造"辽河品牌"，依托优质增值和诚信合规服务，稳步提升市场规模和项目品质，靠实力赢得经济效益和社会效益；树立开放思维积极"引进来"，深化交流合作，实现互利共赢。

参考文献

张厚福主审《石油地质学》，石油工业出版社，1999。

陈荣书主编《石油及天然气地质学》，中国地质大学出版社，1994。

《中国石油地质志》（系列丛书），石油工业出版社，1996。

林小云、刘建等编《石油及天然气地质学实验实习指导书》，长江大学（校内），2008。

孟卫工、陈振岩、李湃、郭彦民、高先志、回雪峰、张亚丽：《潜山油气藏勘探理论与实践——以辽河坳陷为例》，《石油勘探与开发》2009年第2期。

刘立峰、姜振学、周新茂、马中振、王乃军、张凤奇、林世国：《烃源岩生烃潜力恢复与排烃特征分析——以辽河西部凹陷古近系烃源岩为例》，《石油勘探与开发》2010年第3期。

李潍莲、代春萌、于水：《辽东湾断陷与下辽河坳陷油气成藏条件及油气分布特征的差异性分析》，《西安石油大学学报》（自然科学版）2006年第4期。

李晓光、刘宝鸿、蔡国钢：《辽河坳陷变质岩潜山内幕油藏成因分析》，《特种油气藏》2009年第4期。

方炳钟、杨光达：《辽河油田东部凹陷火成岩分布及油气成藏组合》，《石油天然气学报》2010年第5期。

孟卫工：《富油气坳陷深化勘探做法和体会》，《中国石油勘探》2005年第4期。

单俊峰、陈振岩、回雪峰：《辽河西部凹陷岩性油气藏展布特征及有利勘探区带选择》，《中国石油勘探》2005年第4期。

B.18
沈阳鼓风机集团品牌发展报告

刘新姝*

摘　要： 作为全球能源化工动力装备的领跑者，沈阳鼓风机集团股份有限公司长期保持着健康发展的良好态势，一直秉持着建设责任沈鼓、创新沈鼓、变革沈鼓、精益沈鼓的发展理念，在技术创新、人才培养、开拓市场、市场管理和坚持党的领导等方面形成了自己的品牌工作经验。但从整体看，与行业内世界一流企业相比还有一定的差距，如科技创新能力和水平有待进一步提高，国际化经营能力和水平亟待提高，全球化知名品牌亟须建立。未来，要通过全方位分析世界一流企业的特征、建设一套世界一流企业评价指标体系、开展全方位的分析对标，使自己不断接近并最终达到世界知名品牌、一流企业的标准。

关键词： 鼓风机　沈鼓集团　沈阳

沈阳鼓风机集团股份有限公司（以下简称"沈鼓集团"），是中国通用机械行业的大型重点骨干企业、国家高新技术企业、国家级企业技术中心，1952年被确定为全国第一家风机专业制造厂，集团现有员工5300人。沈鼓集团先后获得"全国先进基层党组织""全国文明单位""全国五一劳动奖状"等荣誉。2014年，沈鼓集团荣获中国工业最高奖项——中国工业大奖。

沈鼓集团主要从事离心压缩机、膨胀机、鼓风机等产品的研发、设计、

---

* 刘新姝，辽宁社会科学院社会学研究所副研究员，研究方向为人力资源管理。

制造和服务业务。主要应用于石油、化工、冶金等国家重点工程领域，市场覆盖全国各地并远销世界25个国家和地区。集团先后开发出120万吨/年乙烯、天然气长输管线、10万Nm3/h空分、70万吨PTA、500万m³/天LNG、千万吨炼油、大型煤化工等装置用离心压缩机组、150吨往复式压缩机、AP1000/CAP1400三代核电主泵等一批重大国产化装备，填补了100多项国内空白，为国家能源安全和国民经济发展作出了突出贡献，赢得了"大国重器""国家砝码"的美誉。[①]

一 沈鼓品牌发展历程

新中国成立之初，百废待兴，沈鼓人积极响应党和国家的号召，担当起振兴民族工业的历史重任。1952年，国家投资170万元对工厂进行扩建改造，到1975年，沈鼓厂被确定为国家重点建设项目之一，国家拨款14亿元，对沈鼓厂进行扩建。20年间，沈鼓厂为新中国工业发展和经济建设作出了巨大贡献，也为沈鼓事业的发展壮大奠定了坚实的基础。

改革开放后，沈鼓人走上了技术创新之路，从引进到消化吸收再到自主创新，站在巨人的肩膀上快速发展，从跟跑到并跑，不断超越，取得了一个又一个国内首创，为沈鼓事业的超越发展开创了源头活水。自20世纪90年代起，从局部创新到系统创新，沈鼓人一直秉持自主创新的发展理念，多次铸就大国重器，填补国内空白，为保障国家能源安全和经济安全担当"国家砝码"。

21世纪以来，沈鼓集团跨入大发展的快车道，透平装备研制技术达到世界一流水平，一大批国产重大装备研发井喷式发展，为沈鼓事业走向辉煌做了坚实的储备。不忘工业报国的初心和坚持自主创新的本色，让沈鼓从一个突破走向另一个突破、从一个胜利走向另一个胜利。进入新时代，沈鼓人意气风发，开启了高质量发展的新征程，肩负起历史赋予的新使

---

① 本文数据均来自沈鼓集团。

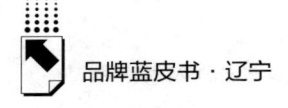

命。站在新起点,沈鼓人踌躇满志、锐意改革,一年一个大跨越,向着宏伟愿景奋勇前进。

二　沈鼓品牌建设理念

一个成功的品牌,必有其成功之道,也必有其先进的品牌文化与企业文化。"沈鼓之道"是沈鼓人集体智慧的结晶,是沈鼓品牌的成功之道,也是沈鼓人宝贵的精神财富。"沈鼓之道"的核心是建设责任沈鼓、创新沈鼓、变革沈鼓、精益沈鼓。

责任担当是沈鼓集团立业之基。责任担当铸就"大国重器"、成就"国家砝码"。作为国家重大技术装备骨干企业,70年来,沈鼓集团肩负着装备强国的使命和历史责任,多次打破国际巨头的垄断,在能源、化工等国家支柱产业领域为我国创造了数百首台(套),成功研制出大国重器,填补了大量国内空白。在国际竞争和维护国家战略安全中,沈鼓集团实现了国产重大装备的历史性突破,一直发挥着"国家砝码"的作用,充分体现了沈鼓集团对国家的责任担当。

创新驱动是沈鼓集团成功的法宝。经过多年努力,沈鼓集团从局部创新到系统创新,形成了"技术创新、管理创新、人才机制创新、企业文化创新、党建创新"五大法宝。依靠创新,沈鼓集团技术能力从无到有、从弱到强;依靠创新,沈鼓集团实现了从跟跑到并跑的历史性跨越;依靠创新,沈鼓人正在从并跑向领跑而不断超越。

勇于变革是沈鼓品牌发展壮大的推进器。沈鼓品牌在变革中快速成长,勇于变革是推动沈鼓集团永续发展的强劲动力,能不断增强企业发展活力和核心竞争力。面向未来,为了顺利实现"向服务型制造业转型"的战略目标,实现沈鼓集团高质量发展,建设现代化沈鼓、国际化沈鼓,需要持续进行深度变革。

精益管理是沈鼓品牌长青的源头活水。精益管理是沈鼓集团长期推行的重要管理思想,集团从2009年开始引入精益管理理念,经过多年的持续推进，初步实现了精益企业目标。为了实现沈鼓集团智慧化发展，向数字化、智能化企业迈进，需要继续深入推进精益管理，打造精益文化。

三 沈鼓品牌建设的经验与启示

（一）加强技术创新

引进消化与自主创新。多年来，沈鼓集团走过了一条"引进技术、消化吸收、再创新"的技术发展道路，从20世纪70年代开始通过一次性购买、许可证贸易、技术合作、合作生产等多种方式，先后与意大利GE新比隆公司、日本三井公司、德国Borsig公司、英国克莱德公司等企业和大学开展合作项目46项，其中，技术引进项目30项、技术开发项目16项，经过消化吸收，逐步实现了在国产首台套压缩机、泵、往复机上的应用，提高了我国重大装备技术水平。多年来，在引进技术的基础上，企业高度重视和加强自主创新能力建设。离心压缩机创新能力提升，实现了BCL、MCL、PCL、MCO、SVK、SY六大类离心压缩机技术升级，满足1000万吨/年油田气处理、120万吨/年尿素、70万吨/年合成氨、140万吨/年乙烯、2000万吨/年炼油、12万等级空分、220万吨/年甲醇、20MW电驱管线压缩机、350万吨/年LNG、27万吨/年硝酸四合一等工艺流程对压缩机的需求。往复机产品创新能力提升，2014年，开发了具有自主知识产权的1500KN大推力往复式压缩机，创造了我国大推力往复机的最高水平。泵类产品在多年引进技术的基础上，升级了化工流程泵47个系列628个规格产品，具备了满足200~1200MW火电机组用泵研发能力，累计为火电和石油化工流程提供各种泵数千台套。

构建完善的技术体系。在品牌发展过程中，沈鼓集团始终坚持技术创新，在企业原有产品设计、工艺等技术平台支撑的基础上，构建了"两个工作站、三个研究院、五个技术分中心"（简称"两站三院五中心"）的技术研发体系，是首批被科技部确定的国家级企业研究开发中心。该研究开发中心以企业技术中心为主，辐射国内外企业和科研院所，形成全方位的技术创新战略联盟新格局，先后在大连理工大学、西安交通大学、东北大学、浙江大学、哈尔滨工程大学设立了5个企业技术分中心，与清华大学、复旦大学、中国科学院、核动力研究院等多家大学和科研单位建立了长期稳定的合作关系，从事沈鼓集团课题的研究开发。建立了辽宁省第一个企业博士后科研工作站，同时成立了院士工作站，从事重点科研课题和风机、往复机、水泵前沿技术课题的研究。沈鼓集团在科研管理体系和运行机制方面也与时俱进，形成了一套与企业高速发展匹配的科研管理工作体系，通过体系的高效运行，扭转了20世纪每年仅能取得几十项科研成果的局面，现在每年能涌现百余项高水平科研成果（"十二五"期间获得成果553项），重点科研成果转化率达90%以上，实现了量与质的巨变。

（二）重视人才培养

多年来，沈鼓集团逐步确立了人才队伍建设的战略性地位。将人才战略作为企业八大发展战略之一，制定了"培育人才，使沈鼓人尽其才"的战略目标及实施步骤，对人才的引进、培养、使用、激励提出指导性原则。

创新人才引进机制。一方面，公司始终以建设一支素质过硬、结构合理、后备充足，与公司的产品开发、生产制造和市场竞争相适应的国内一流的高级专业技术人才和高技能人才群体为目标，大力开发专业技术人才、高技能人才的招聘与引进工作。随着企业的不断发展，员工招聘质量也在不断提高，招聘重点院校相关专业毕业生的人数也在不断增加。另一方面，搭建合作平台，积极利用"外智"，沈鼓集团一直致力于建立多领域、多层次、跨地区的产学研合作体系，并已成为企业技术创新的重要推动力量。1999年建立了辽宁省第一个企业博士后科研工作站，同时成立了院士工作站，2000年组建了首批国家级企业技术中心，现在已经形成了以"两站三院五中心"为核心、以各子公司技术部门为支撑、以国外研发机构为补充的多维创新体系。

升级职业教育模式。多年来，沈鼓集团建立了具有特色的课程培训体系和讲师团队，为员工创造岗前培训、业务能力培训、专业资质领域培训、技术交流与深造平台。沈鼓集团先后获得"国家技能人才培训突出贡献奖""辽宁省高技能人才培养先进单位""机械工业高技能人才队伍建设先进集体"等多项荣誉。为了给人才培养、成长创造良好的环境和条件，沈鼓集团培训中心 2007 年搬入新厂区后，拥有独立教学楼 2200 平方米、实习操作场地 1000 平方米，各教学场地均设有多媒体教学功能，满足不同类型学员学习需求。2017 年，沈鼓集团历时 6 个月建设沈阳市精益管理人才培训基地，打造出国内首屈一指的精益研修道场。集团还结合企业技能人才培养战略，不断进行技能大师工作室的组建工作，于 2011 年成立徐强制齿工国家级技能大师工作室，2015 年成立李杰清装配钳工国家级大师工作室，2016 年成立李喜涛焊工市级大师工作室，2017 年成立王立仁数控车工大师工作室等。

弘扬工匠精神。2014 年，沈鼓集团创建了杨建华劳模创新工作室，以全国劳模杨建华名字命名；2016 年，创建了李喜涛劳模创新工作室，工作室成员共 12 名，其中全国劳模 2 名、省劳模 3 名、市劳模 1 名。工作室建立了六项制度：工作制组织架构、工作室工作职责、工作室的目标和任务、工作室管理制度、工作室档案制度、技术攻关立项制度。现有焊工培训道场和计算机实训教室，培训道场有手工电弧焊焊机 13 台、CO_2 焊机 18 台、钨极氩弧焊焊机 6 台、等离子切割焊机 1 台、埋弧自动焊机 1 台。计算机实训教室 3 个，共配备计算机 40 台。自创建工作室以来，为一线技术员工进行技术创新、工艺改进提供培训，这为提升一线工人综合素质发挥作用，同时解决生产难题。

（三）深入开拓市场

高市场占有率。沈鼓集团打破了多种高端装置领域长期依赖进口的僵局，在几大主导市场的占有率均呈现高位。大炼化市场离心压缩机占有率超过 85%，125 吨以上往复机市场占有率达 90%，煤化工市场离心压缩机市场占有率可达 75%，天然气长输管线用离心压缩机市场占有率达 90% 以上，

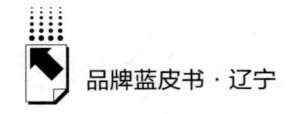

天然气液化市场占有率达60%，三代屏蔽核主泵市场占有率达100%。

提升品牌美誉度。沈鼓集团跟随市场化的需求，积极响应工信部对工业质量品牌建设的工作要求，大力建设沈鼓品牌，向市场传播沈鼓品牌的价值，在2021年上海国际流体机械展览会、第四届中国液化天然气大会LNG设备展、第十二届制博会等频繁亮相，沈鼓集团以全新的展示主题，向行内业内企业和专家呈现沈鼓的综合实力和核心动设备解决方案，通过新颖的特装展示、精彩的宣传视频、丰富的现场活动等吸引了众多观众前来参观。以"专注、专业、精品、成长"为主题，充分展示沈鼓的技术底蕴和综合实力。

加快市场转型。沈鼓集团积极抓住战略发展机遇期，实现自身发展的转型升级，以高端装备制造、生产性服务业、国际化业务、工程成套和新市场五大核心业务为重点，以金融业务和智能制造两大业务为支撑，加快实施"5+2"发展战略，从而在未来的市场竞争中占据主动，赢得市场认可，铸造高端装备大国重器。

开拓国际市场。沈鼓集团坚定地配合国家"走出去"总体布局和战略，密切与国内优秀企业合作，通过"借船出海"模式在国际市场取得了骄人的业绩。自2003年成立进出口公司以来，通过"自主出口"和"借船出海"，成功将压缩机和泵类产品推向全球，产品已远销美国、加拿大、中东、印度、俄罗斯、苏丹、巴西、韩国等20多个国家和地区，创下近千台套的国际市场业绩，实现了由技术附加值低、竞争激烈的电力和冶金等红海市场，向技术附加值高、靠自主创新和快捷优质服务赢得客户的石油化工和环保等蓝海市场的突破。

（四）规范市场管理

塑造精益管理之魂。沈鼓集团于2009年初正式确定推行精益管理，并与国内知名咨询公司合作，在透平公司定子车间开始了试点推进，推进初期，仅从生产现场的基础模块进行精益实践。随后，精益推进逐步扩展至管理全系统。目前，企业已经开展第三期项目精益供应链管理。由此，沈鼓集团实现了由单点推进的局部精益化向全价值链精益管理的迈进。

持续深化项目管理。1997年，沈鼓项目管理部成立之后，一直充当着连接企业与用户的桥梁作用。2013年，在之前多年摸索实践的基础上，沈鼓开始推行大项目管理制度，同时对中层干部和管理骨干系统进行项目管理体系、理论培训。2014年，颁布"项目管理制度"，对于工作项目和管理项目进行区分，确定了大项目管理模式，标志着沈鼓集团项目管理进入新阶段。2017年，集团明确了"加强项目管理和生产过程组织，以满足市场和客户需求"的方向，提出由"生产拉动"向"项目拉动"转变，以客户为中心进行项目管理机制和流程革新。20余年来，沈鼓项目从无到有、从点到面，逐渐向全面项目管理发展，是企业与用户衔接的核心枢纽，也不断成为产品合同执行管控的中坚力量。

全过程信息化管理。作为中国信息化应用的第一批探路者，沈鼓早在1978年就率先引入中国首台IBM370/138计算机系统，进入20世纪90年代后，沈鼓将MRP2全面应用于企业生产管理，用流场分析软件大幅提高企业研发能力，将CAM技术全面应用于核心部件的数控加工。随着业务系统的增多、业务相互关联，加之数据共享的需要，沈鼓信息化在"十二五"期间，通过ERP优化升级，同步对设计PDM、工艺CAPP和车间MES系统进行了升级，打通了ERP系统内部产供销、人财物等业务的循环，实现了PDM、CAPP、ERP、MES等系统的集成应用，实现了物料、BOM和工艺数据的共享使用，实现了ERP系统与考勤、拜特资金平台等外围系统的集成应用，信息系统实现了从点到面的逐步过渡，信息化进一步向纵深发展。沈鼓以"建立数字化企业、实现两化融合"为目标，持续巩固和深化两化融合成果，实现资源共享，实现工作流程规范化、管理制度标准化、企业管控一体化，真正成为国内机械行业信息化建设的领军企业。

日臻完善的质量管理。改革开放以后，沈鼓集团经过几十年的质量管理创新发展，注重完善质量管理体系，以全面推进精益生产管理为平台，以持续改进活动为宗旨，以保证产品高质量、低成本、按期交付用户为目的，坚持质量管理体系规范运行，强化质量管理责任，强化过程控制监督，强化考核奖罚，围绕切实消除和解决生产经营过程中出现的各类质量问题，开展扎实有效的质量管理活动，推动产品质量管理体系全面有效运行。近年来，沈鼓所践行的"一次干好"质量理念、"人人都是管理者"、"人人都是最后一道防线"，所推崇的"工匠精神""牢固树立精品意识"，持续推动的"两个零、两个100%、两个遏制"活动，均有效完善了过程控制措施，保持了质量管理的连续性，所获成果切实达到不断提升工作质量和产品质量的效果。

（五）坚持党的领导

改革开放40多年来，沈鼓集团党委始终坚持和加强党的全面领导，认真贯彻落实中央和省市关于全面从严治党和国企党建的各项部署要求，严格履行全面从严治党主体责任，扎实开展党的政治建设、思想建设、组织建设、作风建设、纪律建设，有效提升集团党建工作科学化水平，全面推进国企党建工作，切实增强党组织发挥政治核心作用的实际成效，为企业改革创新发展提供不竭的引擎动力。

强化党对企业的政治领导。不断完善党委领导的制度流程。制定了《沈鼓集团党委会议事规则》和《沈鼓集团"三重一大"决策制度实施办法》，以制度的形式明确了党委会是董事会、经理层等治理主体研究事项的前置程序。完成了公司章程的修订。将党的建设要求写入公司章程，进一步明确了党组织在公司法人治理结构中的法定地位。严格执行全面从严治党主体责任。集团党委班子每年初研究制订党建工作计划、目标要求和具体措施，召开集团党建工作会议，做好年度任务和责任分解。同时，健全完善全面从严治党主体责任工作制度。制定了《沈鼓集团党建工作责任制实施办法（试行）》《沈鼓集团基层党组织工作制度》等一批制度文件，与基层党组织书记签订了党建工作责任状。完善公司治理，推进"双向进入、交叉任职"领导体制。强化对企业党建工作的保障。

强化党对企业的思想领导。将学习习近平新时代中国特色社会主义思想和党的十九大精神放在首位。集团党委制定了详细的学习方案，用好党的十九大代表姜妍这个优势资源,在领导班子、中层干部和基层党员三个层面组织开展了扎实的学习活动。进一步严肃党内政治生活,从严从实开展"三会一课"。全面落实意识形态工作主体责任。制定《沈鼓集团意识形态工作责任制》和《沈鼓集团党委意识形态工作责任制任务清单》,明确集团党委、党委班子成员、党委机关和基层党组织的责任内容,将意识形态工作主体责任落实到位。建设"一号一报一刊"思想引领新平台,即"今日沈鼓"微信公众号、《沈鼓信息》报纸、《沈鼓之窗》杂志,加大对内部微信平台、网络平台和宣传物的审查管理,牢牢把握意识形态工作领导权、主动权,有效凝聚员工的共识和力量。

强化党对企业的组织领导。坚持党管干部、党管人才原则。明确党委对干部任免工作的领导权和管理权。加强对干部的考核管理。制定《沈鼓集团中层干部管理制度》,成立干部监督室。对全体干部严格教育、严格管理、严格监督,紧紧盯住出现的新情况和新问题,定期开展干部作风调研监督,用铁的纪律整治违纪问题,使集团各级干部作风持续好转。建立适应现代企业制度要求和市场竞争需要的人才选任管理机制。近5年,先后从海内外高校和知名企业引进技术和管理高端人才110人,使企业干部队伍和人才队伍结构进一步优化。

四 沈鼓品牌发展展望

党的二十大报告提出要推进新型工业化,加快建设制造强国、质量强国。沈鼓集团作为党领导的国有企业,在本行业中具有维护国家战略安全、产业安全的举足轻重的作用。经过多年改革创新发展,品牌实力、企业活力和市场竞争力都得到了显著增强,但从整体看,与行业内世界一流企业相比还有着一定的差距,科技创新能力和水平有待进一步提高,国际化经营能力和水平亟待提高,全球化知名品牌亟须建立。因此,沈鼓需要在以下几方面下功夫,使自己不断接近并最终达到世界知名品牌、一流企业的标准。

一是要制定指标、明确目标。沈鼓集团以建设世界一流企业、成为世界

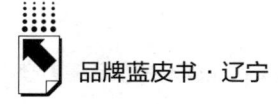

知名品牌为目标，首先要对"世界一流企业"有一个明确的标准和概念，因此，需要全方位分析世界一流企业的特征，创建符合实际、科学客观、可操作性强的世界一流企业评价指标体系，从而使自己不断接近并最终达到世界一流企业的标准。

二是要积极对标、寻找差距。要认真遴选与沈鼓相似的世界一流企业，将其作为标杆，开展全方位的分析对标。在经历了与标杆企业的对标之后，企业存在的各项短板就已经非常明晰了，要根据这些短板制订专项行动计划与关键任务，从而打通从发现问题到解决问题的"最后一公里"，逐步消除与世界一流企业的差距，渐进式提升综合竞争力。

三是要坚定信心、持续奋斗。建设世界一流企业是一个长期努力的过程，既不可能一路顺风顺水地实现目标，也不可能一蹴而就，毕其功于一役。因此，要坚定必胜信心，不因暂时的挫折和困难而灰心丧气，保持战略定力，接续奋斗，始终朝着建设世界一流企业的目标前行。

B.19
新松机器人品牌发展报告

王 洋*

摘　要： 沈阳新松机器人是我国机器人行业中的领军品牌之一。本文回顾了新松机器人品牌的发展历程、产业布局，梳理了其机器人产品建设情况与特征，并以此为基础对新松机器人品牌发展的优势与劣势进行分析。最后从加强技术创新与品牌影响、顺应国家政策与时代变化、提高人才吸引力与培育力、提升产品服务力与个性化、完善经营理念与商业模式五个方面对新松机器人品牌未来发展提供建议。

关键词： 新松机器人　企业发展　品牌建设

沈阳新松机器人品牌创立于2000年，已经发展为我国机器人行业的领军品牌。沈阳新松机器人自动化股份有限公司本部位于沈阳，同时在上海设有国际总部，在国内多个城市建有产业园区，包括沈阳、上海、青岛、天津、无锡。新松公司是一家高科技上市公司，以机器人技术为核心。作为国家机器人产业化基地，新松拥有4000余人的研发创新团队，同时依托中科院沈阳自动化研究所强大的技术实力，坚持以市场为导向开展技术创新，形成了完整的机器人产品线及工业4.0整体解决方案。① 此外，新松积极布局国际市场，在欧洲、亚洲多个国家和地区，包

---

* 王洋，东北大学艺术学院，研究方向为视觉设计、品牌学。
① 《沈阳新松机器人自动化股份有限公司企业介绍》，https://www.siasun.com/index.php?m=content&c=index&a=lists&catid=224，2023年3月20日。

括新加坡、韩国、德国等地设立多家控股子公司及海外区域中心,已形成集自主核心技术、核心零部件、核心产品及行业系统解决方案于一体的全产业价值链。

一 新松机器人品牌发展现状

(一)品牌发展历程

在20世纪八九十年代,我国机器人产业还处于朦胧发展阶段。1994年,在德国访问归来的曲道奎组建沈自所二部用于机器人研究与开发。2000年4月,新松机器人自动化股份有限公司正式注册成立,并在当年就实现了5000万元的销售收入。[①] 2005年,新松公司荣获"行业十大影响力品牌"称号。2007年国家质检总局授予新松公司工业机器人系列产品中国名牌产品称号,新松机器人获得了有史以来的殊荣。[②] 而后新松公司在企业发展、技术研发等方面不断取得进步,获得多项荣誉。2014年,新松智能移动机器人技术取得突破性进展,打破了国外一直以来的垄断,同时参与相关国标的草拟。经过多年持续发展,新松公司在我国机器人研发领域成为中坚力量,不断发挥重要作用。2017年,新松公司携新款轻载复合机器人、服务机器人,在美国国际自动化及机器人展览会上展出,这是中国机器人行业的领军企业首次在美国亮相。2018年,新松企业以60.38亿元品牌估值创新高,成为机器人行业第一名。2021年,新松"面向智能制造的边缘侧工业软件平台项目"入选工信部"2020-2021年度物联网关键技术与平台创新类、集成创新与融合应用类示范项目名单",标志着新松企业在技术上更上一层,为我国数字技术和机器人产业发展贡献力量。同时,2018~2021年,新松公司在平昌冬奥会闭幕式、庆祝中华人民共和国成立70周年大会等重

---

① 熊安迪:《新松20年:国产机器人巨擘是这样炼成的》,《机器人产业》2020年第3期。
② 《沈阳新松机器人自动化股份有限公司成长历程》,http://www.siasun.com/index.php?m=content&c=index&a=lists&catid=228,2023年3月20日。

要场合展现其风采，在疫情期间为国家捐赠医疗设备及机器人产品，帮助抗疫工作有序进行，彰显新松品牌文化与社会价值。

（二）产业总体布局

新松公司本着引领行业发展、推动产业进步、提升生活品质的使命，研发出包括安保巡检机器人、移动消毒机器人、蛇形臂机器人等产品在内的工业机器人、移动机器人、特种机器人等多系列机器人产品，面向半导体装备、智能装备、智能物流、智能工厂、智能交通等，形成十大产业方向，致力于打造数字化物联新模式。本着需求即产品、创新即价值的经营方针，新松公司为汽车行业、教育行业、医疗医药行业、金融行业、航空航天行业等多个行业提供解决方案，产品累计出口几十个国家和地区，为全球数千家国际企业提供产业升级服务。

（三）机器人产品建设

1. 协作机器人

协作机器人主要是在生产线或工作中与人共同完成某项任务。新松公司拥有10余种不同类型协作机器人，包括GCR3—620协作机器人、防疫消毒机器人等。其中，SCR5协作机器人是国内首台7自由度协作机器人，能够进行产品包装、检测、打磨等生产线操作；HSCR5复合机器人是国内首台智能型复合协作机器人，能够通过识别等技术完成自动搬运、分拣等任务。协作机器人除应用于工业生产之外，也可应用于公共卫生，例如，防疫消毒机器人通过消毒液自动喷洒系统能够全自动化完成消毒工作，保障公共卫生工作的有序开展。

2. 智慧医疗

智慧医疗主要通过数字技术、物联网技术等实现医疗智能化，促进医患沟通，提高医疗效率。新松公司通过将机器人技术与医疗相结合研发出几十款不同用途的医疗辅助机器人。其中，智能助推器、无源可穿戴式下肢助行器、下肢反馈训练系统等主要应用于康复训练场景；四功能电动护理床、半自动一体化床椅、智能一体化床椅等主要帮助患者疗养，减轻护理人员工作负担；消杀机器人、移动消毒机器人主要用于公共卫生方面，提高消杀效率，减少人员流动；P/M/S 系列物流配送机器人主要用于物流配送工作，通过物流系统、调度系统和实体配送等功能满足医院物流运输需求。

3. 工业机器人

工业机器人主要应用于工业生产或工程项目中，新松公司研发了包括 T6A-14、SR35B、SRBL3A 六轴并联机器人在内的几十种不同用途的工业机器人，每种类型机器人有不同运动范围和手臂长度。通过将物联网技术与机械自动化相结合，工业机器人可用于不同场景，实现组装、分拣、搬运等功能，提高生产效率。其中，SR80A 具有机身防爆防尘特性，并获得国家唯一认可，能够适应较差的工作环境，具有较高安全性。

4. 洁净机器人

洁净机器人主要应用于洁净环境中工业生产，新松公司所研发的洁净机器人灵活性较强，其中真空机械手 Titan1500C 通过 SEMI 认证，MCBF 大于 1000 万次，且性能强大，机身质量过硬。同时，洁净机器人也能满足用户个性化需求，真空机械手 PHOENIX PLUS B 系列、真空机械手 PINUS-SM11、真空机械手 PHOENIX-B 系列等，能够根据用户需求定制手臂长度、接口和末端，从质量与服务两方面赢得市场。

5. 移动机器人

移动机器人能够按照指令自动完成某项工作，常用于运输、检测等工作。新松公司主要有叉式移动机器人、重载移动机器人、辅助装配移动机器人、输送型移动机器人、合装移动机器人、定制型移动机器人、工业清洁机器人，以可移动为基础特点，不同移动机器人具有承载量大、自动化程度高等特点，同时机器人在生产设计上可实现个性化定制，能够更好地满足客户个性化需求。

6. 特种机器人

特种机器人一般应用于特殊环境或专业领域中。新松公司研发有蛇形臂机器人、堤坝清污机器人、重载水平多关节机器人、重载直角坐标机器人、特种野外移动平台、重载机器人、直角坐标机器人。在特殊环境下，特种机器人能够利用自身特性代替人工进行工作，例如蛇形臂机器人，利用仿生设计理念，采用蛇形结构能够在狭小空间中完成钻扣、地震现场搜救等复杂工作。

7. 服务机器人

服务机器人应用场景和范围较为广泛，可代替或辅助人类完成工业、日常等多种类型任务。新松公司研发有安保巡检机器人和机房巡检机器人，其中，安保巡检机器人主要用于小区或其他室外场景中的巡检工作，能够独立工作或辅助安保人员进行巡查；机房巡检机器人主要应用于室内场景，能够全方位进行巡视，可单独工作，除了能提高巡检效率外还能在危险环境中代替人工巡视减少人员事故。

二 新松机器人品牌发展的优势与劣势

（一）新松机器人品牌发展的优势

1. 政策背景给予保障

从政策上看，国家有关部门多次出台相关政策对机器人行业发展给予支持。早在2006年，中华人民共和国生态环境部颁发《国家中长期科学和技术发展规划纲要（2006—2020年）》指出，要超前部署一批前沿技术，提高我国高技术研发能力。而后国家有关部门多次在国家规划或科技发展战略中提到机器人发展方向或生产规范，并通过实际政策给予支持，国家发展和改革委员会发布《机器人产业发展规划（2016—2020年）》，分析了我国机器人产业的发展现状和形势，提出到2020年产量、市场销售额、技术水平等方面的目标，包括自主品牌工业机器人年产量目标、服务机器人年销售收入目标等，明确了我国机器人产业发展的主要任务，并从财税、融资渠道、人才建设等方面为机器人产业发展提供保障。从地方政策上看，各省（区、市）针对机器人产业发展，从资金、环境等方面纷纷出台文件给予支持。福建省在2020年针对机器人和相关零部件产业发展,颁布了《关于推动福建省机器人、传感器及智能化仪器仪表产业发展的若干意见》;2022年,辽宁省发布《辽宁省先进装备制造业"十四五"发展规划》,提出到2025年机器人产业实现收入200亿元的目标。可见,在当前政策背景下,机器人企业的发展得到切实的支持,国家和地方政府为企业提供了良好的发展环境。

2. 市场需求持续扩大

中国人口基数大、市场广阔,改革开放以来,制造业、加工业不断发展,传统的生产制造方式具有效率低、灵活性差等弊端,在工业智能化的背景下,将机器人应用于工业生产是必然趋势。机器人产业在工业化进程中起到了重要的推进作用,也为机器人企业的发展提供了良好的契机。同时,国人对机器人的需求也逐渐日常化,在医疗方面,机器人能够进行消杀、康复训练等工作,甚至出现了手术机器人辅助医护人员提高工作效率;在日常生活中,从扫地机器人到"管家"机器人,越来越多的家庭开始使用机器人,网络销售渠道的增加和机器人价格的下降也为机器人进入家庭提供了契机;在教育方面,机器人的应用也逐渐普及化,尤其是早教机器人,具有可玩性和教育性,能够寓教于乐,提高儿童的学习兴趣,得到家长的热捧。2013年,中国成为机器人全球最大市场,2014年中国市场增幅为54%,仍然为全球最大市场,预计未来5~10年,中国一直会保持全球最大机器人市场的地位。[1]因此,在市场的推动下,机器人企业蓬勃发展,作为国内机器人行业的佼佼者,新松公司迎合市场需求,不断进行技术创新,面向医疗、工业等行业研发出多种类型机器人,在中国机器人市场中处于领军地位,带领行业发展。

3. 产品研发不断创新

新松品牌自成立以来秉承着责任、超越、共享的核心价值观,不断谋求创新。在技术发展上,新松公司源于中科院沈阳自动化研究所,拥有坚实的科研基础,取得了数百项发明专利,研发出国内首台7自由度协作机器人,拥有工业机器人、洁净机器人、特种机器人等多系列机器人产品,是我国

---

[1] 曲道奎:《机遇与挑战——中国机器人产业发展的深度思考》,《科技导报》2015年第23期。

"机器人国家工程研究中心",多次获得业界组织认可,2017年新松所研发的两款洁净机器人在中国国际服务机器人展中获得"金萝卜奖",2022年新松公司获得"维科杯·OFweek 2021中国机器人行业年度影响力品牌企业奖"。同时,新松公司把握科技发展动向,成立北京新松半导体有限公司,扩大经营领域,紧跟科技变革;在产品服务上,新松公司不断开拓新业务,拥有多个系列机器人产品以及智能装备系统,利用工业智能化助推不同行业的发展,例如,为汽车行业提供点焊机器人生产线和GDI Injector高压喷淋嘴装配检测线等智能方案,使用工业机器人实训系统和地铁实训系统帮助专业院校进行实训操作,提升学生实践能力。新松机器人除了具有产品多元化的特征外,还能够根据客户的使用需求进行个性化定制,最大限度地满足客户的使用需求,如真空机械手PHOENIX PLUS B系列能够根据使用需求定制机器人手臂长度以及不同的接口和末端。

(二)新松机器人品牌发展的劣势

1. 国内外竞争者增多

从国际角度而言,欧美发达国家和地区以及日本由于在工业革命中占据优势,其经济发展较为迅速,在良好的经济环境中智能化工业的发展起步较早。美国早在1960年就生产出了第一批工业机器人,而后在商业和工业智能化的推进下研发出了服务机器人和移动机器人,美国也较早地将机器人应用于军事和救险中;日本在机器人研究上以工业机器人为主,依托于日本本土企业和发达的汽车产业,1980年曾被称为日本的"工业机器人普及元年",而后经过不足十年发展,日本在1987年成为全球最大的工业机器人生产国和出口国,有安川电机(YASKAWA)和发那科(FANUC)两大工业机器人公司;在欧洲众多国家中,德国作为欧洲工业发展最先进的国家,其机器人总量在1986年时就已成为欧洲之最,法国则为欧洲第二,也是欧洲机器人产业最发达的国家之一。[①]

[①] 张宇:《国外工业机器人发展历史回顾》,《机器人产业》2015年第3期。

从国内的角度而言，我国工业智能化进程较快，在国家政策的扶持下和良好的经济环境中诞生了一批具有影响力的新兴企业。根据中国企业数据库企查猫数量，目前国内机器人相关企业超过1万家，2021年是注册数量最多的一年。企业数量的不断增加使得国内机器人市场竞争越来越激烈，价格、技术、市场份额等都成为竞争的关键因素。综上可见，新松公司当前面临着来自发达国家技术高、起步早和国内竞争对手不断增加的双重威胁。

2. 企业财务产生危机

企业的财务状况对企业与品牌的发展至关重要，良好运转的财务是企业向前发展的必要条件。新松公司自成立以来发展势头强劲，2009年成为"中国机器人第一股"，当前已是国内机器人企业中公认的翘楚。然而自2019年，新松机器人归属于母公司股东的净利润持续下滑，2020年和2021年两年净亏损近10亿元，2022年第一季度，新松机器人母公司股东净亏损超过5000万元，相比上年同期亏损扩大近140%。① 造成持续亏损的原因来自多方面，主要包括研发成本过高，项目周期延长致使成本超支，原材料价格上涨等。从经济环境来看，由于新冠疫情对制造业的影响，机器人产业的发展可能在一定程度上受到限制，再加之国外对关键技术、零部件的垄断有可能导致新松公司的运转成本进一步提升。虽然面临着多方不利条件，但我国依然是机器人最大市场，机器人消费总量大、生产数量呈现增长趋势，在此环境下，新松公司依然有较大机会实现再发展，应对财务危机。

3. 专业人才供给不足

从高等院校机器人教育体系上看，我国机器人工程专业设立并招生，时间距今尚不足十年，发展时间较短，专业学习内容以研究机器人结构、生产、设计为主，与控制、计算机、机械等多个学科交叉融合，在职业教育方面，直到2021年机器人技术才被列入《职业教育专业目录（2021年）》。

---

① 曲忠芳、李正豪：《新松机器人成立半导体公司　抢占发展窗口期》，《中国经营报》2022年7月4日。

当前，高等院校机器人专业教育主要存在以下几个问题，其一，实践方式单一化，高校机器人教育的主要实践方式是参与竞赛，但竞赛与实际生产设计所遇到的情况可能具有差异，学生在日常学习中对机器人的实际设计研发动向并不了解，导致学校培养与企业需求出现脱节。其二，学科交叉意识弱，机器人教育涉及多学科领域，但由于学科之间存在壁垒，机器人教育在教学过程中往往会受到阻碍，对学生综合能力的培养与专业知识的学习产生影响，需要学校制定综合的培养方案，保障教学的综合性。其三，领军人才匮乏，我国机器人产业起步晚，在部分技术和零部件的生产上受到国外的制约，高精尖人才的培养和吸引上有所不足，面临人才短缺的现状。

三　新松机器人品牌未来发展策略

（一）加强技术创新，提高品牌影响力

技术是企业发展的必要条件，尤其是对于科技属性较强的机器人行业而言，研发技术需要与时俱进，能够紧跟时代的发展，只有持续的技术创新才能让企业与品牌始终保持活力，同时，技术创新也是提高企业与品牌影响力的重要手段。保持技术创新需要企业不断招募人才为企业注入新的活力，同时企业也需要形成合适的培养体系对企业员工进行培训，提高员工的专业技能和综合素质，在企业内部形成良好的创新氛围，此外，企业要对过往项目和研发经历展开思考与回顾，总结经验并从经验中获得创新灵感。除了提高自身能力外，企业也需要与国内外高校、研究机构、公司等进行交流与合作，把握技术的革新与发展，广泛地学习他人的优势，取长补短，突破自身。除此之外，还需加强对新松机器人品牌系统的建设，包括品牌知名度、口碑、市场占有率，因此，需要企业不断跟进市场变化拓宽业务范围，针对工业生产、日常生活等方面需求拓宽产品类型，同时，新松公司要增加对自身的宣传，通过更多方式让其他企业和消费者了解其产品、服务、品牌、文化，并通过线上线下相结合的方式拓宽销售渠道，制定恰当的销售策略。

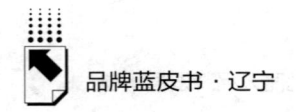

（二）顺应国家政策与时代变化

企业与品牌的发展需要国家政策的扶持。国家出台相关政策，首先对企业的发展形成了保障与引导作用，通过实施各项法律法规保障了企业经营的合法性、市场竞争的有序性，为企业的发展提供了坚实的保障，同时出台相关规划文件分析行业发展现状、优势与劣势，提出发展方向和发展目标，为企业的建设指明方向，引导企业的发展；其次对企业的发展起到了监督作用，部分企业在企业经营、产品销售与维修等环节会出现产品质量缺乏保障、违反市场规定恶性竞争等问题，对经济环境和行业发展造成不良影响，国家政策能够在一定程度上监督企业行为，为企业发展创造良好的经济环境。因此，新松公司要顺应国家政策，在政策支持下实现可持续性发展。此外，机器人产业本身具有较强的科技属性，新松公司必须顺应时代变化，把握科技发展动向和市场需求变动。目前，我国在芯片研发上仍落后于发达国家，在机器人的生产研发过程中容易受到国外制约。新松公司作为国内机器人行业的领军企业之一，必须要在核心技术上投入精力、攻克难关、提高自身研发实力、紧跟科技变革，同时也要把握市场需求变化，当前机器人消费依然以工业机器人为主，服务机器人和医疗机器人需求也逐渐增加，尤其在新冠疫情背景下，医疗机器人的使用能够减轻医护人员工作负担，推进防疫工作的有序进行，机器人市场逐渐趋向多元化。

（三）提高人才吸引力与培育力

人才是企业发展的基石。市场对于人才的竞争尤为激烈，企业要通过多种方式招纳人才，设立相关激励体系增强人才吸引力。首先，在人才待遇上要有所提高，包括工资福利、工作环境、职业发展路径等方面；通过提供物质条件提高人才就职意愿，提供良好的工作、研究环境以及职业发展路径能够激发人才创新力、提升工作意愿和人才忠诚度。其次，要增强企业文化与人文关怀。企业文化体现着企业的精神，良好的企业文化对企业的发展具有积极意义，能够提升员工的集体意识，让员工与企业之间形成更加稳固的雇佣关系，提高企业凝聚力。最后，品牌自身影响力也会对人才招纳产生一定影响，对于多数人才而言，能否获得更好的职业发展、提高自己在行业内的影响力是求职时的关键考虑要素，影响力较大的企业与品牌能够满足人才的职业发展需要，因此，企业自身的实力在很大程度上决定了人才就职意愿。除了提高人才吸引力外，人才培育力对企业的发展也至关重要，企业要制定完善的培养体系，对不同岗位的工作人员实行培训，在企业内部形成持续学习的氛围，同时加强校企合作，与高校、研究机构等深化合作关系，发挥各自优势，推进理论研究与实践生产相结合，提高人才培育力，促进技术创新。

（四）提升产品服务力与个性化

对于企业发展而言，消费者的使用体验尤为重要，会直接影响品牌的口碑、产品销售量，因此，必须要提升产品的服务力与个性化，为消费者或企业带来好的使用体验。首先，需要企业根据市场变化拓宽产品的服务范围，当前机器人类型主要集中在工业机器人方面，但随着机器人产品的普及、机器人市场逐渐扩大，消费类型呈现多元化，医疗机器人、服务机器人开始占据一定市场份额，新松公司必须紧随市场变化，研发新的机器人产品，拓展产品服务范围。同时注重产品的使用体验，完善人机交互设计，因此，企业需要在研发产品过程中转变产品理念，将功能设计转变为体验设计，以用户需求为出发点从视觉、行为等多个维度提升产品可用性。其次，企业要在服务理念上有所转变，除了提升产品质量外还要在产品后续服务上进行优化，包括产品性能维护、收集意见反馈等，优化产品服务能够让企业获得更大的竞争优势、提高企业影响力。最后，企业还需要增强产品的个性化设计。由于机器人往往被用于不同类型的工业生产，日常服务中，不同应用场景下会产生不同需求，因此，产品需要能够进行个性化设计，以更好地满足使用需求。企业要灵活处理产品的生产研发程序，与客户进行沟通，确定产品结构，避免"返工"现象，减少时间成本。

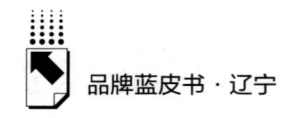

（五）完善经营理念与商业模式

经营理念对品牌的发展具有重要影响，好的经营理念能够提升企业文化内涵、提高品牌影响力和人才吸引力。企业经营必须以市场为导向，以客户为中心，同时对员工的利益与企业的发展一视同仁，将提高产品服务水平、提升行业影响力、打造受到行业认可的品牌作为首要任务，实现可持续发展。商业模式对企业的赢利和长期发展会产生直接影响，随着科技发展和行业变迁，原有的商业模式必须做出适当的调整，例如，网购方式的普及化使得许多消费者会首先通过网络了解产品，因此对于家用机器人这一产品类别而言，线上的宣传与销售是提高产品知名度和销售量的重要方式，而对于工业机器人而言，线下交易则是主要销售渠道。除了对于实际赢利措施的改进，更重要的是思维上的转变，例如，客户资源、品牌形象都是企业的无形资产，即使并没有直接进行交易，但这些因素都可能使潜在客户成为真正的交易对象。综上，企业必须对经营理念和商业模式进行适时的调整以顺应市场变化。

参考文献

熊安迪：《新松20年：国产机器人巨擘是这样炼成的》，《机器人产业》2020年第3期。

曲道奎：《机遇与挑战——中国机器人产业发展的深度思考》，《科技导报》2015年第23期。

张宇：《国外工业机器人发展历史回顾》，《机器人产业》2015年第3期。

前瞻产业研究院：《收藏！〈2022年中国服务机器人企业大数据全景图谱〉》（附企业数量、企业竞争、企业投融资等），2022年9月26日，http://finance.sina.com.cn/roll/2022-09-26/doc-imqmmtha8772086.shtml。

曲忠芳、李正豪：《新松机器人成立半导体公司 抢占发展窗口期》，《中国经营报》2022年7月4日。

B.20
阳光小玛特品牌发展报告

姚 瑶*

摘　要： 便利店业态于20世纪90年代被引入我国市场，尽管起步较晚，但伴随经济持续增长，在我国获得了较快发展。总体来看，便利店业态在北方比南方发展稍缓。诞生于沈阳的阳光小玛特连锁便利店，经过8年的发展和沉淀，已经成为沈阳头部便利店的代表品牌之一，但仍需要不断革新、砥砺前行，才能在持续变化的市场环境中站稳脚跟。本文回顾了阳光小玛特品牌的发展历程，分析了阳光小玛特品牌的发展前景及存在的问题，并提出了统一管控保障门店品质、引入直营合伙机制、扩大规模加强资源赋能等聚焦品牌长期价值、完善品牌发展建设的对策建议。

关键词： 便利店　品牌建设　新型服务业　阳光小玛特

"阳光小玛特"便利店，隶属沈阳森笛连锁企业经营管理有限公司，是一家以"专注做有品质、更具价值的便利店"为使命的连锁化便利店，也是中国连锁经营协会理事单位。自2015年创立品牌以来，始终坚持以人为本、以顾客需求为导向、诚信立业的经营原则，荟萃商业精英，将国外先进的管理方法、企业经验与国内便利店行业的具体实际相结合，致力于打造优质民族连锁便利店品牌。经过几年的耕耘发展，阳光小玛特已经形成了以沈阳为中心、辐射周边的便利店服务网络，并于2020年被辽宁省商务厅授予"五星

＊ 姚瑶，阳光小玛特品牌创始人、沈阳森笛连锁企业经营管理有限公司董事。

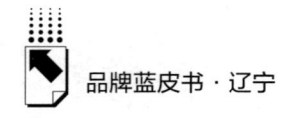

级品牌连锁便利店"称号。未来，公司将继续秉承"为生活添阳光"的企业愿景，引进多元化商品，规范贴心服务，打造现代消费场所，服务家乡人民。

一 阳光小玛特品牌发展历程

2015年，阳光小玛特的创始人发现，随着市场经济的快速发展，人们的消费水平得到很大提升，人们的消费需求也开始日趋多样化。我国各大行业均处于非常关键的转型阶段，特别是新零售行业更是对新模式与新格局的探索有了长足的进步与创新。而在中国零售业的所有业态中，便利店业态无疑是发展最为迅猛的一个。南方的便利店已经处于相对成熟阶段，但在北方的辽宁沈阳，还没有一家真正意义上的便利店。所以，四个怀揣梦想的年轻人，看到了行业蓝海，毅然决然地选择从传统大型商超企业中脱离出来，开启创业之路，并着力探索借鉴北上广深等城市的便利店零售业态以及便利店业态发展的国际新趋势，创立"阳光小玛特"品牌。"阳光小玛特"品牌诞生之初，就将集成"高品质""精致""多业态"等关键词的经营模式作为其深耕零售服务行业的目标追求。多年来，该品牌一直秉承这一目标，致力于提升本土零售服务水平。

（一）从第一家店到业内领先

阳光小玛特不是沉没于沈阳的传统型便利店，而是一家集常规商品、进口商品、鲜食、水吧、休闲、功能区于一体的高品质新型便利店。2015年7月10日，阳光小玛特首家店正式开业。对于便利店周边的顾客来说，终于迎来了高品质、优商品、愉悦购物体验和标准化、信息化的便利生活。首家店的背后是一个庞大而复杂的系统，对于刚从传统商超企业转型到新型便利店业态的创业者来说，选址、装修、设备、系统、招聘、商品、门店陈列等方面都是空白，只能边摸索边推进。阳光小玛特团队紧锣密鼓、夜以继日，克服各种困难，经过深入调研和紧张细致的筹备，终于实现了对周边居民7月10日顺利开业的承诺。随着门店数量逐步增加，阳光小玛特不断总结经营管理经验，更加注重通过深入浅出的培训，贴合实际运营和顾客需求。

然而，在成功开出第二家店、第三家店后，品牌发展却进入阶段性迷茫，便利店的发展空间与局限性，便利店的抗风险、抗波动情况等问题困扰着经营团队。经过复盘与思考，一个结论跃然纸上：便利店精耕细作的属性与阳光小玛特品牌务实接地气的风格气质非常适配，阳光小玛特将长期深耕便利店领域。2018年，阳光小玛特开设了特许加盟的经营模式。截至2019年末，门店开设数量接近60家。到2021年，阳光小玛特已经逐渐形成规模化的发展趋势，门店分布在沈阳市内多个行政区。2022年，阳光小玛特进军沈阳周边城市。8年间，"阳光小玛特"先后被评为"辽宁省品牌连锁便利店""AAA级信用企业""CCFA（连锁协会）会员单位"。

目前，阳光小玛特便利店从选址、设计、装修、设备、货品、运营规范、人员培训、运营督导、货品统配、财务归集等方面已全方位进行规范化管理，其日均销售额、门店毛利率、新品更新率、独有商品占比、库存周转率、客流转化率、复购率、线上销售额等指标均达到国内便利店领先水平。

（二）从品牌温度到企业赋能

阳光小玛特在本地开创了年轻化便利店新模式，也是本地特有的民族品牌便利店。"阳光"代表着便利店带给顾客的温暖，"玛特"是英文"mart"（商超）的谐音，"小"是指在有限的空间带来匹配商超的丰富业态。"阳光小玛特"希望，一家家便利店能够为城市增添阳光。随着新开门店数量的增加，品牌的团队规模也在逐渐扩大。与其他行业相比，便利店业态创业者背景更多样化，包括在日本留学准备回国北漂的工程师、踏实勤恳的矿山工人、十年商超经验的计算机系毕业生……他们的到来既壮大了阳光小玛特的品牌实力，也照亮了本土便利店的发展之路。

为了让更多的人感受到阳光小玛特的品质便利、保障品牌及门店的良性运转，企业在创立第三家直营店时，选择搭建自己的统仓，让所有供应商把货品送到仓库，再由仓库定制化分拣，送货到每一家门店。然而，当时仓库的运转成本直接消耗了过往积累的门店盈利，企业运转一度面临十分艰难的局面，依靠信念同时坚持合理节约成本、提升管理水平，终于走出困境。如今，阳光小玛特的物流体系已升级为第三方专业物流体系，拥有5000 m² 常温仓、2000 m² 低温仓，应用集成式物流管理模式，采用温度管理理念，多温层统一配送运作，在产品上进行细分，满足从常温、恒温到冷藏、冷冻多温层商品存储，精准配送。

为满足各个门店对阳光小玛特特色鲜食的订货需求，企业在鲜食研发方面，逐渐从外部委托过渡到自有中央厨房，定制研发蛋糕、面包、饭团、关东煮、包子、盒饭等鲜食品类，在降低沟通成本的同时，能够及时通过顾客和门店的反馈，不断优化改善产品质量，并做到品类的快速迭代。

为更加洞悉市场规律、避免品牌野蛮生长造成盲目和资源浪费，企业在发展中不断引入怀揣相同本土便利店情怀和梦想的专家，包括商品专家、本土选址专家、优秀的空间设计师、了解零售行业的财务总监等，为阳光小玛特赋能。此外，企业邀请很多跨行业、更高层次的咨询顾问，在公司架构、业务分配、门店运营、开发选址等方面，为阳光小玛特的长期经营保驾护航。

可以说，阳光小玛特品牌适应沈阳市的人口、文化、消费习惯，在更符合本地消费者喜好的基础上，带来新兴便利店模式和体验，为本土便利店的发展带来了良好的发展契机与空间。

（三）从文化建设到发展战略

阳光小玛特是沈阳第一家主打年轻与品质的便利店品牌，自2015年成立以来，在服务、商品、物流等各方面均保持着高品质与严标准。可以说，阳光小玛特让更多的本地消费者接触到纯正的便利店服务，而在内部文化建设和行业交流方面，阳光小玛特同样将"纯正"延续其中。

"诚信"，这个从第一家店开店之初就体现的标签，8年来被企业的员工们牢牢践行。此外，"鼓励试错""以顾客需求为导向""为信任品牌的加盟商负责"是品牌对每一位员工、每一家门店反复渗透的宗旨，这不仅是对企业内部的要求，更是品牌外在的呈现。

从 2015 年第一家店到现在的近百家店，阳光小玛特已经拥有属于自己品牌的固定消费群体。为了不负顾客的信任，带来更多的新鲜品质体验，阳光小玛特拥有了另一个关键词"持续学习"，其中企业积极参与 CCFA 便利店大会，主动向行业内更优秀的品牌学习，拓展更多的发展路径和战略规划。

二　阳光小玛特品牌发展前景

（一）市场潜力依旧看好

便利店作为零售业态中的新兴力量，以及惠民便民的重要零售业态，不仅是服务民生的保障，更是促进市场消费的重要商业举措。近年来，我国便利店数量一直呈现快速增长的趋势。在这样的背景下，国家开始制定并出台相应的方针政策，以最大力度对包括便利店业态在内的传统零售业进行相应的扶持和指导。

从我国《国内贸易发展"十一五"规划》至《"十四五"国内贸易发展规划》可以看到国家对便利店业态的支持政策经历了三个阶段。首先经历了"重点、积极发展便利店新业态"阶段，其次推进至"鼓励设立社区便利店"阶段，最后到现在的"完善便利店城市商业网点布局"阶段。近年来，品牌连锁便利店在我国呈现蓬勃发展的新势头，得到了各级政府的高度重视。国家针对便利店业态也不断出台各项扶持政策，其中涵盖了多维度的扶持鼓励政策举措，范围涉及便民网点的分布、社区网点的布局、供应链物流的创建、连锁品牌化智能化以及拓展建立便利店供应链、简化营业审批手续等，从多个方面制定出台了一系列扶持政策。因此，便利店依然拥有巨大的发展机会和空间。

（二）产业链升级亟须布局

在现阶段的零售行业，数字化已经成为每个零售商家完成技术革新的最终目标，商业模式也开始发生重大变革。特别是数字化在零售行业的应用场景越来越广泛，零售行业在商品运营、门店服务、市场营销等多个方面均有所创新，以消费者为数据切入开端，将采购、生产、供应、营销等各大环节进行数字化运营。在数字化技术背景下，零售业得以有了更深度的拓展延伸，可以说，数字化技术正在全方位提升传统零售业运行效率，并且推动行业在更高维度发生改变，而这一切都指向便利店的产业链升级。它既包括软件的数字化，也包括硬件设施的技术化，在保障便利店设施设备质量的同时也降低了引进成本。此外，便利店的上游和下游能够进行多重元素融合，以求在为消费者带来更好的购物体验的同时，也带来更多合作的契机。因此，零售行业开始进入数字化与智能化的技术革新阶段。

（三）示范性门店带动合作

如今，沈阳本地各大商业街、写字楼等核心地段均有阳光小玛特便利店的身影，而"本土第一家"已经成为阳光小玛特在消费者心目中的特殊标签，抢占了消费者第一印象。此外，阳光小玛特独有的主题店、概念店在自有商品与服务模式的基础上，形成极具民族特色和新型便利体验的示范性门店，从而带动封闭物业如医院、学校、车站等场景的便利生态发展，做到每个细节创新、品质、品牌化。更重要的是，便利店通过不同渠道的组合，能够最大限度地为更多消费者提供便利服务。阳光小玛特将以"便利性"为核心出发点，进行营销渠道的不断拓展与融合。

三 阳光小玛特品牌建设面临的问题

（一）规模优势不足，研发成本过高

阳光小玛特在2015年成立之初，就给本地市民留下了深刻印象。当时的小超市大多还是夫妻店规模，而阳光小玛特便利店无疑成为本地第一家高品质服务型便利店。在2015~2023年的8年左右时间里，阳光小玛特便利

店一直处于市场快速拓展期，但规模体量仍逊于国外数十年的便利店连锁品牌。与此同时，阳光小玛特始终坚守"高品质"，因而企业在产品研发过程中消耗的平均成本较高，也影响了门店的部分商品品类毛利。

（二）示范性案例不足，合作成本较高

在市场竞争中，封闭物业的便利店市场是阳光小玛特品牌力争占领的高地。截至2022年，阳光小玛特在沈阳拥有近百家门店，然而在封闭物业，如机场、车站、学校等示范性门店数量还不多，导致在进入该领域时，前期的合作洽谈沟通成本较高，品牌难以在短时间内大批量、快速高效地进驻。

（三）各行业人才不足，发展进度缓慢

阳光小玛特品牌初创阶段，用独具一格的商品品质和服务在沈阳便利店市场很快占据了一席之地，也为自己的品牌创造了口碑与知名度。但当品牌进入发展期，在高品质便利店的要求之下，专业人才的门槛变高，这就导致团队规模不能匹配门店发展，从而造成品牌发展进度缓慢。

（四）产业链不完整，供应水平不足

阳光小玛特作为本地连锁便利店品牌，与上、中、下游的许多供应商和服务商合作，包括食品、饮料、生活用品等一些大众化商品品类和鲜食品类等。但由于阳光小玛特采取国际化新兴便利店模式，一些传统供应商、服务商尚未有匹配需求的能力，因而门店发展过程中存在合作商数量和水平供不应需等问题。相对应地，正因为便利店细分市场产品供应链不完善，品牌需要耗费大量的时间和精力去筛选和匹配，这样才能保证为消费者提供高品质的便利店体验。

（五）鲜食品类不足，研发压力增加

便利店行业目前主要受众为20~35岁的年轻群体。他们在商品的购买

选择上，除关注商品品质之外，更倾向于满足自己的"尝鲜心理"。商品的外观、口感、细节、趣味等元素，都是让他们产生消费欲望的影响要素。因此，势必要求企业在鲜食研发上，全面提升从业人员的市场敏锐度，保证商品创新活力，不断迭代商品类型，根据市场的最新需求进行商品选择与更新，快速研发包装出迎合市场潜在需求的商品，不断制造新奇和惊喜，始终激发年轻消费者对于门店商品的购买需求与兴致。

四　阳光小玛特品牌未来发展策略

（一）统一管控，保障门店品质

经过8年的发展探索，阳光小玛特总部共设立七大运营体系，分别为"开发选址""设计施工""运营督导""信息工程""加盟培训""品宣企划""财务行政"。在直营门店和加盟门店等方面提供统一管理和调控，包括统一选址、统一装修、统一仓储、统一财务、统一服务等，以标准化、流程化、数字化坚守阳光小玛特的稳定高品质，而这也将是阳光小玛特本土连锁便利店品牌持续领先于其他小型商超、夫妻型小超市的鲜明优势。

（二）直营合伙，聚焦长期价值

近年来，企业通过不懈努力已成为沈阳本地知名便利店品牌，在本土便利店领域独树一帜，便利店门店数量也在众多东北品牌便利店中位居前列，并已搭建成沈阳本地最有品牌特色的连锁便利店网络。但面对市场规模的拓展需求和品牌长期健康发展需求，企业将在门店开设及服务配套等项目上，开放直营合伙，与更多优质的服务商、加盟主强强联合，关注企业更长远的发展和经营价值，聚焦阳光小玛特本土便利店连锁品牌的长期成长与稳定。

（三）扩大规模，加强资源赋能

随着市场不断变化，人们的消费习惯逐渐多元化，这就要求便利店门店服务能够满足更多样的消费需求。因此，为促进阳光小玛特品牌规模拓展和更好满足顾客需求，企业将重视融合更多资源并加强资源赋能。而规模的扩大将带来物流、商品研发等体系成本的摊薄，从而有效提高各个门店效率。作为本土新型便利店连锁品牌，在关注商品品质与迭代之外，阳光小玛特不断优化产业链生态、强化高品质服务，由内至外感知消费者所需所好，助力"15分钟便民生活圈"建设，促进便利店产品链资源融合，打造极具特色的便利店服务，形成连锁品牌的长期品牌力。

附表1　2021年辽宁农产品区域公用品牌（59个）

序号	品牌名称
1	东港梭子蟹
2	黑山褐壳鸡蛋
3	彰武地瓜
4	昌图黑猪
5	盖州桃
6	桓仁蜂蜜
7	新宾蜂蜜
8	桓仁大米
9	桓仁山参
10	桓仁冰酒
11	西丰鹿茸
12	新宾大米
13	鞍山君子兰
14	凌源百合
15	凌源黄瓜
16	岫岩软枣猕猴桃
17	大连红鳍东方鲀
18	大连油桃
19	盖州苹果
20	瓦房店海参
21	东港杂色蛤
22	盖州葡萄
23	盖州西瓜
24	灯塔大米
25	盖州生姜
26	灯塔葡萄

附表1 2021年辽宁农产品区域公用品牌（59个）

续表

序号	品牌名称
27	彰武花生
28	盘锦大米
29	朝阳小米
30	盘锦河蟹
31	铁岭榛子
32	彰武黑豆
33	大连大樱桃
34	东港大米
35	东港草莓
36	东港大黄蚬
37	新民小梁山西瓜
38	瓦房店闫店地瓜
39	鞍山南果梨
40	大连苹果
41	阜新花生
42	北镇葡萄
43	北票番茄
44	营口大米
45	宽甸石柱人参
46	兴城多宝鱼
47	永乐葡萄
48	营口海蜇
49	盘锦碱地柿子
50	新农寒富苹果
51	岫岩滑子蘑
52	新宾辽细辛
53	辽参
54	大连裙带菜
55	大连海参
56	辽育白牛
57	辽宁绒山羊
58	西丰鹿鞭
59	凤城板栗

资料来源：辽宁省农业农村厅，马琳整理。

附表2 2021年辽宁农产品品牌（61个）

品类	序号	区域	品牌	品种
粮油	1	丹东市	五四农场	大米
	2	盘锦市	蟹稻丰年	大米
	3	营口市	卧龙湾	大米
	4	盘锦市	天禹大米	大米
	5	丹东市	鸭绿江越光有机米	大米
	6	辽阳市	辽福	米、面、油
	7	丹东市	辽港	大米
	8	盘锦市	辽农	大米
	9	沈阳市	农丰	大米
	10	盘锦市	会友	大米
	11	抚顺市	鑫溪友	大米
	12	阜新市	草炭沙泉、鸭田富硒、盤山楼	大米
杂粮	1	朝阳市	凌水园	小米
	2	锦州市	绿色常兴	杂粮
	3	朝阳市	化石鸟	小米、杂粮
	4	朝阳市	王阿婆	小米
	5	朝阳市	王老汉	小米
	6	铁岭市	鼎儒	杂粮
	7	朝阳市	益米一生	杂粮
	8	锦州市	绿色芳山	黑山花生
	9	沈阳市	康平甘薯（红地瓜）	红薯
	10	锦州市	赵玉宝	杂粮米

附表2 2021年辽宁农产品品牌（61个）

续表

品类	序号	区域	品牌	品种
水果	1	鞍山市	宇光	南果梨
	2	大连市	艺树家	大樱桃
	3	丹东市	芊蕊	水果
	4	葫芦岛市	青山水库	燕特红桃
	5	丹东市	玖玖农场	草莓
	6	锦州市	常宏	鸭梨
	7	葫芦岛市	老黄顶	红富士苹果
蔬菜	1	沈阳市	安亩瑞乐	蔬菜
	2	朝阳市	天赢	金针菇
	3	抚顺市	咕嘟菇	黑木耳
	4	朝阳市	晟昱	脱水蔬菜
	5	阜新市	王府田园	蔬菜
畜产品	1	朝阳市	大凌河	鸭蛋
	2	沈阳市	小金哥	鸡、蛋
	3	沈阳市	运动系	香肠
	4	沈阳市	华美	鸡串
	5	大连市	咯咯哒	鲜鸡蛋
	6	沈阳市	禾丰	饲料
	7	沈阳市	冠卓	鲜鸡产品
水产品	1	大连市	盖世 GAISHI	调味裙带菜
	2	沈阳市	增健达	淡水鱼
	3	锦州市	笔架山	海鲜丸子及系列产品
	4	丹东市	渔家福	贝类系列产品
	5	丹东市	港珠	杂色蛤系列产品
	6	盘锦市	蟹稻家	河蟹
	7	葫芦岛市	易轩堂	即食海参
	8	大连市	鑫玉龙	海参
	9	盘锦市	二界沟	河蟹
林产品	1	本溪市	榛洋气	榛子、榛子油等系列产品
	2	朝阳市	鸽子洞	野山菌
	3	丹东市	天桥沟	野山参
	4	抚顺市	利核	山核桃油

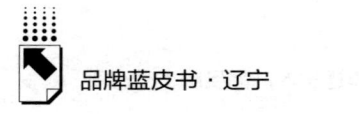

续表

品类	序号	区域	品牌	品种
其他	1	葫芦岛市	佐香园	调味品
	2	本溪市	ACEMAN MILRANCH	乳制品
	3	抚顺市	双洪冰玉	冰葡萄酒
	4	沈阳市	马家	调料
	5	鞍山市	张三蜂	蜂蜜
	6	朝阳市	塔城	陈醋
	7	营口市	郑友和	大酱

资料来源：辽宁省农业农村厅，马琳整理。

权威报告·连续出版·独家资源

皮书数据库
ANNUAL REPORT(YEARBOOK) DATABASE

分析解读当下中国发展变迁的高端智库平台

所获荣誉
- 2020年，入选全国新闻出版深度融合发展创新案例
- 2019年，入选国家新闻出版署数字出版精品遴选推荐计划
- 2016年，入选"十三五"国家重点电子出版物出版规划骨干工程
- 2013年，荣获"中国出版政府奖·网络出版物奖"提名奖
- 连续多年荣获中国数字出版博览会"数字出版·优秀品牌"奖

皮书数据库　"社科数托邦"微信公众号

成为用户
登录网址www.pishu.com.cn访问皮书数据库网站或下载皮书数据库APP，通过手机号码验证或邮箱验证即可成为皮书数据库用户。

用户福利
- 已注册用户购书后可免费获赠100元皮书数据库充值卡。刮开充值卡涂层获取充值密码，登录并进入"会员中心"—"在线充值"—"充值卡充值"，充值成功即可购买和查看数据库内容。
- 用户福利最终解释权归社会科学文献出版社所有。

数据库服务热线：400-008-6695
数据库服务QQ：2475522410
数据库服务邮箱：database@ssap.cn
图书销售热线：010-59367070/7028
图书服务QQ：1265056568
图书服务邮箱：duzhe@ssap.cn

社会科学文献出版社　皮书系列
卡号：871247534343
密码：

S 基本子库
SUB DATABASE

中国社会发展数据库（下设12个专题子库）

紧扣人口、政治、外交、法律、教育、医疗卫生、资源环境等12个社会发展领域的前沿和热点，全面整合专业著作、智库报告、学术资讯、调研数据等类型资源，帮助用户追踪中国社会发展动态、研究社会发展战略与政策、了解社会热点问题、分析社会发展趋势。

中国经济发展数据库（下设12专题子库）

内容涵盖宏观经济、产业经济、工业经济、农业经济、财政金融、房地产经济、城市经济、商业贸易等12个重点经济领域，为把握经济运行态势、洞察经济发展规律、研判经济发展趋势、进行经济调控决策提供参考和依据。

中国行业发展数据库（下设17个专题子库）

以中国国民经济行业分类为依据，覆盖金融业、旅游业、交通运输业、能源矿产业、制造业等100多个行业，跟踪分析国民经济相关行业市场运行状况和政策导向，汇集行业发展前沿资讯，为投资、从业及各种经济决策提供理论支撑和实践指导。

中国区域发展数据库（下设4个专题子库）

对中国特定区域内的经济、社会、文化等领域现状与发展情况进行深度分析和预测，涉及省级行政区、城市群、城市、农村等不同维度，研究层级至县及县以下行政区，为学者研究地方经济社会宏观态势、经验模式、发展案例提供支撑，为地方政府决策提供参考。

中国文化传媒数据库（下设18个专题子库）

内容覆盖文化产业、新闻传播、电影娱乐、文学艺术、群众文化、图书情报等18个重点研究领域，聚焦文化传媒领域发展前沿、热点话题、行业实践，服务用户的教学科研、文化投资、企业规划等需要。

世界经济与国际关系数据库（下设6个专题子库）

整合世界经济、国际政治、世界文化与科技、全球性问题、国际组织与国际法、区域研究6大领域研究成果，对世界经济形势、国际形势进行连续性深度分析，对年度热点问题进行专题解读，为研判全球发展趋势提供事实和数据支持。

法律声明

"皮书系列"（含蓝皮书、绿皮书、黄皮书）之品牌由社会科学文献出版社最早使用并持续至今，现已被中国图书行业所熟知。"皮书系列"的相关商标已在国家商标管理部门商标局注册，包括但不限于LOGO（ ）、皮书、Pishu、经济蓝皮书、社会蓝皮书等。"皮书系列"图书的注册商标专用权及封面设计、版式设计的著作权均为社会科学文献出版社所有。未经社会科学文献出版社书面授权许可，任何使用与"皮书系列"图书注册商标、封面设计、版式设计相同或者近似的文字、图形或其组合的行为均系侵权行为。

经作者授权，本书的专有出版权及信息网络传播权等为社会科学文献出版社享有。未经社会科学文献出版社书面授权许可，任何就本书内容的复制、发行或以数字形式进行网络传播的行为均系侵权行为。

社会科学文献出版社将通过法律途径追究上述侵权行为的法律责任，维护自身合法权益。

欢迎社会各界人士对侵犯社会科学文献出版社上述权利的侵权行为进行举报。电话：010-59367121，电子邮箱：fawubu@ssap.cn。

社会科学文献出版社